KB068374

이준구 교수의
인간의 경제학

일러두기

※ 이 책은 2009년 출간된 《36.5℃ 인간의 경제학》에 내용을 추가하고
  제목과 본문 편제, 편집디자인 등을 개정하여 출간한 개정증보판입니다.

BEHAVIORAL

ECONOMICS

이준구 교수의
인간의 경제학

이준구 지음

RHK
알에이치코리아

개정판 머리말

2009년 이 책을 처음 선보였을 때 많은 독자들이 열렬한 성원을 보내 줬다. 그때는 사람들이 행태경제학이라는 분야 그 자체의 존재에 대해 잘 모르고 있을 때였다. 국내외에 이 이론을 친절하게 설명하는 책도 많이 나와 있지 않은 상황이었다. 그렇기 때문에 사람들이 이 책에 걸었던 기대가 특히 컸을 것이라고 짐작한다. 나는 이 책을 읽은 사람들로 하여금 행태경제학이라는 새로운 세계에 눈 뜨게 만든 것을 가장 큰 보람으로 여긴다.

당시에는 나도 공부를 해가면서 책을 써야 했기 때문에 애당초 완벽한 책을 만든다는 것은 불가능한 일이었다. 미처 다루지 못한 주제들이 적지 않았을 뿐 아니라, 다루고 있는 주제들에 대한 설명이 불충분한 부분도 많았다. 그런데도 책이 이미 나와 있는 상황이었기 때문에 안타깝다는 생각만 하고 있었다. 그러던 차에 때마침 출판사로부터 개정 제의가 들어 왔고, 나는 이 좋은 기회를 놓치지 않기로 결심했다.

개정을 하는 김에 좀 더 완벽한 행태경제학의 소개서를 만들어 보리라고 결심했다. 어차피 완벽이라는 것은 불가능한 목표일 테지만, 가능한 한 완벽에 가깝게 가보자는 것이 나의 목표였다. 최소한 행태경제학에서 중요하게 논의되고 있는 주제들만이라도 빠짐없이 커버해 보자는 것이 내 당면목표였다. 이런 노력의 결과 많은 새로운 주제들이 책 내용에 새로 추가될 수 있었다. 아직도 커버하지 못한 주제가 많이 남아 있을 테지만, 급한 대로 중요한 것들은 모두 커버가 되었다고 자부한다.

솔직히 말해 나는 행태경제학에 대해 알고 나서 경제학을 예전보다 더욱 좋아하게 되었다. 전통적인 경제이론을 공부하고 가르치면서 어떤 부분에서는 공리공론에 불과하다는 느낌을 받을 때가 있었다. 현실과 유리된 채 단지 이론을 위한 이론을 하는 것이 아니냐는 생각이 들기도 했다. 나는 특히 전통적 경제이론의 체온 없는 차가운 느낌이 마음에 들지 않았다. 경제학 역시 인간에 대한 학문인데 왜 경제학에서는 따뜻한 체온을 느끼기 힘든 것일까?

행태경제학은 경제학에 대한 이와 같은 회의를 시원하게 날려 보내 줬다. 살아 숨 쉬는 현실의 인간을 있는 그대로 보려 하는 이 이론에서 나는 새로운 희망을 보았다. 비록 이론으로서 아직 제대로 정리되지 못한 상태임은 분명하지만, 새로운 출발로서 희망을 걸어 보기에 충분하다는 점은 부정하기 힘들다. 최소한 비현실적 인간관에 기초한 전통적 경제이론의 한계를 분명하게 밝혀낸 점만으로도 중요한 공헌을 했다고 믿는다.

이 개정판은 행태경제학에 대한 나의 신뢰와 기대를 다시 한 번 확인하는 계기가 되었다. 독자들로 하여금 이 이론에 좀 더 친숙하게 다가갈 수 있도록 돕는 일이라면 수고를 마다할 이유가 전혀 없었다. 그런 보람 있는 수고를 할 수 있는 기회를 가졌다는 것 자체가 나의 큰 행운이라고 생각한다. 개정작업을 하는 내내 즐거웠던 이유가 바로 여기에 있었다. 독자들도 나의 이 즐거움을 나누어 가져 주신다면 더 이상의 기쁨이 없을 것이라고 생각한다. 마지막으로 이 책의 개정작업에 도움을 아끼지 않은 RHK 출판사의 여러분들에게 깊은 감사의 뜻을 표한다.

2017년 2월

이준구

1974년 어느 날 미국 워싱턴의 어떤 레스토랑에 한 무리의 보수적 인사들이 모여 담소를 즐기고 있었다. 그 모임에는 체니, 럼스펠드 같은 공화당 중진들, 그리고 월스트리트 저널의 워닌스키 등이 참석하고 있었다. 이들과 함께 있었던 래퍼Arthur Laffer라는 경제학자는 종이 냅킨을 테이블 위에 펴놓고 간단한 그림 하나를 그려 사람들에게 보여줬다. 그 자리에 모인 사람들은 그가 그린 반원 모양의 곡선을 보자마자 "그래, 바로 이거야."라고 무릎을 쳤다.

이들이 그 그림을 보고 첫눈에 반해버린 것은 너무나도 당연한 일이었다. 자신들이 늘 부르짖어 왔던 감세정책이 미국 경제에 얼마나 큰 축복을 가져올 것인지를 이론적으로 입증한 그림이었으니 말이다. 보수 성향의 사람들은 무거운 세금 부담이 경제를 위축시키는 주범이라고 믿는다. 그들은 대대적인 감세를 통해 경제의 활력을 되찾아야 한다는 말을 늘 입에 달고 산다. 다만 유일한 걱정거리는 조세수입이 줄어들어 국가재정의 안정성이 흔들릴 수 있다는 점이다.

그런데 종이 냅킨 위의 그림을 보니 그동안 공연한 걱정을 해온 것이 아닌가? 그 그림은 세율을 낮추면 조세수입이 오히려 늘어난다는 것을 보여주고 있었다. 세율 인하는 조세수입 감소로 직결된다는 것이 상식인데, 그 상식을 통쾌하게 뒤엎은 것이다. 그 그림을 보는 순간 그들은 홀딱 반해 버렸다. 만약 첫눈에 반해 버리지 않았다면 오히려 그것이 이상한 일이다.

래퍼곡선Laffer curve이라는 이름으로 널리 알려진 그 그림은 레이거노믹스Reaganomics에 영감을 불어넣어 주었다. 그 후의 역사는 래퍼곡선이 하나의 '지적 사기'에 불과했다는 사실을 여실히 보여주었다. 예외적인 상황에서의 논리적 가능성을 현실성 있는 결과로 포장함으로써 사람들을 현혹시켰다는 것이 만천하에 드러난 것이다. 이에 기초를 둔 레이거노믹스는 경제를 크게 활성화시키지도 못한 채 막대한 재정적자라는 불행한 유산을 남기고 쓸쓸히 무대를 떠났다.

래퍼곡선은 1970년대 말과 80년대 초 유행하던 소위 공급중시경제학supply-side economics이라고 불리는 이론을 대변하고 있다. 이론으로서는 꽤나 엉성한 것이었지만, 공급중시경제학은 당시의 미국경제 상황과 맞물려 상당한 인기를 끌었다. 그러나 레이거노믹스의 퇴장과 더불어 공급중시경제학도 사람들의 뇌리에서 멀어져 갔고 다른 사이비 경제이론과 마찬가지로 경제학의 휴지통 속으로 들어갈 수밖에 없었다.

한 가지 흥미로운 점은 이렇게 휴지통 속으로 들어간 사이비 이론이 2008년 우리나라에서 화려한 부활을 맞게 되었다는 사실이다. 새로 들어선 정부는 미국에서 이미 실패로 돌아갔음이 명백하게 입증된 감세정책을 다시 들고 나와 7%의 경제성장률을 달성하겠다고 큰소리쳤다. 부자에게 감세혜택이 집중적으로 돌아가는 탓에 '부자감세'라는 비아냥을 듣던 그 감세정책의 실험 역시 당연하게 실패할 수밖에 없었다. 5년간의 재임기간 동안 2.9%의 평균성장률을 기록한 초라하기 짝이 없는 성적표가 그 실패를 생생하게 증언해 주고 있다.

현실과 동떨어진 이론은 잘못된 정책을 낳는다. 그 예는 단지 공급중시경제학 하나에 그치지 않는다. 어떤 점에서 보면 교과서에 등장하는 전통적 경제이론도 정책을 잘못된 방향으로 이끌 가능성이 있다. 인간 본성에 대한 비현실적 가정에서 출발하고 있어 사람들의 행동을 제대로 예측하지 못할 때가 있기 때문이다. 사람들이 정책에 어떻게 반응할지를 모르는 상황에서 만든 정책은 실패로 돌아갈 가능성이 크다.

예를 들어 어떤 정책이 부자에게 100의 이득을 주는 반면, 가난한 사람에게는 1의 이득만 준다고 하자. 전통적 경제이론에 따르면 이것은 의심할 여지없이 바람직한 정책이다. 가난한 사람의 이득이 1에 불과하지만 그렇다고 해서 손해를 보는 것은 아니다. 손해를 보는 사람은 아무도 없고 모두가 이득을 보니 당연히 사회후생이 더 높은 수준으로 올라간다. 따라서 모두가 이 정책을 지지하리라는 것이 전통적 경제이론의 예측이다. 그러나 이와 같은 예측은 인간 본성에 대한 잘못된 가정에 기초하고 있다.

전통적 경제이론은 인간이 자신의 이익을 합리적으로 추구하는 존재라고 가정한다. 자신의 이익만을 합리적으로 추구한다면 남이 얼마나 큰 이득을 얻든 상관할 필요가 없다. 그렇지만 현실은 절대 그렇지 않다. 부단히 나와 남을 비교하면서 살아가는 것이 인간 본연의 모습이다. 어느 누구도 다른 사람은 100의 이득을 얻는데 자신은 1의 이득밖에 얻지 못하는 정책을 달가워할 리 없다. 그러나 전통적 경제이론의 틀에 얽매인 사람들은 이와 같은 진실을 보지 못한다.

내가 이 책을 쓰려고 마음먹은 주요한 동기는 바로 이 진실을 사람들에게 알려야 한다는 사명감이었다. 이 책을 통해 소개하려고 하는 행태경제학behavioral economics에 따르면, 다른 사람에 비해 엄청나게 적은 이득밖에 얻지 못하는 상황에 불만을 갖는 것은 아주 자연스러운 반응이다. 특별히 질투심이 강한 사람만 그런 것이 아니고, 아주 평범한 보통 사람도 그런 반응을 보인다는 점이 중요하다.

남과의 상대적 맥락에서 나를 생각하는 것은 인간의 보편적 특성이다. 부자에게만 유리한 불공정한 정책에 대해 서민들이 반기를 드는 것은 너무나도 당연한 일이다. 이런 정책은 우리 사회뿐 아니라 어느 사회에서든 사회적 갈등을 불러일으키게 마련이다. 일부 사람들이 주장하듯 우리 사회의 과도한 평등의식이 문제가 되는 것은 결코 아니다. 내 생각에 우리 사회의 평등의식이 지나치다고 보아야 할 하등의 근거도 없다.

인간의 본성을 제대로 알고 그것을 최대한으로 활용하는 방식으로 틀을 짜야 좋은 정책이 만들어질 수 있다. 인간의 본성에 어떤 결이 있다면 그 결을 따라 움직이도록 부드럽게 유도하는 방향으로 정책의 틀을 짜야 한다는 말이다. 그 결을 거스르는 방향으로 정책의 틀을 짜면 비용만 많이 들 뿐 기대하는 성과는 나오기 힘들다. 바로 그 점이 행태경제학에서 우리가 배워야 하는 교훈이다.

이 책을 쓰게 된 또 하나의 중요한 동기가 있다. 그것은 나 자신이 행태경제학의 매력에 푹 빠져 버렸다는 데서 찾을 수 있다. 나 역시 행태경제학에 눈뜬 지 얼마 되지 않았다. 솔직히 말해 불과 몇 년 전만 해도 그런 분야가 존재하고 있다는 사실조차 모르고 지냈다. 그런데 이 분야의 글들을 읽어 보니 의외로 재미가 철철 넘쳤다. 이런 재미를 혼자만 누릴 것이 아니라 여러 사람들과 함께 나누어야 한다는 생각이 들었다.

행태경제학은 인간 본연의 모습이 무엇인지를 알아내려고 노력한다. 인간이 정말로 이기적이고 합리적인 존재인지를 검증해 보자고 제의한다. 그리고 이렇게 찾아낸 인간 본연의 모습에 기초해 경제이론을 다시 써야 한다고 말한다. 그렇기 때문에 행태경제학에서는 인간의 체취가 물씬 풍긴다. 전통적인 경제이론에서는 도저히 느낄 수 없는 36.5℃의 따뜻한 체온을 느낄 수 있다.

내가 형태경제이론의 매력에 빠진 것은 단지 재미있다는 점 하나 때문만이 아니었다. 이 이론을 통해 경제 분석의 현실 설명력을 크게 높일 수 있다는 점도 뿌리치기 힘든 매력으로 다가왔다. 행태경제학의 시각에서 보기 시작하면서 눈앞에 새로운 세계가 펼쳐진다는 느낌을 받았다. 경제정책에 관해서도 과거와는 다른, 근본적으로 새로운 접근방식이 필요하다는 사실을 절감하게 되었다.

행태경제학은 이제 막 태동 단계에 있다. 따라서 전통적 경제이론이 갖고 있는 막강한 영향력에 비해 이것의 영향력은 아주 작은 것이 사실이다. 그러나 점차 많은 사람들이 행태경제학의 현실 설명력을 인정하는 쪽으로 기울어 가고 있다. 나는 그동안 줄곧 전통적 경제이론을 가르쳐 왔고 이에 대해 여러 가지 책도 쓴 바 있다. 전통적 경제이론에 대한 나의 믿음은 아직도 확고하다. 그러나 행태경제학의 메시지에도 귀 담아 들어야 할 부분이 많다고 믿는다.

나는 독자 여러분을 행태경제학이라는 미지의 대륙으로 인도하는 안내자 역할을 자임하고 있다. 여러분과 내가 함께 하는 이 탐험이 아주 흥미진진한 것이 되기를 기대한다. 여러분을 나처럼 행태경제학의 매력에 푹 빠져 들게 만드는 것이 내 간절한 바람이다. 그것은 내가 이끄는 대로 잘 따라와 주기만 하면 능히 실현될 수 있는 바람이라고 생각한다. 내가 책을 잘 써서가 아니라, 이론 그 자체가 가진 매력이 워낙 크기 때문이다.

나는 이 책을 쓰면서 중요한 목표 하나를 세웠다. 바로 경제학이 딱딱하고 재미없는 학문이라는 선입견을 보기 좋게 부숴버리는 것이다. 경제학 책인데도 소설 읽을 때처럼 설레는 마음으로 다음 대목을 기대하게 만드는 책을 쓰는 것이 목표다. 솔직히 말해 독자들이 "경제학 책도 이렇게 재미있을 수 있구나!"라고 감탄하게 만들고 싶다.

마지막으로 독자들의 이해를 구해야 할 일이 한 가지 남아 있다. 내가 '행동경제학' 대신 '행태경제학'이라는 표현을 쓴 데에 대해 어리둥절해하는 독자들이 있으리라고 생각한다. 많은 사람들이 행동경제학이라는 표현을 쓰고 있기 때문이다. 그러나 나는 이론의 성격상 행태경제학이란 표현이 더욱 적절하다는 믿음을 갖고 있다. 따라서 굳이 이 표현을 고집하고 있다는 점을 독자 여러분에게 말씀드리고 싶다.

　이 책을 읽어 보면 알겠지만 '행태경제학'이라는 분야는 현실의 사람들이 보이는 독특한 행동의 방식을 연구 주제로 삼는다. 행동_{action} 그 자체가 아니라 행동의 방식이 연구의 주요 대상이라는 점이 중요하다. 예를 들어 주어진 상황에서 사람들이 어떤 행동을 하느냐가 아니라 어떤 방식으로 행동하느냐가 주요 관심 대상인 것이다. 그런데 행동경제학이라는 표현은 사람들의 행동 그 자체가 주요 관심 대상이라는 오해를 불러일으킬 소지가 있다.

　'행태'라는 표현에 부정적인 의미가 내포되어 있기 때문에 이를 피해야 한다고 주장하는 사람이 있다. 그러나 행동의 방식을 뜻하는 중립적 의미의 표현으로 그 말을 사용하는 데 아무 문제가 없다고 본다. 어떤 말이 상황에 따라 여러 다른 의미로 사용되는 사례가 너무나도 많지 않은가? 이론의 성격을 좀 더 정확하게 전달하기 위해서는 행태경제학이라는 표현을 쓸 수밖에 없다는 생각에서 외로운 결단을 내린 셈이다. 이와 같은 내 결단에 많은 지지와 성원을 보내 주기를 간절하게 바란다.

차례

합리적 인간의 실상과 허상

나도 경제학자지만 솔직히 말해 경제학은 상당히 차갑다는 느낌을 주는 학문이다. 그 이유는 경제학의 전형적 인간형인 호모 이코노미쿠스의 면모에서 찾을 수 있다. 호모 이코노미쿠스, 즉 경제적 인간이 유일하게 관심을 갖고 있는 것은 물질적 측면이며, 그는 오직 물질적 동기에 의해서만 움직인다. 온 세상이 이런 호모 이코노미쿠스로 가득 차 있다고 보는 경제학이 차가운 느낌을 주는 것은 전혀 이상한 일이 아니다.

1
경제학의 거울에 비친
인간의 모습

　내가 대학에 입학했던 1960년대 후반의 우리 사회는 온통 경제발전의 열기로 가득 차 있었다. 경제학을 전공으로 선택한 데에도 그때의 열기가 중요한 작용을 한 것으로 기억한다. 우리나라의 경제발전에 무언가 한몫을 하고 싶다는 바람에서 주저 없이 경제학을 전공으로 선택했던 것이다. 그 무렵 경제학이 최고의 인기 전공으로 떠오른 것을 보면 나만 그런 생각을 한 게 아니었던 것 같다.

　말하자면 나는 경제학을 전공으로 선택하면서 마치 우국지사라도 되는 양 호들갑을 떤 셈이다. 나중에 안 사실이었지만, 그것은 큰 착각이었다. 다른 어떤 학문보다 냉철한 머리를 필요로 하는 경제학은 그런 마음가짐으로 공부할 수 없고 공부해서도 안 되는 학문이기 때문이다. 솔직히 말해 우리가 지금 배우고 있는 경제학은 상당히 차갑다는 느낌을 주는 학문이다. 경제학자는 따뜻한 가슴도 가져야 한다고 말하지만, 경제학에서 따뜻한 체온을 느끼기는 힘든 것이 사실이다.

경제학이 전형적 인간형으로 설정해 놓은 호모 이코노미쿠스*homo economicus*(경제적 인간)의 면모를 살펴보면 경제학이 차가운 느낌을 줄 수밖에 없는 이유를 짐작할 수 있다. 호모 이코노미쿠스는 사랑이나 미움, 기쁨이나 슬픔 같은 인간의 체취가 완전히 제거된 존재다. 그가 유일하게 관심을 갖고 있는 것은 물질적 측면일 뿐이며, 그는 오직 물질적 동기에 의해서만 움직이고 있다. 온 세상이 이런 호모 이코노미쿠스로 가득 차 있다고 보는 경제학이 차가운 느낌을 주는 것은 당연한 일이다.

호모 이코노미쿠스가 갖고 있는 가장 중요한 특성은 물질에 대한 끝없는 욕망이다. 맛있는 음식, 멋진 옷, 안락한 집, 그리고 즐거운 휴가에 대한 그의 욕망은 한없이 크다. 단순히 생존에 필요한 물질을 다 갖고 있다고 해서 그것으로 만족하는 법이 없다. 모자람을 미덕으로 여겼던 그리스 철학자 디오게네스의 반대쪽 극단이 바로 이 호모 이코노미쿠스라고 보면 된다.

그러나 이 욕망을 채워 주는 수단이 되는 경제적 자원은 일정한 양으로 한정되어 있다. 그렇기 때문에 호모 이코노미쿠스는 늘 부족함을 느끼며 살아간다. 그는 자나 깨나 "더 많이 있었으면."이란 말을 입에 달고 산다. 이 상황에서 그는 '경제하려는' 강한 의지를 발휘한다. 경제하려는 의지란 한정된 자원으로 욕망을 최대한 충족시킬 수 있는 방법을 찾으려는 노력을 뜻한다.

한정된 자원으로 욕망을 최대한 충족시키기 위해서는 자원을 효율적으로 활용해야 한다. 그리고 자원을 효율적으로 활용하기 위해서는 합리적으로 판단하고 행동할 줄 알아야 한다. 따라서 합리성 rationality은 호모 이코노미쿠스가 갖춰야 할 핵심적인 요건이다. 호모 이코노미쿠스의 경제 활동을 분석대상으로 삼는 경제학은 당연히 그를 합리성의 소유자라고 가정한다.

서점에 가서 아무 경제학 교과서든 집어 들고 제1장을 펼쳐 보라. 인간의 합리성에 대한 상세한 논의가 나와 있는 것을 보게 될 것이다. 경제학은 바로 이 합리성의 가정에 그 기초를 두고 있다. 사실 경제이론이란 것이 만고불변의 진리는 아니다. 다만 "합리적인 인간이라면 이런 행동을 할 것이며 그 결과 경제에서는 이런 현상이 나타날 것이다."라는 조건부적 예측에 불과할 뿐이다.

행태경제학을 소개한 책으로 큰 인기를 끈 《넛지 Nudge》라는 책에서는 경제학 교과서에 등장하는 전형적인 인간을 다음과 같이 재미있게 묘사하고 있다.[1] 이 글을 보면 경제학이 인간의 합리성에 대해 얼마나 극단적인 가정을 하고 있는지 잘 알 수 있다.

> 경제학 교과서를 보면 호모 이코노미쿠스는 아인슈타인처럼 생각할 줄 알고, IBM의 빅 블루에 해당하는 기억 용량을 갖고 있으며, 간디 같은 의지력을 발휘할 수 있다는 것을 알게 된다.

호모 이코노미쿠스의 또 다른 중요한 특징은 모든 행동의 근저에 이기심self-interest이 깔려 있다는 것이다. 여기서 말하는 이기심은 우리가 "저 사람 참 이기적이야."라고 말할 때의 이기심과 약간 다른 뜻을 갖고 있다. 이 말 속의 이기심이라는 것은 자기 이익만 챙기고 남 생각은 전혀 하지 않는다는 부정적 의미를 갖는다. 반면에 호모 이코노미쿠스의 이기심은 자신의 이익을 우선적으로 고려한다는 것만을 뜻할 뿐이다.

경제학의 할아버지로 불리는 애덤 스미스Adam Smith는《국부론The Wealth of Nations》에서 인간의 이기심에 대해 다음과 같은 유명한 말을 했다. 호모 이코노미쿠스의 이기심이라는 것은 바로 여기에 등장하는 이기심과 비슷한 뜻을 갖는다.

정육점, 양조장, 그리고 빵집 주인들의 자비심 덕분에 우리가 저녁을 먹을 수 있는 것이 아니다. 그들이 자기 자신의 이득에 관심을 갖기 때문에 그럴 수 있는 것이다. 우리는 그들의 인간성에 호소하지 않고 그들의 이기심에 호소한다. 우리 자신의 필요를 이야기하지 않고 그들의 이익을 이야기 한다.

스미스에 따르면 우리를 배부르게 만들어주는 원동력은 바로 이기심이다. 엄밀하게 말해 그가 말하는 이기심은 자신의 이익을 중요하게 생각하는 태도를 뜻한다. 남은 전혀 생각하지 않고 자신만의 이득을 챙긴다는 뜻이 결코 아니다. 따라서 호모 이코노미쿠스의 이기심은 더 많은 이윤을 얻기 위해 부정식품을 만들어 파는 악덕업자의 동기와 전혀 다른 개념이다.

모든 학문에서 "인간은 과연 어떤 존재인가?"라는 의문은 매우 중요한 의미를 갖는다. 경제학에서는 인간이란 '자신의 이익을 합리적으로 추구하는 존재'라고 본다. 다시 말해 합리적이고 이기적인 호모 이코노미쿠스를 전형적인 인간형으로 설정해놓고 있는 것이다. 이런 사람들이 경제를 움직인다고 보는 경제학에서 따뜻한 체온을 기대하는 것은 무리일 수밖에 없다.

그런데 여기서 한 가지 주의할 점이 있다. 지금 말하고 있는 경제학이란 것이 무엇을 뜻하는지 정확하게 이해해야 한다는 점이다. 나는 경제학이란 말을 '교과서에서 배우는 전통적 경제이론'을 뜻하는 말로 쓰고 있다. 그렇다면 교과서에 나오지 않는 다른 경제이론이 있다는 말인가? 맞다. 그런 경제이론이 있다. 내가 이 책에서 설명하려고 하는 행태경제학behavioral economics이 그 좋은 예다.

행태경제학의 첫 장을 연 사람들 중 하나인 세일러Richard Thaler는 호모 이코노미쿠스에 '이콘Econ'이라는 별명을 붙였다. 이콘은 오직 물질적인 측면에만 관심을 갖고, 극도로 합리적일 뿐만 아니라 철저하게 자기중심적인 인간이다. 그러나 현실에서 이와 같은 특성을 고스란히 갖추고 있는 사람을 발견한다는 것은 거의 불가능에 가까운 일이다. 아인슈타인처럼 생각할 줄 아는 사람이 이 세상에 과연 몇이나 될까? 컴퓨터에 맞먹는 기억 용량을 갖고 있는 사람은 하나도 없을 것이며, 간디 같은 의지력의 소유자도 극히 드물 것이 분명하다.

현실의 인간은 물질적 측면뿐 아니라 감정적인 측면에도 많은 관심을 갖는 것이 보통이다. 때때로 비합리적인 행동을 일삼을 뿐 아니라, 철저하게 자기중심적이지도 아닌 것이 우리가 현실에서 보는 인간이다. 세일러는 이와 같은 인간형에 '휴먼Human'이라는 별명을 붙였다. 그렇다면 현실의 인간은 거의 예외 없이 모두 휴먼의 특성을 갖는다고 말할 수 있다. 이런 휴먼을 전형적인 인간형으로 설정하고 그들의 행위를 분석해야 비로소 현실을 정확하게 이해할 수 있다는 것이 행태경제학자들의 믿음이다.

행태경제학은 태어난 지 불과 몇십 년 정도밖에 되지 않은 경제학의 뉴프론티어다. 극소수의 교과서를 제외하고는 행태경제학에 대해 언급한 것조차 보기 힘든 현실이다. 그렇기 때문에 이를 '교과서에 나오지 않는 다른 경제이론'이라고 부르는 것이다. 행태경제학은 호모 이코노미쿠스를 전형적 인간형으로 볼 수 있는지에 대해 의문을 제기함으로써 전통적 경제이론에 반기를 들고 있다.

행태경제학의 기본 입장은 인간의 합리성과 이기심에 명백한 한계가 있다는 것이다. 잠시 책 읽기를 멈추고 자신에 대해 생각해 보기 바란다. 우리가 어느 경우에서나 합리적인 행동을 해 왔다고 자신할 수 있을까? 또한 언제나 이기적인 태도를 취해 왔다고 생각하는가? 인간이 완벽하게 합리적이며 이기적인 존재가 아니라는 사실을 입증할 현실의 증거는 수없이 많다. 이 책은 바로 그런 증거들을 하나씩, 하나씩 보여주면서 독자들의 의견을 묻는다.

2

우리는 얼마나
합리적일까?

합리성이라는 것은 주변 여건을 정확히 파악하고 상황에 맞는 적절한 의사결정을 할 수 있음을 뜻한다. 그러나 현실에서의 우리는 상황 파악 능력에 한계가 있을 뿐 아니라, 적절한 의사결정에 필요한 복잡한 계산을 할 줄도 모른다. 사실 현실을 정확하게 인식할 수 있느냐는 그 자체도 큰 의문이다. 이 세상 모든 일에 대해 잘 알고 있기는커녕 자기 주변의 단순한 상황도 제대로 이해하지 못하는 경우가 많다.

우리의 현실 인식 능력이 어느 정도인지를 한 번 테스트해 보면 어떨까? 어마어마하게 큰 종이가 한 장 있다고 하자. 이것을 반으로 접은 다음 그것을 또 다시 반으로 접는다. 이렇게 50번을 계속 접어 나간다고 했을 때, 그 두께가 얼마나 될지 짐작해 보라는 질문을 받았다고 하자. 독자도 책 읽기를 잠깐 그치고 그 접은 종이의 두께를 짐작해 보기 바란다.

여기서 중요한 점은 직관적인 답을 내놓아야 한다는 것이다. 똑똑함을 자랑하고 싶은 사람은 '2의 50제곱 곱하기 종이 두께'가 답이라고 대답할 것이다. 물론 정답이지만, 이건 천하에 재미없는 대답이다. 마음속에 즉각 떠오르는 생각을 바로 말해야 한다는 점이 중요하다. 이 질문의 목적이 직관적인 현실 인식 능력을 측정하는 데 있기 때문이다.

책상 높이 정도? 아니면 천장에 닿을 만한 정도? 대부분의 사람이 이와 비슷한 짐작을 내놓을 것이라고 생각한다. 스케일이 큰 사람이라도 고작 63빌딩 높이 정도라고 짐작할 것이 분명하다. 얇디얇은 종이를 50번 접은들 그게 얼마나 두꺼울 것이냐고 생각하기 십상이니 말이다. 실제로 계산기를 두드려 보지 않는 한 그 두께가 천문학적인 것이라는 사실을 정확하게 예견하는 것은 거의 불가능에 가까운 일이다.

이제 정답을 알아내 보기로 하자. 내 휴대용 계산기에 따르면, 2의 50제곱은 1.1259에 0이 무려 열다섯 개나 붙은 숫자다. 즉 50번을 접은 후에는 종이가 이만큼 쌓여 있는 두께가 된다는 말이다. 종이 100장이 1센티미터라고 가정하면, 앞의 숫자에서 0 두 개를 뺀 수치가 바로 센티미터로 표시한 두께가 된다. 이를 킬로미터로 바꾸려면 0을 다섯 개 더 빼면 되니까 결국 다음과 같은 수치가 된다.

50번 접은 종이의 두께 = $1.1259 \times 10^{8} \times$ 종이 한 장의 두께

= 112,590,000km

무려 1억 1,259만 킬로미터라는 말인데, 우리 머리로는 상상하기 조차 힘든 어마어마한 수치다. 지구와 달 사이의 거리가 38만 킬로미터이고 지구와 태양 사이의 거리가 1억 4,400만 킬로미터임을 생각해 보면 정말로 천문학적인 수치임을 잘 알 수 있다. 직관에 의해 답을 구했다고 할 때, 독자 중에서 이렇게 어마어마한 수치가 나오리라고 짐작한 사람은 하나도 없으리라 생각한다. 그저 종이를 한 번 접으면 두 장, 두 번 접으면 네 장, 세 번 접으면 여덟 장, 이런 식으로 생각해 "기껏 해야 몇 미터쯤 되겠지."라고 짐작하는 정도로 끝냈을 테니 말이다.

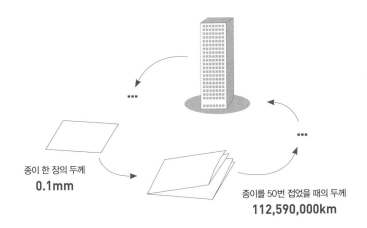

종이 한 장의 두께
0.1mm

종이를 50번 접었을 때의 두께
112,590,000km

현실 세계에서 언제나 합리적인 판단을 하기란 불가능한 일이다.

이와 비슷한 또 하나의 예를 생각해 보기로 하자.[2] 2킬로미터 떨어져 있는 두 지점을 1킬로미터 길이의 철로 두 개로 연결하려고 한다. 예전에는 기찻길을 만들 때 여름 더위에 철로가 늘어나는 것을 예상해 철로 사이에 어느 정도의 틈을 두고 연결했다. 그런데 기술자들이 실수로 아무런 틈을 두지 않고 그대로 이어서 철로를 설치했다고 한다. 만약 그 철로가 절대로 휘어지지 않는 성격을 갖는다면 여름에 길이가 늘어남에 따라 위로 치솟아 오르게 될 것이다.

여름이 되어 1킬로미터 길이의 철로가 10센티미터 늘어났다고 해보자. 이 경우 두 개의 철로가 맞닿는 점이 위로 솟아오르게 될 텐데, 어느 정도의 높이로 솟아오르게 될까? 이 경우에도 재미없게 정답을 찾으려고 노력할 것이 아니라, 머릿속에 떠오르는 직관적인 답을 말해야 한다.

이런 문제에 접했을 때 대부분의 사람이 고작 1미터 정도 내외의 작은 수치를 머릿속에 그릴 것이라고 짐작한다. 1킬로미터나 되는 철로가 고작 10센티미터 늘어났을 뿐인데 맞닿는 점이 위로 올라가면 얼마나 올라가겠느냐는 생각을 할 것이기 때문이다. 그러나 이 문제의 정답은 약 14미터. 고작 10센티미터가 늘어났을 뿐인데 어떻게 14미터나 치솟느냐고 놀라는 사람이 많겠지만, 간단한 계산을 통해 정답을 확인할 수 있다.

이것은 기본적으로 삼각형 두 변의 값을 주고 나머지 한 변의 길이를 재라는 문제다. 따라서 어렸을 때 배운 피타고라스정리를 써서 바로 답을 구할 수 있다. 길이가 늘어나 위로 솟아오른 철로는

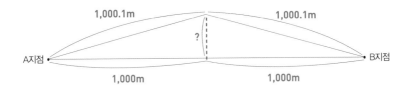

이런 질문에서 어림짐작으로 얻은 답과 계산기로 구한 답이 큰 차이가 나는 경우가 많다.

삼각형의 빗변이 될 텐데, 이것의 길이 1,000.1미터를 제곱한 값은 1,000,200.01이 된다. 여기에서 밑변의 길이 1,000미터를 제곱한 값을 빼면 200.01이 되는데, 이것은 두 철로가 맞닿는 점이 솟아오른 높이를 제곱한 값과 같다. 그리고 200.01의 제곱근을 구하면 14가 조금 넘는 수치가 나온다. 그림에서 물음표로 표시된 길이는 14미터보다 더 크다는 말이다.

바로 앞에서 본 두 예는 모두 계산기로 간단하게 답을 찾을 수 있다. 그러나 현실에서 어떤 문제에 부딪쳤을 때 우리는 어림짐작으로 답을 찾는 경우가 더 많다. 냉철하게 계산기를 두드려 보고 공식을 응용해서 답을 찾기도 하지만, 이것은 극히 예외적인 경우에 불과하다. 지금 보는 예는 직관적으로 얻은 답, 즉 어림짐작이 실제와 얼마나 큰 차이를 가질 수 있는지를 생생하게 보여준다. 그렇다면 현실에서 우리의 경제적 선택도 완벽한 합리성을 가정했을 때 예측할 수 있는 것과 큰 차이를 갖게 된다는 말이다.

3
우리는 얼마나
이기적일까?

인간이 기본적으로 이기적인 동물이라는 것은 의심의 여지가 없다. 극소수의 성자를 빼고 자신의 이익보다 남들의 이익을 더 중요하게 생각하는 사람은 찾아보기 힘들다. 의식적으로든 무의식적으로든 모든 일에서 자기를 중심에 놓고 생각하는 것은 인간의 주요 특성 중 하나다. 아무리 고매한 인격의 소유자라 할지라도 이런 이기적인 자세를 벗어나기 힘들다.

물론 이 세상의 부모들은 자식을 위해 자신의 모든 것을 희생해도 좋다는 마음을 갖고 있다. 또한 사랑하는 사람에게 외투를 벗어 주고 자신은 살을 에는 추위에 떠는 것을 마다하지 않는 로맨틱한 청년도 많다. 그러나 자신보다 가족이나 애인을 더 아껴주는 것은 진정한 의미에서의 이타적 태도라고 볼 수 없다. 이타적 태도는 아무 관계도 없는 타인의 이익을 자신의 이익보다 더 중요하게 생각하는 것을 뜻한다.

기본적으로 이기적이기는 해도, 우리가 언제나 이기적 행동만 하는 것은 아니다. 경우에 따라서는 남을 위해 팔을 걷어붙이고 나서기도 하고, 자기에게 돌아오는 이득을 흔쾌히 포기하기도 한다. 전혀 알지 못하는 사람을 위해서 헌혈을 하고, 귀한 시간을 쪼개 봉사활동을 하며, 없는 용돈을 털어 불우한 이웃을 돕기도 한다. 이와 비슷한 사례는 끝이 없을 정도로 많다.

세계에서 몇 째 가는 부자 버핏Warren Buffet은 전 재산의 85%나 되는 36조원의 거금을 서슴지 않고 자선사업에 기부했다. 그것도 자신의 자선재단이 아닌 게이츠Bill Gates 부부가 만든 재단에 기부했다. 버핏이 늘 남을 돕는 자세로 사업을 하면서 그 많은 재산을 모으지는 않았을 것이 분명하다. 때로는 극도로 냉정하고 이기적인 승부사의 기질도 발휘했을 것이라고 짐작할 수 있다. 그런 그가 남을 위한 행동에서 얻는 뿌듯함 하나 때문에 거의 전 재산을 선뜻 내놓는 결단을 내렸던 것이다.

버핏과 게이츠는 부시George Bush 대통령의 상속세 폐지 추진에 앞장서 반대한 것으로도 사람들의 주목을 받았다. 그들이야말로 상속세 폐지로 가장 많은 덕을 볼 수 있는 사람들 아닌가? 가만히 앉아있기만 하면 엄청난 이득을 얻을 수 있는데 굴러온 복을 걷어차려 한 것이다. 상속세가 유지된다고 해서 그들이 개인적으로 얻는 이득은 손톱만큼도 없다. 자신의 이익만 생각한다면 팔을 걷고 상속세 폐지를 부르짖고 다녀야 마땅한 일이었다.

결론적으로 현실의 인간이 기본적으로는 이기적이라 할지라도 한계는 있다. 언제 어떤 경우에나 극단적으로 이기적인 행동을 취하는 것은 아니라는 말이다. 현실의 인간은 합리성뿐 아니라 이기심이라는 측면에서도 전통적 경제이론의 호모 이코노미쿠스와 다르다는 것이 확인된 셈이다. 인간이 자신의 이익을 합리적으로 추구하는 존재라는 경제학의 기본가정이 과연 타당한 것인지를 본격적으로 따져 보아야 할 차례가 되었다.

4
경제학의 깜짝 스타,
행태경제학

얼마 전까지만 해도 행태경제학을 연구하는 사람들이 논문을 써서 학술지에 제출하면 으레 게재가 불가능하다는 편지를 받았다. 거절의 이유로 "이건 경제학 논문이라고 볼 수 없습니다."라는 말이 꼭 들어가 있었다고 한다. 한마디로 말해 그런 연구는 심리학이라고 불러야지 경제학으로 불러서는 안 된다는 뜻이다. 행태경제학의 주요한 특징은 심리학적 관점에서 인간의 경제적 행위를 분석하는 것이었는데, 당시에는 이와 같은 연구를 경제학의 일부로 인정해 주지 않았다. 그때가 불과 3, 40년 전이었다고 하니 행태경제학의 역사는 아주 짧은 편이다.

본격적 의미에서 행태경제학 연구를 처음 시작한 사람은 1978년도 노벨경제학상 수상자인 사이먼Herbert Simon이었다. 그는 현실적인 여건상 인간이 무제한적으로 합리성을 추구할 수는 없음을 지적해 전통적 경제이론에 반기를 들고 나섰다. 전통적 경제이론에서 상정하는 호모 이코노미쿠스는 현실과 매우 동떨어진 가공의 존재에 불과하다는 것이 그의 주장이었다.

사이먼은 인간이 설사 합리적 선택을 추구한다 하더라도 인식 능력과 정보, 지식의 현실적 한계 때문에 그 목표를 이룰 수 없다고 말한다. 그에 따르면, 제한된 합리성bounded rationality만을 갖는 현실의 인간이 추구하는 목표는 극단적으로 합리적인 선택이 아니라, 스스로 만족스럽다고 생각되는 수준에 도달하는 것이다. 즉 전통적 경제이론에서 상정하는 무제한적인 합리성과 대조되는 개념으로 제한된 합리성을 제시하고 있는 것이다.

행태경제학이 본격적인 도약의 계기를 맞게 된 것은 두 사람의 심리학자, 트버스키Amos Tversky와 카너먼Daniel Kahneman의 연구에 힘입은 바가 크다고 말할 수 있다.[3] 이 두 심리학자는 1970년대 초반부터 사람들이 주위 사물에 대해 어떤 방식으로 판단을 내리며 이와 같은 판단 방식의 특성이 선택에 어떻게 반영되는지에 대한 연구를 시작했다.

트버스키와 카너먼이 밝혀낸 바에 따르면, 합리성과 이기심이라는 경제학의 기본 가정은 현실과 매우 동떨어져 있다. 이들이 1974년 〈사이언스Science〉지에 발표한 논문 '불확실성하의 판단: 휴리스틱과 편향들Judgment under Uncertainty: Heuristics and Biases'은 행태경제학의 첫 장을 여는 기념비적 업적이었다. 이 논문에서 그들은 사람들이 현실에서 보이는 행태가 합리성과는 거리가 있는 여러 가지 독특한 성격을 갖는다는 사실을 밝혀냈다. 행태경제학의 기초를 닦은 공헌이 인정되어 카너먼은 2002년도 노벨경제학상 수상자로 선정되는 영광을 안았다. 사실 공헌도로 따지면 트버스키가 카너먼에 전혀 뒤떨어지지 않지만, 1996년에 세상을 떠나 아깝게 상을 놓쳤다.

트버스키와 카너먼의 심리학적 분석에 경제학의 옷을 입힘으로써 행태경제학의 등장을 가져온 사람은 경제학자 세일러Richard Thaler였다. 말하자면 트버스키, 카너먼, 세일러 세 사람의 합동 노력을 통해 행태경제학이 탄생했던 것이다. 이들이 들어 올린 횃불은 쉴라이퍼Andrei Shleifer, 래빈Matthew Rabin 같은 2세대 젊은 행태경제학자들로 이어지게 된다. 경제학자들에게 수여되는 가장 영광스러운 상으로 노벨상에 버금가는 인정을 받는 클라크메달J. B. Clark medal이란 상이 있다. 미국경제학회가 2년마다 한 번 40세 이하의 젊은 경제학자들 중 발군의 업적을 낸 사람을 뽑아 수여하는 상이다. 쉴라이퍼와 래빈은 각각 1999년과 2001년도 클라크 메달 수상자로 선정되었다.

여담이지만, 클라크메달은 경제학자로서 누릴 수 있는 최고의 명예라고 할 수 있다. 각 학문 분야에서 노벨상이 최고의 권위를 뜻하는 것으로 생각하는 사람이 많다. 그러나 노벨상은 학자로서 절정기를 지난 사람들이 과거의 업적에 대한 공로를 인정받아 수상한다는 성격을 갖는다. 이에 비해 40세 이하라는 조건이 달려 있는 클라크메달은 그야말로 학문의 절정기에 있는 사람이 받는 상이다. 어느 누구라도 이 상을 받는 순간 경제학계의 스타로 화려하게 떠오르게 된다. 우리가 알고 있는 쟁쟁한 경제학자들이 거의 모두 이 상을 받았다고 해도 과언이 아니다.

경험적으로 보아 클라크메달을 받은 경제학자는 대부분 몇십 년 후 노벨경제학상을 받게끔 되어 있다. 1947년도 이 상의 첫 번째 주인이었던 새무엘슨Paul Samuelson은 1970년도에 노벨경제학상을 받았다. 그 후 1983년까지 배출된 18명의 수상자 중 절반이 넘는 11명이 노벨경제학상 수상의 영광을 안았다. 2008년도 노벨경제학상 수상자인 크루그먼Paul Krugman도 1991년도에 클라크메달을 수상한 바 있다.

비록 3, 40년의 짧은 역사를 가진 분야이긴 해도 행태경제학은 한 명의 노벨경제학상 수상자와 두 명의 클라크메달 수상자를 배출했다. 이것은 행태경제학이 하나의 분야로 당당히 인정받게 되었음을 뜻한다. 행태경제학 분야의 논문을 투고한 사람이 이것은 경제학 논문이 아니라는 대꾸를 더 이상 듣지 않아도 된다는 말이다. 경제학 교과서를 바꿔 써야 하는 단계에 이르렀다고 보기는 힘들지만, 후세의 역사가들이 21세기 초에 일어난 '행태경제학의 혁명'을 이야기하게 될지 모르는 일이다.

한 가지 흥미로운 점은 경제학의 역사에서 행태경제학이 가장 오랜 전통을 자랑하는 분야일지도 모른다는 사실이다. 아쉬라프 등Nava Ashraf et al.이 쓴 논문에 따르면 최초의 행태경제학자는 앞에서 말한 사람들이 아니라 경제학의 할아버지로 일컬어지는 애덤 스미스였다고 한다.[4] 스미스가 쓴 《국부론The Wealth of Nations》이나 《도덕감정론*The Theory of Moral Sentiments*》을 보면 인간의 심리나 행동에 관한 해석이 오늘날의 행태경제학과 거의 똑같은 것을 발견할 수 있다는 것이다.

그 좋은 예가 인간의 내면에는 '열정~passions~'과 '공정한 관찰자~impartial spectator~'라는 두 개의 상반된 자아가 존재한다는 구절이다. 열정은 고통이나 분노 같은 정서나 고통 같은 느낌의 상태를 포괄하는 개념으로 이해할 수 있다. 스미스는 실제로 나타나는 인간의 행동이 열정의 직접적 영향하에 있지만, 공정한 관찰자라는 또 다른 자아에 의해 통제된다고 설명했다. 그리고 인간의 행동은 내면에서 이루어지는 이 열정과 공정한 관찰자 사이의 끊임없는 투쟁의 결과라고 덧붙였다. 이와 같은 인간 내면의 해석은 오늘날의 행태경제학자들의 그것과 놀랍도록 닮아 있는 것을 볼 수 있다.

바로 뒤에서 보겠지만, 심리학자들은 우리 마음속에 시스템 1~System 1~과 시스템 2~System 2~라는 대조적 성격을 가진 두 개의 자아가 존재한다고 설명한다. 그중 시스템 1은 스미스가 말한 열정, 그리고 시스템 2는 공정한 관찰자와 매우 닮아있는 것을 볼 수 있다. 이렇게 인간의 생각과 행동을 두 개의 대조적인 자아의 상호관련이라는 틀로 설명한다는 점에서 스미스와 오늘날의 행태경제학은 너무나 닮아 있다.

이뿐만 아니라 "우리의 상황이 나빴던 것에서 좋은 것으로 바뀔 때의 기쁨보다 좋았던 것에서 나쁜 것으로 바뀔 때의 고통이 상대적으로 더 크다."라는 구절도 행태경제학자의 말을 연상케 하는 대목으로, 이것은 행태경제학이 발견한 인간의 주요 특성 중 하나다. 그 밖에도 손실기피성향, 자신감 과잉 또는 공정성에 대한 관심 등 행태경제학에서 주로 논의되는 개념은 모두 《도덕감정론》에서 이미 언급되었다. 이 점에서 본다면 200여 년 전 경제학이 태동하는 순간 행태경제학도 함께 태동했다고 말할 수 있다.

호모 이코노미쿠스의 승리

현생인류와 아주 가까운 종인 네안데르탈인은 약 20만 년 전에 출현해 3만 년 전쯤 지구상에서 사라졌다. 4만여 년 전 인류의 조상이 유럽대륙에 처음 진출했을 때 그곳은 네안데르탈인의 세상이었다. 그 이후 이 두 집단은 1만 년 정도를 함께 살았는데, 네안데르탈인은 어떤 이유에서인지 갑작스럽게 절멸의 길을 걷게 되었다. 그들이 왜 절멸의 길을 걷게 되었는지는 아직까지도 학계의 미스테리로 남아 있다.

우리가 그림에서 보는 털복숭이 네안데르탈인은 전형적인 원시인의 얼굴을 하고 있다. 우락부락한 모습에 툭 튀어나온 눈이 지성과는 거리가 먼 것처럼 보이는 것이 사실이다. 그러나 이들의 뇌 용량이 현대인과 거의 비슷하거나 약간 더 컸다는 사실을 생각하면 인류의 조상에 비해 지능이 그다지 떨어지지 않았을 것이라는 짐작이 간다. 그들은 불을 사용할 줄 알았을 뿐 아니라, 간단한 석기와 무기를 만들 줄 알았고, 매장의 풍습까지 갖고 있었다.

이런 네안데르탈인이 왜 인류와의 경쟁에 패배해 도태의 운명을 맞게 되었는지는 큰 수수께끼가 아닐 수 없다. 어떤 사람은 인류가 우월한 도구를 갖고 있어 사냥이나 싸움에서 우위를 점한 것이 승리의 주된 이유였을 것이라고 말한다. 두 집단이 사용한 무기를 비교해 보면 확실히 인류의 것이 더 우월했던 것을 볼 수 있다. 또한 인류가 추상적 사고를 할 줄 알아 조직적 협동방식을 개발할 수 있었던 점 때문에 경쟁에서 이길 수 있었다고 말하는 사람도 있다.

최근 어떤 인류학자는 '경제적 동물'로서의 인류가 승리의 비결이었다는 흥미로운 가설을 제시했다. 인류가 네안데르탈인에 비해 상대적으로 더 효율적인 경제체제를 갖고 있었기 때문에 경쟁에서 이길 수 있었다는 가설이다. 좀 더 구체적으로 말해, 교환과 분업을 통해 효율성을 높일 수 있었기 때문에 경쟁상의 우위를 점할 수 있다는 것이 그의 설명이다.

고고학적 증거를 보면 당시 인류는 활발한 교환활동을 하고 있었던 것으로 드러난다. 어떤 지역에서 발굴된 석기들 중 그곳에서 전혀 생산되지 않는 것이 포함되어 있는 경우가 종종 있다. 또한 내륙지방의 주거유적에서 조개껍질 장식 같은 것이 발견되는 사례도 상당히 많다. 만약 교역이 이루어지지 않았다면 그와 같은 사례들을 관찰할 수 없었을 것이다. 따라서 그런 사례들은 당시에 활발한 교역활동이 이루어졌다는 고고학적 증거가 될 수 있다.

교환은 분업과 전문화로 이어지고, 이에 따라 인류는 효율적인 경제체제를 구축할 수 있었다. 반면에 네안데르탈인의 경우에는 서로간에 교환을 했다는 흔적을 찾기 어렵다. 자급자족을 해야 했던 그들에 비해 인류의 경제생활이 훨씬 더 효율적이었을 것임은 두말할 나위도 없다. 식량을 구하기가 어려웠던 당시의 상황에서 이와 같은 상대적 우위는 생존과 도태의 갈림길이 되었을 가능성이 크다.

교환이 존재했는지의 여부가 얼마나 중요한 역할을 했는지 검증하기 위해 그 인류학자는 컴퓨터 시뮬레이션 모형을 만들어 보았다. 그는 인류와 네안데르탈인이 능력이나 특성의 측면에서 비슷하며 유일한 차이는 교환과 분업을 했는지의 여부뿐이라고 가정했다. 이 시뮬레이션의 목적은 그와 같은 차이가 먹을 수 있는 고기의 양에 어떤 차이를 가져오는지 알아보는 데 있었다.

시뮬레이션 결과, 인류가 더 많은 고기를 먹을 수 있게 되는 것으로 드러났다. 두 집단이 똑같은 사냥터에서 활동하고 있었기 때문에 인류가 더 많은 고기를 먹게 된다는 것은 네안데르탈인에게 돌아갈 고기가 그만큼 줄어든다는 것을 뜻한다. 영양을 충분히 섭취할 수 있는 인류와 달리 네안데르탈인은 영양 부족에 시달리게 되고, 그 결과 출산율이 점차 떨어지기 시작했다. 바로 이것이 시뮬레이션 결과가 시사하는 네안데르탈인의 도태과정이었다.

또 다른 연구에 따르면 남녀 사이의 분업이 인류가 경쟁상의 우위를 점하게 된 주요한 이유였다고 한다. 우리가 잘 알고 있듯 인류의 경우 남자들은 큰 동물을 사냥하는 일을 주로 하고 있었다. 반면에 여자들은 식물을 채집하고 옷이나 도구를 만드는 일에 대부분의 시간을 썼다. 이에 비해 네안데르탈인들이 살던 곳을 발굴해 보면 그런 분업의 흔적이 거의 발견되지 않는다. 바로 이 분업의 존재 여부가 두 집단 사이의 승패를 가르는 요인으로 작용했다고 한다.

이런 연구 결과에 어느 정도 신빙성이 있는지는 자신 있게 말하기 힘들다. 네안데르탈인이 도태의 길을 걷게 된 데는 경제적 이유 아닌

다른 이유가 있었을 수 있다. 그러나 고고학적 증거가 말해주는 경제
적 효율성의 격차가 중요한 역할을 했으리라는 것은 충분히 짐작이
가는 일이다. 그렇다면 네안데르탈인에 대한 인류의 승리는 결국 호
모 이코노미쿠스의 승리였다고 말할 수 있다. 어느 쪽이 경제적 동물
로 먼저 탈바꿈했는지가 두 집단 사이의 승패를 가른 셈이다.

자료: *The Economist*, 2005년 4월 9일자

휴리스틱의 세계

아무리 치밀한 사람이라도 매사에 백과사전을 뒤져보고, 계산기 두드려 가며 살아가는 것은 아니다. 계산을 해보면 정확한 답이 나오는 것을 뻔히 알면서도 대충 어림짐작으로 끝내 버리는 경우도 많다. 특별히 게으른 사람만 그러는 것이 아니라 거의 모두가 그렇다. 구태여 시시콜콜 따지면서 살 필요를 느끼지 않기 때문이다. 혹은 철저하게 따져볼 능력이 없을 수도 있다. 인식능력과 정보 그리고 지식이 제한되었기 때문이다. 이와 같은 주먹구구식 판단의 방식을 휴리스틱이라고 부른다.

1

늘 계산기 두드려 가며
사는 것은 아니다

현실에서 사람들이 보이는 행태에서 찾아볼 수 있는 특성의 대표적 예로 휴리스틱heuristics이란 것을 들 수 있다. 우리말로 '어림짐작', '주먹구구'에 해당하는 판단의 방식인데, 적절한 우리말 번역을 찾기 힘들어 외래어로 그냥 표현하는 경우가 많다. 현실의 상황을 판단하는 일이 무척 복잡하기 때문에 사람들이 사용하는 몇 개의 주먹구구식 원칙을 휴리스틱이라고 부른다.

모든 것을 철저하게 따져 보고 행동하는 데는 상당한 비용이 든다. 시간도 그렇지만 정신을 집중하는 데 드는 심리적 비용도 무시하지 못할 만큼 크다. 그렇기 때문에 사람들은 철저하게 따져서 생기는 이득이 그리 크지 않은 한 휴리스틱으로 일을 처리해 버리고 만다. 철저하게 따질 능력이나 의욕이 없어서가 아니라, 경제성의 원칙에 부합되기 때문에 휴리스틱을 활용하는 것이라고 볼 수 있다.

경우에 따라서는 철저하게 따져 볼 능력이 없어 휴리스틱에 의존할 수도 있다. 우리는 아인슈타인도 아니고 슈퍼컴퓨터도 아니다. 그렇기 때문에 선택에 관련된 모든 정보를 모아 처리할 능력을 갖지 못한다. 제한된 인식능력과 정보, 그리고 지식만을 갖고 있는 우리로서는 대부분의 경우 휴리스틱에 의존해 문제를 처리할 수밖에 없다. 자각하고 있지 못해서 그렇지, 사실 우리는 일상생활에서 수없이 많은 휴리스틱에 의존하고 있다.

심리학자들은 현실의 인간이 휴리스틱에 많이 의존하고 있는 이유를 좀 더 체계적으로 설명하고 있다.[5] 그들의 설명에 따르면, 우리 마음속에는 시스템 1System 1과 시스템 2System 2라는 두 개의 시스템이 작동하고 있다. 우리가 현실을 인식하고 무슨 행동을 해야 할지 결정할 때 이 두 시스템의 합동작전이 이루어진다는 것이다. 이 시스템은 매우 대조적 성격을 갖고 있기 때문에 어느 쪽이 주도적 역할을 하느냐에 따라 우리의 행동이 사뭇 달라진다.

시스템 1은 별 노력을 들이지 않고 자동적으로 그리고 신속하게 작동하는 심리기제다. 예를 들어 한 물체가 다른 물체보다 더 멀리 떨어져 있는지의 여부를 판단할 때, 1 더하기 2의 답을 찾을 때, 혹은 어떤 사람의 음성이나 표정에서 적대적 태도를 감지할 때 등에서 바로 이 시스템 1이 작동된다. 즉 별 노력을 들이지 않고서도 저절로 얻게 되는 느낌이나 인상 같은 것이 시스템 1의 특징이라고 말할 수 있다. 우리가 지금 논의 대상으로 삼고 있는 휴리스틱은 시스템 1의 산물이라고 볼 수 있다는 것이 심리학자들의 설명이다.

이에 비해 시스템 2는 복잡한 계산을 할 때처럼 정신적 노력이 요구되는 행위와 관련해 작동하는 심리기제다. 시스템 2가 작동하는 상황의 예로서는 100미터 경주에서 출발을 알리는 총소리를 기다릴 때, 번잡하고 소란한 방에서 특정한 사람의 목소리에 귀 기울일 때, 혹은 입사지원서류를 작성할 때 등을 들 수 있다. 무엇에 대해 생각할지 혹은 무슨 일을 할지 결정할 때 우리는 의식적으로 이런저런 측면을 꼼꼼하게 따져야 한다. 바로 이런 상황에서 시스템 2가 발동하는 것이다. 이 시스템 2의 작용에 의해 어떤 것에 대한 분명한 믿음이나 신중한 결정이 만들어진다고 말할 수 있다.

행태경제학의 거목인 심리학자 카너먼은 시스템 1에 '빠른 사고fast thinking', 그리고 시스템 2에 '느린 사고slow thinking'라는 별명을 붙였다. 직관적이며 즉흥적인 시스템 1의 특성과 논리적이며 분석적인 시스템 2의 특성을 빠르고 느린 사고라는 방식으로 표현하고 있는 것이다. 시스템 1, 2로 구분하는 것보다 빠른 사고와 느린 사고로 구분하는 것이 훨씬 더 직관적인 호소력이 크다는 느낌이 든다.

우리가 깨어 있을 때는 이 두 시스템이 동시에 작동하고 있는 것이 보통이다. 그런데 두 시스템은 독립적으로 작동하는 것이 아니라 서로 밀접한 관련을 유지하며 작동한다. 시스템 1은 주변 상황을 끊임없이 관찰한 결과를 인상이나 직관 등을 통해 시스템 2에게 전달하고 어떤 생각이나 행동을 제안한다. 이 제안을 받아들인 시스템 2는 인상이나 직관을 믿음으로, 충동을 자발적 행동으로 바꾸어 정착시

킨다.

이 두 시스템의 협력체제는 대부분의 상황에서 원활하게 작동하는데, 이 경우 시스템 2는 시스템 1의 제안을 거의 그대로 수용한다. 어떤 것에 대한 우리의 인상이 맞는다고 믿거나, 욕구에 따라 행동해도 무방하다고 생각하는 것이 바로 그 좋은 예다. 인상과 욕구는 시스템 1의 영역인데, 이에 따른 제안을 시스템 2가 긍정적으로 받아들이고 있다는 말이다.

간혹 시스템 1이 어려움을 겪을 때가 있는데, 이런 경우에는 시스템 2가 대신 주역을 담당하게 된다. 예를 들어 한산한 길에서 운전할 때는 시스템 1만으로도 충분한데, 갑자기 큰 화물트럭이 다가와 내 차 옆에 바짝 붙어 달리기 시작했다면 이제는 시스템 2가 동원되어야 한다. 트럭과의 충돌을 피하려면 온 촉각을 곤두세워 내 차의 속도와 방향을 통제해야 하기 때문이다. 2×3이나 5×10 같은 쉬운 곱셈 문제는 시스템 1으로도 충분히 대응이 가능하지만, 67×93의 답을 구하라는 문제가 나오면 시스템 2가 작동하기 시작한다.

시스템 2의 주요 기능은 시스템 1이 제안한 생각이나 행동을 감시하고 통제하는 것이다. 왜냐하면 시스템 1은 직관적이고 즉흥적인 방식으로 생각해 때때로 틀린 답을 내기 때문이다. 그러나 시스템 2를 가동하기 위해서는 심적인 노력을 해야 하는데, 보통 사람에게는 이것이 꽤나 성가시고 부담스러운 일이다. 그렇기 때문에 여간해서는 시스템 2를 가동하지 않고 시스템 1만으로 버텨 보려는 태도를 갖게 마련이다. 심리학자는 이 상황을 가리켜 시스템 2가 본질적으로 게으른 성격을 갖는다고 표현한다.

예를 들어 다음과 같은 아주 간단한 문제가 제시되었다고 하자.

(1) 야구 배트 한 개와 공 한 개의 값을 합치면 1달러 10센트다.

(2) 배트는 공보다 1달러 더 비싸다.

(3) 그렇다면 공 한 개의 값은 얼마인가?

계산을 해보지 않고 순전히 직관만으로 답을 구한다면, 순간적으로 머리에 떠오르는 공의 가격은 10센트가 된다. 그러나 조금만 생각을 해보면 이 직관적인 답이 틀렸다는 것을 바로 알아낼 수 있다. 공 가격이 10센트이면 배트 가격은 1달러 10센트가 되어야 하고, 그렇다면 이 둘의 가격의 합은 1달러 20센트가 될 테니 말이다. 따라서 아주 간단한 계산을 통해 공의 가격은 5센트라는 답을 찾아낼 수 있다.

미국의 유명 대학 학생들을 상대로 이 간단한 문제를 내보았더니 매우 놀라운 결과가 나타났다. 하버드, MIT, 프린스턴 같은 최고 명문대학 학생들의 절반 이상이 10센트라는 오답을 제시한 것으로 드러난 것이다. 지명도가 떨어지는 대학 학생들의 경우에는 오답률이 거의 80%에 육박하는 것을 볼 수 있었다. 대학생처럼 활발한 지적 활동을 하는 사람들조차 그 단순하기 짝이 없는 검증과정을 거치지 않고 머리에 떠오르는 오답을 그대로 말해버렸던 것이다. 말하자면 이들에게서도 게으른 시스템 2가 감시의 역할을 제대로 하지 않고 시스템 1의 제안을 그대로 받아들인 결과가 나타났다는 뜻이다.

심리학자들은 현실의 사람들이 시스템 2의 가동에 따르는 조그만 불편함이나 성가심을 달가워하지 않는다고 설명한다. 그렇기 때문에 거의 모든 일을 시스템 1에 의해 해결하려는 태도를 보이게 된다. 현실의 인간이 많은 일에서 휴리스틱에 의존하는 이유를 바로 이 사실에서 찾을 수 있다. 그런데 직관적이며 즉흥적인 시스템 1은 어떤 문제에 직면해 이런저런 것을 꼼꼼히 따져보고 답을 구하는 것이 아니다. 따라서 휴리스틱에 의존할 때 오판에 이르게 되는 결과가 종종 나타나는 것이다.

휴리스틱이 널리 사용된다는 것은 심리학계에서 보편적으로 인정하는 사실이다. 그런데 심리학계에서 휴리스틱을 보는 시각은 두 가지로 엇갈려 있다. 하나는 휴리스틱이 우리 삶에서 매우 긍정적인 역할을 하는 것으로 보는 시각이다. 휴리스틱이 지적 능력 혹은 정보의 부족함을 메워 주는 훌륭한 수단이 된다는 것이다. 휴리스틱에 의해 주변 상황을 판단하고 의사결정을 하는 것이 의외로 좋은 성과를 가져다준다는 연구 결과가 많이 나와 있다.

이와 대조적으로 휴리스틱이 인식의 편향을 가져온다는 점에서 부정적으로 보는 시각도 있다. 휴리스틱이 사물을 객관적으로 인식하지 못하게 만든다는 것이다. 앞에서 말했듯, 휴리스틱의 주체인 시스템 1은 직관적이며 즉흥적인 특성 때문에 때때로 오판을 가져온다. 이 책에서 소개하는 행태경제학이 바로 이런 견해를 갖고 있다. 휴리스틱에 의해 주변 여건을 판단하는 사람은 호모 이코노미쿠스 같은 합리성을 가질 수 없다는 것이 행태경제학의 기본 입장이다.

이 장에서는 휴리스틱의 구체적 사례를 몇 개 들어 보려고 한다. 처음 두 사례는 휴리스틱을 부정적으로 보게 만드는 것이라고 할 수 있다. 휴리스틱에 의한 판단이 객관적 인식을 방해하는 요인이 된다는 점을 보여주기 때문이다. 반면에 나중의 두 사례를 보면 휴리스틱이 우리 삶에서 상당히 긍정적 역할을 한다는 생각을 갖게 된다. 이 예에 등장한 휴리스틱은 복잡한 결정을 단순하게 만들어 비교적 좋은 성과를 거둘 수 있게 돕는다.

휴리스틱(heuristics)

현실의 상황을 판단하는 일이 무척 복잡하기 때문에 이를 단순화하기 위해 사용하는 주먹구구식 원칙. 지적 능력과 정보의 부족함을 메워주는 긍정적 측면과 더불어, 사물에 대한 객관적 인식을 방해하는 부정적 측면을 동시에 갖고 있음.

2

꼼꼼한 사람이면
은행원일 가능성이 크다?
_대표성 휴리스틱

오랜만에 만난 고등학교 동창인 영주와 수빈은 시간 가는 줄 모르고 이야기꽃을 피우고 있었다. 영주가 무슨 말을 꺼내려다 머뭇거리는 것을 본 수빈은 모두 털어놓으라고 다그쳤다. "얘, 속 시원히 이야기해봐. 괜히 내숭 떨지 말고." 영주가 주저하면서 털어놓은 사연은 최근 남자 친구가 생겼다는 것이다. "오, 멋져. 그런데 그 사람 직업은 뭐야?" 영주는 이번에도 또 시원하게 털어놓지 않고 다음과 같은 말로 변죽만 울렸다.

"그 사람은 차분하고 성실한 사람이야. 무슨 일이 생기든 당황하지 않고 침착하게 대응하는 모습이 특히 좋았어. 그리고 그 사람은 손재주가 아주 좋아서 만날 때마다 조그만 선물 하나씩 만들어 오더라. 성격은 조금 내성적인 편이지. 이야기를 아주 잘 이끌어 가는 타입은 아니야. 그렇다고 아주 재미없는 사람도 아니지만."

수빈은 이와 같은 묘사에 입각해 그 사람의 직업을 짐작해야 한다. 은행원일까? 엔지니어일까? 운동선수일까? 아니면 군인일까? 만약 독자가 수빈의 입장이라면 어느 쪽으로 찍을지 궁금하다. 심리학자들이 연구한 바에 따르면 이런 상황에서 대부분의 사람들은 다음과 같은 휴리스틱에 의해 그 사람의 직업을 짐작한다고 한다.

사람들은 특정한 직업을 가진 사람들의 전형적 특성에 대해 어떤 선입견을 갖고 있다. 예를 들어 은행원은 일반적으로 매우 꼼꼼한 반면, 운동선수는 털털한 성격의 소유자가 많고, 군인은 언행에 절도가 있다는 식이다. 대부분의 사람들이 어떤 사람에 대한 묘사가 이 선입견과 얼마나 비슷하게 맞아 떨어지느냐에 따라 그 사람의 직업을 짐작하는 휴리스틱을 사용한다. 다시 말해 그 묘사가 특정한 직업의 전형적 특성에 대한 선입견과 비슷하게 맞아떨어질수록 그 직업의 소유자일 확률이 높은 것으로 짐작하는 방법을 쓴다는 뜻이다.

이 방법은 어떤 사람에 대한 묘사가 특정 직업의 전형적 특성을 얼마나 잘 대표하느냐에 의해 그의 직업을 짐작하는 방법이란 뜻에서 대표성 휴리스틱representative heuristics이라고 부른다.[6] 잘 생각해 보면 우리도 이런 방법을 자주 쓴다는 사실을 자각할 수 있을 것이다. 직업을 알아맞히는 일뿐 아니라, 대략의 정보만 가진 상황에서 그 실체가 무엇인지를 짐작할 때도 대표성 휴리스틱이 자주 사용된다.

그런데 이 대표성 휴리스틱에 의한 판단은 심각한 오판을 가져올 수 있다. 다음과 같은 실험의 결과를 보면 이 말이 무슨 뜻인지 바로 이해할 것이다. 첫 번째 단계에서 피실험자에게 엔지니어 70명과 군인 30명이 포함된 집단에서 한 명을 무작위로 뽑았다는 사실을 알려주고 그 사람에 관한 묘사를 들려준다(편의상 그 사람에 대한 묘사는 앞에서 본 영주의 남자친구에 대한 묘사와 똑같다고 가정하자). 이어서 피실험자에게 그가 엔지니어일 확률이 얼마라고 생각하느냐고 묻는다.

그 다음 단계에서는 군인의 숫자가 더 많은 것으로 집단의 구성을 바꾸고 직업을 짐작하게 만든다. 즉 이번에는 집단의 구성을 엔지니어 30명과 군인 70명으로 바꾼 다음, 이 사실을 분명하게 알려주고 무작위로 뽑힌 사람의 직업을 짐작하게 만드는 것이다. 그 사람에 대한 묘사는 이번에도 앞서의 경우와 똑같이 제시하고 그가 엔지니어일 확률이 얼마일 것이냐고 다시 묻는다.

실험 결과를 보면 거의 모든 피실험자가 두 단계의 실험에서 그 사람이 엔지니어일 확률을 똑같이 평가하는 것으로 나타났다. 두 번째 단계에서는 집단의 엔지니어 구성 비율을 많이 낮춘 상태에서 짐작을 해보라고 했는데도 첫 번째 단계에서와 똑같은 확률이라고 대답한 것이다. 그러나 이것은 엄청난 오판이다. 무작위로 뽑힌 사람이 엔지니어일 확률은 첫 번째 경우가 두 번째 경우보다 훨씬 더 높다.

엔지니어가 더 많이 포함된 집단에서 무작위로 뽑을 때 엔지니어일 확률이 더 높아지는 것은 당연한 일이다. 엔지니어의 구성 비율이 서로 다른 두 집단 중 어느 쪽에서 뽑든 그가 엔지니어일 확률이 똑같다는 것은 말도 되지 않는 짐작이다. 비록 그 사람에 대해 똑같은 묘사가 제시되었다 하더라도, 그가 엔지니어일 확률은 첫 번째 경우에서 두 번째 경우보다 더 높은 것으로 짐작해야 마땅하다. 통계학의 초보적 지식만 갖고 있는 사람이라도 이 정도는 알 수 있다.

확률의 법칙에 따라 계산을 해보면, 첫 번째 경우가 두 번째 경우에서의 확률보다 무려 5.44배나 더 높다. 이론적으로 보면 엄청난 확률상의 차이가 있는데도 사람들은 그 사실을 전혀 인식하지 못하는 듯한 행동을 하는 것이다. 왜 그럴까? 바로 그에 관한 묘사의 대표성에만 관심을 쏟았기 때문이라고 해석할 수 있다. 그렇기 때문에 확률에 관한 기초적인 이론조차 고려 대상이 되지 못했음이 분명하다.

또 다른 실험을 통해서도 대표성 휴리스틱이 오판을 가져올 수 있음이 드러났다. 이 실험은 어떤 사람에 대한 다음과 같은 묘사를 제시하는 것으로부터 시작한다.

"김영민 씨는 31세의 미혼 청년이며 매우 외향적인 성격의 소유자입니다. 그는 대학에 재학할 때 철학을 전공했으며, 여러 가지 학생 활동에 상당히 적극적으로 참여했습니다. 그는 사회문제에 많은 관심을 가지고 있으며, 여름휴가 때마다 농촌으로 봉사활동을 떠납니다."

이런 묘사가 있은 다음 그에 대해 아래와 같은 서술을 제시한다.

(1) 김영민 씨는 고리 대부업체의 사원이다.

(2) 김영민 씨는 환경운동을 지원하고 있다.

(3) 김영민 씨는 고리 대부업체의 사원이며 환경운동을 지원하고 있다.

마지막 단계에서는 피실험자로 하여금 이 세 가지 중 김영민 씨에 대한 올바른 서술일 확률이 높은 것부터 순서를 매기게 만든다. 일단 (1)이 그에 대한 올바른 서술일 확률은 상당히 낮아 보인다. 철학을 공부하고 사회문제에 많은 관심을 갖고 있는 사람이 고리 대부업체의 사원으로 일하는 것은 별로 어울리지 않는다는 느낌이 들기 때문이다. 이에 비해 (2)는 제법 그럴듯해 보인다. 여름휴가 때 농촌 봉사 활동을 할 정도로 사회문제에 관심이 많으면 환경운동을 지원하고 있을 확률도 높기 마련이다.

여기까지는 좋은데, 이 둘을 결합한 (3)이 문제다. 특히 (1)과 (3) 중 어느 쪽이 김씨에 대한 올바른 서술일 확률이 더 큰지는 좀 더 생각해 봐야 한다. 독자라면 이 상황에서 어떻게 대답할지 생각해 보기 바란다. 올바른 서술일 확률은 (1)보다 (3)이 더 크다고 판단한 사람들이 많으리라고 짐작한다. 이와 같은 내 짐작이 맞을 가능성이 최소한 80%가 넘는다고 자신한다. 이런 실험에서 피실험자의 80%를 넘는 사람들이 그런 식으로 대답했다는 사실을 알기 때문이다.

대부분의 사람들이 (1)보다 (3)의 확률을 더 높게 평가하는 이유는 아주 단순하다. (3)에는 김씨가 환경운동을 지원한다는 그럴듯한 서술이 포함되어 있기 때문이다. 사회운동에 관심이 많은 사람은 환경운동을 지원할 가능성이 크다는 고정관념이 판단에 영향을 주어

(3)의 확률이 더 높다는 평가를 내리게 되는 것이다. 즉 그와 같은 판단에 대표성 휴리스틱이 중요한 역할을 하고 있다는 뜻이다.

그러나 확률이론의 관점에서 보면 어떤 상황에서든 (1)보다 (3)의 확률이 더 클 수 없다. 주관적 판단이 개입될 여지가 전혀 없이, 분명하게 (3)보다 (1)의 확률이 더 크다는 뜻이다. 김씨가 환경운동을 지원하고 있을 확률은 꽤 높지만 그렇다고 100%는 아니다. 따라서 고리 대부업체의 사원이면서 동시에 환경운동을 지원하고 있을 확률은 단지 고리 대부업체의 사원일 확률보다 더 작을 수밖에 없다.

예를 들어 (1)이 김씨에 대한 올바른 서술일 확률이 20%인 한편, (2)의 확률은 70%라고 하자. 그렇다면 (1)과 (2)를 결합한 것이라고 볼 수 있는 (3)의 확률은 14%에 지나지 않는다. 어떤 상황에서든 (1)보다 (3)의 확률이 결코 더 클 수 없다는 말이다. 사람들은 이와 같이 단순하고 명백한 확률의 법칙을 무시하고 대표성 휴리스틱에 의존함으로써 심각한 오판의 함정에 빠져드는 것이다. 미국 명문대 학생을 대상으로 한 실험 결과를 보면, 이런 오판을 저지른 사람의 비율이 무려 80%에서 90%에 이르는 것으로 드러났다.[7] 상당히 지성적인 사람도 대표성 휴리스틱의 함정에서 벗어나기 힘들다는 말이다.

3

기억에만 의존하는 것은 위험하다
_가용성 휴리스틱

'생활건강' 강의를 함께 수강하는 상진이와 철우는 어느 날 우리나라 사람들의 사망원인에 대해 토론을 벌였다. 사망원인 중 가장 중요한 것이 암이라는 데는 두 사람의 의견이 일치했다. 그것은 늘 언론에 보도되기도 하거니와 강의 중에 이미 밝혀진 사실이었기 때문이다. 문제는 2위가 어떤 것이냐인데, 두 사람은 엇갈린 의견을 내놓고 한 치의 양보도 없는 논쟁을 벌였다.

이 두 사람은 사망원인에 대한 공식 통계자료를 본 적이 없기 때문에 나름대로의 판단에 따라 사망원인의 순위를 매기고 있었다. 상진이 생각으로 사망원인 2위는 당연히 교통사고인 게 분명했다. 신문에서 교통사고로 인해 죽는 사람이 매년 어마어마한 숫자라는 기사를 읽은 기억도 있었고, 주변에 교통사고로 죽은 사람을 많이 보았기 때문이다. 특히 초등학교 때부터 친하게 지내던 친구 몇 명이 연이어 교통사고로 죽은 이상한 사건을 경험한 후로는 교통사고로 인해 사망한 사람이 의외로 많다는 믿음을 갖게 되었다.

반면에 철우는 사망원인 2위가 심장질환이라는 확신을 갖고 있었다. 몇 년 전 할아버지가 심장마비로 갑자기 돌아가셨을 때 심장질환이 꽤 무서운 병이라는 사실을 처음 알게 되었다. 그 후 친척들이 모인 자리에서 건강 이야기가 나오자 이 사람 저 사람이 심장질환을 갖고 있음을 고백하는 광경을 목격했다. 기억을 떠올려 보니 고등학교 때 은사가 몇 년 전 돌아가셨는데, 그 분의 사망원인도 심장마비였다. 그는 이렇게 흔하게 볼 수 있는 심장질환이 교통사고보다 더 중요한 사망원인이라는 것은 의문의 여지가 없다고 생각했다.

이 두 사람은 모두 가용성 휴리스틱 availability heuristics이라는 것을 활용해 사망원인 2위가 무엇인지를 추측하고 있다. 자신의 기억에 떠오르는 사건 또는 상황을 고려해 판단을 하는 방법을 쓰고 있는 것이다. 이 방법은 사용할 수 있는 기억을 이용하는 휴리스틱이란 뜻에서 가용성 휴리스틱이라는 이름이 붙었다. 이런 방법으로 판단하는 경우에는 아무리 중요하게 생각해야 하는 것이라 해도 기억에 떠오르지 않으면 고려 대상에서 제외된다.

사실 이와 같은 방법으로 판단하는 것은 나름대로 일리가 있다. 실제로 교통사고가 중요한 사망원인이라면 이로 인해 죽은 경우를 많이 알고 기억할 가능성이 크다. 따라서 기억에 쉽게 떠올릴 수 있는 사건이라면 정말로 자주 일어났던 사건일 가능성이 큰 것이다. 일상

생활의 경험을 통해 이 사실을 잘 알고 있기 때문에 가용성 휴리스틱을 유용한 판단의 수단으로 삼는 것이라고 볼 수 있다.

그러나 이 가용성 휴리스틱이 현실에 대한 오판으로 이어질 수 있다는 것이 심리학자들의 지적이다.[8] 예컨대 똑같이 자주 일어난 두 사건이라 해도 기억에 떠오르는 정도가 다를 수 있다. 일반적으로 낯익거나, 생생한 장면과 관련된 사건일수록 기억에 쉽게 떠올릴 수 있다. 따라서 실제로는 자주 일어난 사건인데도 기억에 쉽게 떠오르지 않을 수 있고, 그 반대의 경우도 있을 수 있다.

다음과 같은 실험 결과를 보면 이 말이 무슨 뜻인지 바로 알 수 있다. 우선 피실험자에게 일정한 수의 유명인사 이름이 적힌 명단들을 보여 준다. 각 명단 안의 유명인사는 남녀를 반반씩 섞는데, 특히 지명도가 높은 사람의 성별 비율을 명단마다 다르게 만든다. 각 명단을 보여 준 다음, 그 안에 남자와 여자 중 어느 쪽이 더 많이 포함되어 있었느냐고 묻는다.

흥미로운 점은 명단 안에 포함된 지명도가 아주 높은 사람의 성별 비율이 응답에 영향을 미친다는 사실이다. 예컨대 어떤 명단에 지명도가 아주 높은 남성이 상대적으로 더 많이 포함되어 있다고 하자. 이 경우 그 명단 안의 남녀 구성 비율이 각각 50%로 똑같은데도, 피실험자는 남자가 더 많이 포함되어 있다고 기억하는 것으로 나타났다. 지명도가 아주 높은 사람은 기억하기가 쉽기 때문에 명단의 전체 성별구성을 파악하는 데 영향을 미치는 것으로 해석할 수 있다. 가용성 휴리스틱이 오판을 가져온다는 것이 명백하게 드러난 셈이다.

리스트 1		리스트 2	
반기문	최숙영	정명화	이미자
김명희	도종환	김명호	유종석
장현숙	서아라	이효리	장미란
박지성	송승헌	신경숙	이준성
정명훈	이지은	진성민	박진호

사람들에게 이 두 리스트를 보여 준 다음 남녀 구성비율을 물어보면 흥미로운 결과가 나타난다

　어떤 일이 사람들의 기억에 쉽게 떠오를 수 있게 만들어 주는 역할을 하는 가장 중요한 것으로 언론보도를 들 수 있다. 그런데 언론보도 그 자체가 희귀한 사건이나 엽기적인 사건에 편향되어 있기 때문에 실제로는 잘 일어나지 않는 사건이 자주 일어나는 것 같은 인상을 줄 수 있다. 그 결과 우리 머릿속의 기억은 현실의 정확한 재현이 아닐 가능성이 크다. 심리학자들은 가용성 휴리스틱 때문에 사람들이 현실을 왜곡해 이해하는 사례로 다음과 같은 것들을 들고 있다.[9]

(1) (미국에서) 뇌졸중으로 인한 사망자는 모든 사고에 의한 사망자에 비해 거의 두 배나 많다. 그러나 설문조사를 해보면 80% 이상의 응답자들이 사고 사망자가 더 많을 것이라고 대답한다.

(2) 대부분의 사람들이 토네이도로 인한 사망자가 천식에 의한 사망자보다 더 많다고 생각한다. 그러나 실제로는 천식에 의한 사망자가 20배 더 많다.

(3) 대부분의 사람들이 식중독으로 인한 사망자가 번개로 인한 사망자보다 더 많다고 생각한다. 그러나 실제로는 번개로 인한 사망자가 52배 더 많다.

사람들이 테러공격에 대해 갖는 두려움도 언론 보도에 의해 촉발된 가용성 휴리스틱의 한 귀결이라고 볼 수 있다. 일반적으로 테러공격에 의한 사망자는 생각만큼 그리 많지 않다. 카너먼은 이스라엘처럼 테러사건이 잦은 나라의 경우에도 테러공격에 의한 사망자 수는 교통사고에 의한 사망자 수에 비해 엄청나게 적다고 지적한다. 그런데도 사람들이 테러공격을 훨씬 더 두려워하는 것은 언론에서 자극적인 장면을 끊임없이 보도해 사람들의 머릿속에 두려움을 각인시켜주기 때문이다.

지금까지 본 예들은 우리가 가용성 휴리스틱의 영향 때문에 현실을 왜곡해 인식하는 사례의 극히 일부분에 지나지 않는다. 이런 왜곡 인식의 가장 중요한 이유로 언론의 보도 태도를 들 수 있다. 언론기관들이 구독률이나 시청률을 끌어올리기 위해 선정적 보도를 일삼는다면 왜곡 인식의 정도는 더욱 커질 것이 분명하다. 더군다나 어떤 목적의식에서 자기 입맛에 맞는 편향보도를 한다면 여론 그 자체까지 왜곡할 수 있는 큰 영향력을 발휘할 수 있다. 공정한 언론기관이 민주질서의 기본적 전제조건이 되는 이유를 바로 여기에서 찾을 수 있다.

4

첫눈에 반한 사람을
결혼상대로?

A기업의 박 과장은 그동안 일에 파묻혀 지내는 바람에 연애 한 번 제대로 해보지 못했다. 어느 날 그는 선을 보아 배우자를 찾을 수밖에 없다는 생각에서 결혼정보회사를 찾았다. 그 결혼정보회사는 앞으로 최대한 100명의 여성과 선을 볼 수 있는 기회를 주겠다고 약속했다. 다음 주말부터 한 사람씩 선을 보기로 했는데, 문제는 그가 아주 욕심이 많은 사람이라는 데 있다. 그는 이 100명의 여성 중 가장 마음에 드는 여성을 고르겠다는 욕심을 갖고 있다.

만약 100명의 여성을 한 자리에 모아 놓고 비교해 볼 수 있다면 가장 마음에 드는 여성을 고를 수 있을지 모른다. 그러나 그는 한 명씩 선을 보아야 하기 때문에 앞으로 어떤 여성들이 나타날지 모르는 상황이다. 그뿐만 아니라 예전에 선을 본 여성이 가장 마음에 든다는 것을 사후적으로 안다 해도 그에게로 돌아갈 수 없게끔 되어 있다. 따라서 이번에 선을 본 여성이 가장 마음에 드는 여성으로 판명될지의 여부를 알 길이 없다. 한 마디로 말해 선을 보는 과정에서 "그래, 바로 이 사람이야."라고 결론을 내리는 것은 불가능한 상황이다.

통계학자들은 박과장이 처한 상황을 '지참금 문제dowry problem'의 틀로 생각할 수 있다고 말한다. 지참금 문제가 무엇인지 설명하기 위해 다음과 같은 예를 들어보기로 하자.[10] 아라비아의 한 술탄sultan은 그가 아끼는 신하가 얼마나 지혜로운 사람인지를 테스트해 보기로 결심했다. 술탄은 총각인 그에게 100명의 여성을 만나게 해줄 테니 그중 가장 많은 지참금을 가진 여성을 골라 배우자로 삼으라고 명령했다. 이 명령을 얼마나 잘 수행하는지에 의해 그의 지혜를 평가하겠다는 것이다.

술탄은 그 신하가 가장 많은 지참금을 갖고 있는 여성을 골라내는 데 성공하면 큰 상을 내린다고 약속했다. 그의 지혜가 훌륭하다는 사실이 입증된 셈이기 때문이다. 반면에 그렇게 하지 못하면 당장 목을 베어 버리겠노라고 엄포를 놓았다. 잔인하기로 이름난 그 술탄은 조금이라도 마음에 들지 않으면 아끼는 신하든 뭐든 주저하지 않고 목을 벤다고 한다. 우리가 그 신하라면 어떤 전략으로 이 위기를 헤쳐 나갈 수 있을까? 바로 이것이 지참금 문제의 기본 골격이다.

그 신하는 100명의 여성이 각각 얼마씩의 지참금을 갖고 있는지 전혀 모르는 상태에서 출발한다. 하루에 한 사람씩 만나 얼마의 지참금을 갖고 있는지 알아내는 방법밖에 없다. 예컨대 25번째 만난 여성이 아주 많은 지참금을 갖고 있음을 알아냈다 하더라도 그를 선뜻 배우자로 삼을 수 없다. 남은 75명의 여성 중 더 많은 지참금을 갖고 있는 사람이 있을 수 있기 때문이다. 100명을 모두 만난 후에는 정답을 알 수 있지만 예전에 만나 본 여성에게 다시 돌아가지 못하게 되어 있기 때문에 아무 소용이 없다.

이 지참금 문제에는 하나의 답이 있다. 즉 어떤 전략을 쓰면 그 신하가 살아남을 확률이 제일 높은지에 대한 답이 있다는 말이다. 통계학자들이 내놓은 답은 '37%의 법칙'이라고 불리는 전략이다. 이 전략은 우선 그가 100명 중의 37%, 즉 37명의 여성을 우선 만나고 그중 가장 큰 지참금이 얼마인지를 기억하기를 요구한다. 그 다음 38번째 여성부터 차례로 만나면서 이보다 더 큰 지참금을 가진 여성을 만나는 순간 그를 배우자로 선택해야 한다.

흥미로운 점은 이 전략을 쓸 때 그가 살아남을 확률도 37%라는 사실이다. 그러니까 그가 목을 베일 확률은 무려 63%나 되는 셈인데, 그나마 살아남을 확률이 가장 큰 게 바로 이 전략이다. 이와 다른 전략을 쓰면 목을 베일 확률이 더 커진다. 만약 그 신하가 완벽하게 합리적인 사람이라면 바로 이 37% 전략을 채택할 것이라고 예상할 수 있다.

이 지참금 문제는 배우자를 선택하는 상황을 극도로 단순화한 것이라는 점에 주의해야 한다. 박 과장이 배우자를 고르는 문제는 이보다 훨씬 더 복잡하다. 지참금 문제에서는 상대방의 조건이 지참금 단 하나로 단순화되어 있는데, 실제로 배우자를 고르는 과정에서 따져야 할 조건은 한두 가지가 아니다. 성격, 용모, 학력, 집안 배경 등 따지는 조건이 수없이 많은 상황에서 100명의 배우자 후보들을 한 줄로 세운다는 것은 거의 불가능에 가까운 일이다.

또한 지참금 문제에서 배우자 후보를 한 사람씩 만나는 데 드는 시간이나 노력 같은 비용은 아예 생각하지도 않았다. 그러나 현실에서는 그 비용이 결코 만만치 않다. 100명이나 되는 여성과 한 사람씩 만나 데이트를 하다 보면 결혼 적령기를 놓칠 수도 있다. 그렇기 때문에 더 좋은 상대방이 나타나기를 기대하며 마냥 시간을 끌 수 없는 일이다. 비용이란 요인을 추가적으로 고려하면 가장 마음에 드는 여성을 고르는 문제는 훨씬 더 복잡해진다.

이뿐만 아니라 나는 상대방이 마음에 들었지만 그가 나를 싫어할지 모른다는 문제도 있다. 지참금 문제에서는 지참금을 가장 많이 갖고 있는 여성을 고르기만 하면 된다. 그렇지만 박 과장이 가장 마음에 드는 상대로 점찍은 여성이 박 과장을 싫어할 수 있는데, 이것은 이만저만 심각한 문제가 아니다.

이렇게 현실적으로 고려해야 할 점들이 너무나 많기 때문에 실제로 배우자를 고르는 문제의 정답을 찾는 일은 매우 어려울 수밖에 없다. 박 과장이 가장 마음에 드는 배우자를 고를 수 있는 합리적인 방법이 존재한다면, 엄청나게 복잡한 계산을 요구할 게 분명하다. 이 세상에 그것을 알아낼 수 있는 능력의 소유자는 존재하지 않는다고 단언해도 좋다. 보통 사람들 중에는 37% 규칙조차 제대로 아는 사람이 거의 없다.

만약 전지전능한 존재가 있다면 박 과장에게 이리저리 하면 된다고 코치해 줄 수 있을지 모른다. 그렇지만 그 방법을 가르쳐 준다 해도 그것을 실행에 옮기는 것은 이만저만 어려운 일이 아니다. 문제가 복잡한 만큼 합리적인 전략이라는 것도 엄청나게 복잡한 내용을 갖고 있을 것이 분명하기 때문이다. 보통 사람은 그것이 요구하는 바를 충실하게 따를 능력도 참을성도 없다.

박 과장은 가장 마음에 드는 여성을 고르고 싶어 하지만, 그것은 이루어 질 수 없는 꿈이다. 인간의 제한된 합리성으로는 그 꿈을 이룰 수 있는 방법을 알아낼 수 없기 때문이다. 현실적으로 어떤 상대방을 만나는 순간 '괜찮다'는 느낌이 들면 그를 선택하는 데 만족할 수밖에 없다. 그리고 괜찮은 상대방을 고르는 방법은 합리성과는 거리가 먼 휴리스틱이 될 가능성이 크다.

우리가 배우자를 고를 때 사용하는 휴리스틱은 사람마다 각양각색으로 다르다. 어떤 사람은 첫 만남의 자리에서의 느낌을 매우 중요하게 여긴다. 첫눈에 반할 수 있을 정도는 되어야 한다고 생각하기 때문이리라. 이와 대조적으로 여러 번 만나기 전에는 전혀 마음을 결정하려 들지 않는 사람도 있다. 한두 번 만나보는 것만으로는 그 사람의 이모저모를 정확하게 알아낼 수 없다는 생각에서 말이다. 심지어 부모님이 찍어 주는 사람을 그대로 받아들이는 휴리스틱을 쓰는 사람까지 있을 수 있다.

독자도 마음에 드는 배우자를 고르는 나름대로의 휴리스틱을 갖고 있을 것이 분명하다. 이것은 모든 사람에게 그대로 적용될 수 있는 말이다. 결혼처럼 인생이 걸린 중요한 문제도 휴리스틱으로 해결하는 것이 우리 삶의 현실인 것이다. 결혼뿐 아니라 인생의 다른 많은 문제들도 이와 같은 방식으로 해결해 나가고 있다. 경제학 교과서에 나오는 합리적 해법은 우리 삶의 현실과 거리가 멀다.

5
휴리스틱을
만만하게 보지 마라

주식 투자를 하려는 사람에게 전문가는 이렇게 충고한다. "먼저 기업들의 재무제표를 자세히 들여다보아야 합니다. 어떤 종류의 재산과 부채를 얼마나 갖고 있는지 잘 알아야 하니까요. 그리고 지난 10년 동안 그 기업의 수익이 어떻게 변화했는지도 유심히 관찰해 보아야 합니다. 그 다음으로는 우리 경제의 전망에 관한 전문가의 의견을 들어둘 필요가 있습니다. 우리 경제가 어떤 방향으로 나아가느냐에 따라 그 기업의 전망이 달라질 테니까요."

그렇지만 이런 충고를 그대로 실천에 옮기는 사람이 과연 몇이나 될까? 맞는 말이라고 긍정은 하면서도 막상 주식을 살 때는 다른 방식으로 고르는 사람이 대부분이다.

무엇보다 우선 그런 충고를 따르려고 해봐야 따를 수 없는 사람들이 많다. 대부분의 사람들은 재무제표에 나와 있는 숫자들이 온통 암호처럼 보일 뿐 아니라, 전문가의 경제 전망을 들어봐도 무슨 말인지 전혀 알아들을 수 없다. 이 세상에 그런 충고를 제대로 따를 수 있는 사람은 극소수에 지나지 않는다.

설사 그 충고를 따를 수 있는 능력을 갖고 있다 하더라도 귀찮아서 따르지 않는 사람도 많다. 전문가의 충고를 들으면서 속으로 이런 불평을 늘어놓는 사람이 많을 것으로 짐작한다. "그렇지 않아도 할 일이 태산 같이 많은데, 수없이 많은 기업들의 재무제표를 들여다볼 시간이 어디 있어? 그거 들여다본다고 해서 돈이 저절로 굴러들어 오기라도 한단 말이야?" 한 마디로 말해 전문가의 충고를 따를 능력도 의사도 없는 경우가 거의 대부분이다.

사람들은 저마다 본인만의 주식 투자 비법을 갖고 있을 가능성이 높다. 예를 들어 가격이 계속 오르는 추세에 있는 주식을 산다든지, 최근 들어 가격이 큰 폭으로 떨어진 주식을 산다든지, 아니면 가격 변동폭이 큰 주식을 산다든지 등이다. 이외에도 각자가 선호하는 다양한 방법이 있을 수 있다. 하지만 왜 그런 방법이 좋으냐고 물으면 논리적이고 체계적인 답변을 하기 힘들어 하는 사람이 대다수다. 기껏해야 "아, 예전에 그 방법으로 대박을 친 적이 있거든." 정도의 답변이 가능할 따름이다. 이런 주먹구구와 같은 선택의 방식이 바로 휴리스틱의 좋은 예다.

주식 투자를 하는 사람들이 쓰는 휴리스틱 중 심리학자의 관심을 끈 것이 하나 있는데, 기업의 지명도를 보고 주식 구입 여부를 결정하는 방식이다.[11] 즉 지명도가 높은 기업의 주식을 우선적으로 구입하는 투자방식인데, 심리학자들은 이 휴리스틱을 '무지에 기초한ignorance-based' 의사결정 방식이라고 불렀다. 그만큼 주먹구구의 냄새가 짙은 의사결정 방식이라는 뜻이다.

흥미로운 점은 바로 이 주먹구구식 주식 투자가 놀랄 만큼 좋은 성과를 가져왔다는 사실이다. 실험을 해본 결과 이 방식은 다른 투자방식에 비해 더 높은 수익률을 기록했다. 지명도가 높은 기업의 주식 위주로 투자할 경우의 수익률이 지명도가 낮은 기업의 주식 위주로 투자하는 경우에 비해 현저히 더 높았다. 단순하기 짝이 없는 휴리스틱이지만 실제로는 상당한 위력이 있었던 것이다. 더 놀라운 것은 지명도가 높은 기업의 주식에 주로 투자하는 전략이 주가지수 펀드나 투자신탁 펀드보다 더 높은 수익률을 가져다주었다는 사실이다.

주식 투자에 관한 정설 중 하나는 일반적인 상황에서 주가지수 펀드에 가입하는 것이 가장 유리한 투자방식이라는 것이다. 이런 정설을 뒤엎고 주먹구구식 투자가 주가지수 펀드보다 더 높은 수익률을 기록했다는 것은 매우 놀라운 일이 아닐 수 없다. 또한 투자신탁 펀드는 투자 전문가들이 운영하기 때문에 당연히 수익률이 높을 것으로 기대할 수 있다. 아무런 전문지식을 갖지 않은 일반인들이 그나마 주먹구구식 방법으로 투자대상을 고른다면 이 둘 사이의 승부는 보나마나 뻔한 일이다.

그러나 이 예상과 달리 실험 결과는 주먹구구식 투자전략의 승리로 나타났다. 심리학자들이 무지에 기초한 의사결정 방식이라고 부른 투자전략이 이론과 전문가들의 코를 납작하게 만들었던 것이다. 이를 보면 휴리스틱이라 해서 결코 만만하게 볼 것은 아님을 알 수 있다.

강의실의 조삼모사

젊은 시절, 나는 'F폭격기 교수'로 악명을 떨친 적이 있다. 150명이 듣는 경제학원론 강의에서 50명에게 F학점을 주는 것은 보통일 정도였으니 그런 별명이 붙을 만도 했다. 내가 기억하는 최고 기록은 230명이 듣는 미시경제학 강의에서 120명에게 F학점을 준 경우였다. 신기하게도 그때 학점을 올려달라고 연구실을 찾아온 학생은 한 명도 없었다. 그때 나는 '까칠한 교수'로 단단히 찍혀 있었던 것 같다.

나이가 들어감에 따라 학점이 점차 후해지기 시작해 내 별명은 'CD 플레이어'로 바뀌게 되었다. F학점 대신 C학점이나 D학점을 많이 준다는 뜻이리라. 얼마 후 내 별명이 다시 '부자 되세요'로 바뀐 것을 알았다. 그즈음 BC카드가 "부자 되세요."라는 구호를 내걸었는데, 거기서 힌트를 얻어 지어낸 별명이라고 했다. 즉 내가 B학점이나 C학점을 많이 준다는 뜻이 담긴 별명이었다.

요즈음은 내가 '학점의 천사'가 된 것은 아닌가라는 걱정이 들 정도로 A학점과 B학점을 많이 뿌린다. 경제학부의 다른 교수들에 비해 절대로 학점이 더 박하지는 않다고 생각한다. 그런데 아직도 많은 학생들이 내가 학점을 박하게 준다는 인상을 갖고 있는 것 같다. 내 강의를 하나도 듣지 않고 졸업한다는 경제학부생에게 왜 그랬느냐고 물으면 멋쩍은 표정으로 "선배들이 말렸다."고 대답한다. 학점이 박하니 내 강의를 듣지 말라고 충고했다는 말이다.

꽤 오래 전부터 내 학점이 후해졌기 때문에 이제는 박하게 준다는 평판에서 자유로워질 만도 하다. 그런데도 선배들이 아직까지 내 강의를 듣지 말라고 권한다는 것은 그 평판이 끈질기게 따라다닌다는 것을 뜻한다. 얼마나 A학점을 더 뿌려대야 나에 대한 인상이 바뀌게 될까? 그렇다고 해서 내가 학점의 천사로 불리기를 바라는 것은 아니지만 말이다.

나에 대한 평판이 바뀌지 않는 배경에 가용성 휴리스틱이 있다는 것이 내 해석이다. 즉 학생들이 가용성 휴리스틱을 사용해 나에 대한 평가를 하고 있기 때문에 학점이 박하다는 인상이 계속 남는다는 뜻이다. 내 강의를 들은 선배나 친구들에게 물은 결과에 기초해 정확한 추론을 했다면 내가 실제로 주는 학점의 분포를 어느 정도 정확하게 짐작할 수 있다. 그렇게 하지 않고 가용성 휴리스틱을 사용해 평가하기 때문에 실제보다 더 박한 것으로 평가하게 되는 것이다.

내 강의를 들은 사람이 어떤 학점을 받았다고 말해 줬을 때, 기억에 더 생생하게 남는 경우는 어느 쪽일까? 예컨대 군말 없이 "나 A학점 맞았어."라는 말을 할 때일까, 아니면 불평을 늘어놓으면서 "그 선생 C학점으로 깔더라."라는 말을 할 때일까? 내가 학생들의 문화를 어느 정도 알지만, 자기가 공부를 게을리 해서 C학점을 맞았다고 생각하는 사람은 매우 드물다. 대개 학점을 박하게 준 교수를 원망하기 십상이고, 따라서 이런저런 불평을 늘어놓게 마련이다.

듣는 입장에서 보면 학점이 무엇이라는 사실보다 그런 불평이 훨씬 더 인상적일 수 있다. 따라서 구체적인 불평이 딸린 대답이 훨씬 더 오랫동안, 그리고 생생하게 기억에 남을 가능성이 크다. 반면에 별말 없이 좋은 학점을 받았다고 대답하는 경우는 상대적으로 쉽게 기억에서 사라진다. 그렇기 때문에 가용성 휴리스틱에 의해 판단하는 사람은 내가 학점을 상당히 박하게 준다는 인상을 받는다.

만약 본인이 막상 내 강의를 듣고 나쁜 학점을 받기라도 한다면 그런 인상은 이제 믿음으로 바뀐다. 그래서 내 강의에 대한 질문을 받을 때마다 확신에 찬 어조로 "그 강의 들으면 후회할 거야."라는 말을 할 수 있게 된다. 나에게 특별한 감정이 있어서 그런 대답을 하는 것이 아니라는 사실을 잘 안다. 가용성 휴리스틱이 그에게 그런 믿음을 심어준 것이 문제의 핵심이다.

행태경제학자 중의 대표주자 격인 세일러Richard Thaler 교수도 성적과 관련한 재미있는 일화를 갖고 있다. 젊은 교수 시절 미시경제이론을 가르칠 때 많은 학생들이 자신에게 불만을 갖고 있는 것을 발견했다고 한다. 그런데 그 불만의 원인이 강의와는 전혀 상관이 없었고, 순전히 중간고사 하나 때문인 것으로 드러났다는 것이다.

그는 당시 시험문제를 만들 때 변별력에 초점을 맞췄다고 한다. 학생들을 다음과 같은 세 부류로 나누는 데 주안점을 두고 출제를 했다는 것이 그의 말이다. 첫 번째는 강의 내용을 모두 소화한 스타급 집단, 두 번째는 기본개념을 이해한 중간 집단, 그리고 마지막으로는 전혀 이해하지 못해 뒤처진 집단의 세 부류였다는 것이다. 이 목적의 달성을 위해 내용을 완전히 이해한 사람만 풀 수 있는 문제를 포함시켰고, 그 결과 상당히 어려운 시험이 되었다고 한다.

중간시험의 채점 결과 학생들의 성적이 상당히 넓은 범위에 분포되어 있어 변별력에는 아무 문제가 없는 것으로 드러났다. 그런데 시험 성적을 받아든 수강생들이 거친 불만의 목소리를 토해내 그를 놀라게 했다고 한다. 그들의 주요 불만 사항은 평균점수가 100점 만점에 겨우 72점에 불과했다는 데 있었다고 한다.

수강생들이 불만을 가졌던 것은 A, B 같은 좋은 학점을 받는 사람이 매우 적을 것이라는 예상 때문이었다. 90점 이상이 A학점, 80점에서 90점 사이가 B학점이라면 그런 예상이 터무니없는 것은 아니었다. 세일러 교수는 수강생들의 불만을 누그러트리기 위해 상대평가를 할 테니 걱정 말라고 다독였다. 80점이 넘는 사람은 A학점, 65점을 넘으면 B학점을 줄 것이라는 친절한 설명까지 덧붙였다고 한다.

그러나 이와 같은 설명에도 불구하고 수강생들의 불만은 전혀 수그러들지 않았다. 그들은 중간시험에 대해 이런저런 불평을 늘어놓았을 뿐 아니라, 세일러 교수 본인을 향해서도 불평을 쏟아냈다고 한다. 아직 정년보장을 받지 못한 젊은 교수로서는 실로 난처한 상황이었다고 그는 당시를 회고하고 있다. 시험을 너무 쉽게 냄으로써 변별력이 없게 만들고 싶지 않은 그는 다른 대책을 마련해야만 했다.

궁리 끝에 세일러 교수가 생각해 낸 대책은 바로 이것이었다. 즉 학기말 시험의 경우에는 총점을 100점이 아닌 137점으로 만들었던 것이다. 실제로 그 시험은 중간시험보다 약간 더 어려워서 평균점수가 100점 만점에서 70점 정도였다고 한다. 그러나 137점이 만점이었기 때문에 평균수준에 있는 학생의 점수는 97점으로 나타났다. 이와 같은 변화가 학점 분포에는 아무런 영향을 주지 않았지만, 수강생들은 희희낙락하는 신기한 일이 벌어졌다.

137점이 만점인 바람에 평균적인 학생이 90점대의 성적을 받았고, 100점을 넘는 학생도 상당히 많았다. 세일러 교수의 해석에 따르면, 이것이 학생들을 기쁘게 만든 결정적 원인이었다. 인플레이션이 일어나고 있을 때 이로 인해 (명목)소득이 늘어나도 실제로는 아무런 의미가 없다. 그러나 많은 사람들이 자신의 (실질)소득이 늘어난 것으로 착각을 하게 된다. 이와 마찬가지로 점수 인플레이션이 학생들의 착각을 불러일으킨 셈이다.

그뿐만 아니라 137점을 만점으로 만들어 수강생들의 머리를 복잡하게 만든 것도 중요한 역할을 했다고 세일러 교수는 말한다. 100점 만점에 몇 점을 얻었는지를 계산하려면 자신의 점수를 137이란 숫자로 나눠야 하는데, 이것이 결코 쉽지 않은 일이었다는 것이다. 계산기를 쓰면 쉽게 할 수 있는 일이지만, 그런 수고를 마다않는 사람은 극소수에 지나지 않기 때문이다.

이콘은 100점 만점에 70점을 맞았을 때보다 137점 만점에 96점을 맞았을 때 더 기뻐하지 않는다. 실제로는 점수가 조금 떨어진 셈이기 때문에 조금 더 풀이 죽어야 마땅한 일이다. 그러나 휴먼은 137점 만점에 96점을 맞으면 의기양양해진다. 그에게는 90점대의 점수를 맞았다는 사실이 뿌듯함을 가져다주기 때문이다. 세일러 교수의 경험담은 이것이 바로 우리 삶의 현실이라는 사실을 생생히 증언해 주고 있다.

'조삼모사'의 고사가 사람의 세계에서도 그대로 들어맞는 것이 아닐까?

자료 : Richard Thaler, *Misbehaving*, New York: London, 2015, pp.3-4.

행태경제학자의 눈에 비친
인간의 진솔한 모습

현실의 인간, 즉 휴먼은 합리성의 잣대로 재면 도저
히 납득할 수 없는 행동을 서슴지 않는다. 행태경제
학자들은 이와 같은 휴먼의 행동을 특이현상anomaly
이라고 부른다. 각 방면으로 특이현상이 많이 관찰될
수록 합리성의 가정은 더욱 심각한 도전에 직면하게
된다. 합리적이라면 보일 수 없는 행동이 바로 이 특
이현상들이기 때문이다. 행태경제학자들의 꾸준한
연구 덕분에 그 동안 많은 종류의 특이현상들이 발
견되었다. 지금부터 그동안 행태경제학자들이 발견
한 수많은 특이현상들에 대해 자세하게 설명하려고
한다.

1

의미 없는 숫자의 마력
_닻내림효과

사람들에게 유엔 가입국들 중 아프리카 국가가 차지하는 비율이 몇 %인지 짐작해 보게 만드는 실험을 한 적이 있다.[12] 그런데 이 실험에 참가하는 사람은 자신의 짐작을 말하기 전에 한 가지 절차를 거쳐야 한다. 그것은 제비뽑기로 0에서 100에 이르는 숫자 중 하나를 뽑아야 한다는 것이다. 이렇게 뽑힌 숫자를 펼쳐 본 다음 아프리카 국가의 비율에 대한 짐작을 말하게 된다.

이런 실험을 해본 결과 아주 흥미로운 현상을 관찰할 수 있었다. 높은 숫자를 뽑은 사람일수록 아프리카 국가의 비율을 더 높게 짐작한 것이다. 예를 들어 10이란 숫자를 뽑은 사람들이 짐작한 비율의 중위값은 25%인 한편, 65를 뽑은 사람이 짐작한 비율의 중위값은 45%였다. 단지 높은 숫자를 뽑았다고 아프리카 국가의 비율을 더 높여서 짐작하다니!

사람들이 별 생각 없이 아무렇게나 대답해서 그와 같은 결과가 나온 것은 아닐까? 워낙 의외의 결과이기 때문에 그런 의심을 해볼 만도 하다. 행태경제학자들은 진지한 대답을 유도하기 위해 그 비율을 정확하게 짐작한 사람에게는 상을 준다는 조건을 내걸고 다시 실험을 해보았다. 그러나 이 경우에도 역시 비슷한 결과가 나왔다.

논리적으로 따져 보면 그 숫자는 아프리카 국가의 비율에 대한 짐작과 아무런 상관이 없다. 10이라는 숫자를 뽑든 65라는 숫자를 뽑든 이로 인해 내 짐작이 달라져야 할 하등의 이유가 없다는 말이다. 그냥 무시해 버려도 아무 문제가 없는 무의미한 숫자일 뿐이다. 그런데도 현실에서 사람들은 분명히 그 숫자의 영향을 받고 있는 것이다. 머리를 갸우뚱하게 만드는 실험 결과가 아닐 수 없다.

어느 숫자를 뽑느냐에 따라 짐작이 달라진다는 것은 사람들이 아프리카 국가들의 비율을 짐작하는 과정에서 어떤 방법으로든 그 숫자를 이용한다는 것을 뜻한다. 문제의 본질과 아무 관련이 없는 숫자지만 하여튼 어떤 영향을 미치고 있는 것만은 분명하다. 심리학자의 설명에 따르면, 사람들은 그렇게 뽑힌 숫자를 짐작하는 과정의 출발점으로 삼는다고 한다.

예를 들어 10을 뽑은 사람은 아프리카 국가의 비율이 10%일 것이라는 짐작으로부터 출발한다. 여기서부터 출발해 만약 그보다 더 클 것이라는 판단이 나왔다면, 그 다음에는 15%는 어떨지 생각해 본다. 사람들은 이런 방식으로 아프리카 국가의 비율에 대한 짐작을 조정해 나간다는 것이 심리학자의 설명이다.

한편 65를 뽑은 사람은 아프리카 국가의 비율이 65%일 것이라는 짐작으로부터 출발한다. 65%보다 작을 것이라는 판단이 나오면 그 다음에는 60%보다도 더 작을지를 생각해 본다. 심리학자들은 이런 과정을 거쳐 나온 최종적인 짐작이 처음 출발했던 수준에서 크게 떨어져 있지 않다고 설명한다. 따라서 10%에서 출발한 사람이 짐작한 아프리카 국가의 비율은 65%에서 출발한 사람이 짐작한 비율보다 더 낮을 수밖에 없다는 것이다.

이와 같은 실험결과는 우리가 닻내림효과anchoring effect의 영향을 받는다는 것을 뜻한다. 배가 어느 지점에 닻을 내리면 물결에 따라 이리저리 움직여 봤자 그 부근에서 맴돌기 마련이다. 사람들이 어떤 것을 짐작할 때도 이처럼 어디에 닻을 내리느냐가 중요한 역할을 한다. 예컨대 10이란 숫자를 뽑아 10%를 짐작의 출발점으로 삼은 사람은 결국 거기서 크게 차이가 나지 않는 비율로 답을 내놓게 된다. 10이란 숫자를 보는 순간 바로 거기에 닻을 내린 것과 같은 결과가 빚어졌다는 말인데, 바로 이런 뜻에서 행태경제학자들은 닻내림효과라는 이름을 붙였다.

닻내림효과anchoring effect

배가 어느 지점에 닻을 내리면 이리저리 움직여 봤자 그 부근에서 맴돌게 되는 것처럼, 아무 의미 없는 숫자가 제시된다 해도 어떤 것에 대한 최종적 판단이 그 숫자에서 크게 벗어나지 않는 현상.

또 다른 상황에서 닻내림효과를 실험한 경우도 있다. MIT의 MBA 과정 학생들에게 여러 가지 상품(컴퓨터 부품, 와인, 고급 초콜릿, 책)을 제시하고 각 상품에 대해 지불할 용의가 있는 금액이 얼마인지를 물어보았다.[13] 좀 더 구체적으로 말해, 실험의 첫 번째 단계에서는 그들의 사회보장번호의 마지막 두 자리 숫자와 똑같은 가격에 그 상품을 살 용의가 있는지의 여부를 물었다. 그 다음 단계에서는 최대한으로 지불할 용의가 있는 금액이 얼마냐는 질문이 이어졌다.

우리의 주민등록번호와 비슷한 사회보장번호와 각 상품에 대해 지불할 용의가 있는 금액 사이에는 아무런 관계가 없다. 내가 미국에 유학하고 있던 시절 받은 사회보장번호의 끝 두 자리는 78이지만, 이것이 나의 인생 어디에든 영향을 미친다고 생각한 적은 한 번도 없다. 그런데 실험 결과를 보면 그 숫자가 클수록 최대한으로 지불할 용의가 있는 금액도 따라서 커지는 것으로 드러났다.

이 실험의 구체적인 결과는 이렇다. 사회보장번호의 마지막 두 자리가 큰 값을 갖는 50%의 사람들이 낼 용의가 있는 금액은 작은 값을 갖는 50%의 사람들이 낼 용의가 있는 금액보다 57%에서 107% 정도 더 큰 것으로 드러났다. 특히 그 크기가 최상위 20%에 속하는 사람들이 낼 용의가 있는 금액은 최하위 20%에 속하는 사람들이 낼 용의가 있는 금액의 무려 3배나 되었다. 아무 의미도 없는 사회보장번호가 닻 역할을 한 나머지 이와 같은 큰 차이를 빚어냈던 것이다. 이 실험 결과를 보면 닻내림효과의 위력을 다시 한 번 깨닫게 된다.

사실 지금까지 본 예들에서 실험자가 제시한 숫자는 답변으로 제시될 숫자와 아무런 관련이 없는 터무니없는 숫자들이다. 제비로 뽑은 숫자나 사회보장번호는 마른하늘에서 번개 떨어지듯 응답자 앞에 제시된 숫자라고 말할 수 있다. 그런데도 사람들은 이 아무런 의미 없는 숫자의 영향을 받는다는 사실이 실험에 의해 거듭 확인된 것이다. 만약 그럴듯하게 보이는 숫자를 제시한다면 이것의 영향은 더 클 것이고 따라서 더욱 현저한 닻내림효과가 발생할 수 있다.

샌프란시스코의 탐험관을 찾은 어떤 사람들(A)에게 다음과 같은 질문을 해 보았다. "가장 키 큰 삼나무의 높이가 360미터보다 더 클까요 아니면 작을까요?" 그리고는 다른 사람들(B)에게는 "가장 키 큰 삼나무의 높이가 54미터보다 더 클까요 아니면 작을까요?" 이런 질문을 던진 다음 가장 키 큰 삼나무의 높이가 얼마나 될 것으로 짐작하느냐고 물어보았다. 즉 이 두 집단의 피실험자에게 각각 다른 숫자를 제시해 닻내림효과의 발생 여부를 검증해 본 것이다.

기대한 대로 두 집단은 매우 큰 차이가 나는 응답을 제시했다. 즉 A집단의 제시한 응답의 평균치는 253미터로 85미터라는 평균 응답을 제시한 B집단보다 168미터나 더 컸던 것이다. 이 평균 응답의 차이(168미터)를 제시된 숫자의 차이(306미터)로 나눈 비율을 '닻내림지수anchoring index'라고 한다면, 이 닻내림지수가 무려 55%나 된다는 것을 알 수 있다. 만약 어떤 사람이 제시된 숫자에 완전히 휘둘린다면 닻내림지수는 100%의 값을 가질 것이며, 전혀 영향을 받지 않는다면 0의 값을 가질 것이다. 다른 여러 실험에서도 여기서 관찰된 55% 내외의 닻내림지수가 관찰된 바 있다.

이런 닻내림효과가 발생한 이유는 과연 무엇일까? 아주 어려운 질문에 직면해 당황스러워하는 사람은 아무리 사소한 힌트라 하더라도 놓치지 않으려는 태도를 보인다. 카너먼은 이 상황을 물에 빠진 사람이 지푸라기라도 잡으려고 하는 상황에 비유한다.[14] 실험자가 제시한 숫자가 마치 지푸라기의 역할을 한다는 것이 그의 해석이다. 난데없이 가장 키 큰 삼나무의 높이가 얼마나 될 것 같으냐는 질문을 받았을 때의 당황스런 상황에 처한 사람을 생각해 보자. 이때 360미터라는 수치가 제시되면 그는 물에 빠진 사람이 지푸라기 잡듯 그것을 출발점으로 삼게 된다.

이 닻내림효과의 영향을 받아 이루어진 판단은 전통적 경제이론에서 말하는 합리적 판단과 거리가 멀다. 아무 의미도 없는 숫자가 판단에 영향을 미치는 것을 어찌 합리적이라고 말할 수 있는가? 문제는 닻내림효과가 아주 드물게 나타나는 것이 아니라는 데 있다. 우리가 닻내림효과의 영향을 받는 경우가 많다는 것은 우리 행동이 전통적 경제이론의 예측과 다를 가능성이 크다는 것을 뜻한다.

2
겸손이 미덕이다?

어떤 일에 아무런 전문지식이 없는 일반 사람들이 닻내림효과의 영향을 받는다는 것은 그리 놀랄 일이 아니다. 그런데 일반 사람들뿐 아니라 전문가들도 종종 이 닻내림효과의 영향을 받는 것을 볼 수 있다. 부동산 중개업자들에게 어떤 주택의 적정가격이 얼마인지를 평가하게 만드는 실험을 해보았다. 이들에게 그 주택에 관한 자세한 정보를 제공하고 적정가격을 말하라고 했는데, 그 정보 중에는 주택의 소유자가 부르는 가격도 포함되어 있었다.

부동산 중개업자는 그 주택의 적정가격이 얼마인지를 말한 다음 그와 같은 가격의 산출근거가 무엇인지를 설명하게 되어 있었다. 그들이 제시한 적정가격의 산출근거에는 주택의 소유자가 부른 가격이 거의 언급되지 않았다. 전문가를 자처하는 부동산 중개업자는 자신의 독자적 기준에 의해 적정가격을 산출할 수 있다는 자부심을 갖고 있다. 주택의 적정가격은 주택 소유자가 부른 가격과 상관없이 객관적인 기준에 의해 산출될 수 있다는 자신감이 있었기 때문에 부른 가격은 고려할 필요가 없다고 생각했을 것임이 분명하다.

그런데 실험 결과를 보면 주택 소유자가 부른 가격이 높을수록 부동산 중개업자가 평가한 적정가격이 높은 경향을 보이는 것으로 드러났다. 닻내림지수가 무려 41%나 되는 큰 값을 갖는 것으로 나타난 것이다. 부동산 중개업의 경험이 전혀 없는 경영대학원 학생들을 상대로 한 실험에서 관찰된 닻내림지수의 값은 48%였다. 이 두 수치를 비교해 보면 닻내림효과의 영향이란 측면에서 볼 때 전문가 집단이라 해서 아마추어 집단과 크게 다를 바 없다는 결론에 이르게 된다.

주택을 팔려는 사람은 부동산 중개업자도 닻내림효과의 영향을 받는다는 사실을 최대한 이용할 필요가 있다. 가격을 일부러 높여 부르면 부동산 중개업자가 생각하는 적정가격이 높아지고 따라서 궁극적으로 받게 될 가격도 높아질 것이기 때문이다. 부동산 중개업자는 자신이 생각하는 적정가격을 기준으로 삼아 주택을 팔려는 사람과 사려는 사람 사이에서 조정의 역할을 수행한다. 그렇기 때문에 부동산 중개업자가 생각하는 적정가격이 높을수록 최종적인 거래가격이 더 높을 가능성이 크다.

중국이나 동남아시아의 관광지에 가서 기념품을 사려고 흥정해본 경험이 있는 독자들이 많을 것이다. 어떤 상품을 집어 들고 얼마냐고 물으면 상인은 일단 터무니없이 높은 가격을 부르는 것이 보통이다.

그러고선 깎아줄 테니 얼마를 낼 용의가 있느냐고 묻는다. 이쪽에서 엄청나게 깎은 금액을 제시하면 그 가격에는 팔 수 없다고 손사래를 친다. 이렇게 옥신각신 다툼을 한 끝에 엄청나게 깎은 가격에 그 물건을 손에 넣었는데도 무언가 찜찜하다. 혹시 바가지를 쓰지나 않았나 하는 걱정이 고개를 들기 때문이다.

기념품 가게 주인이 처음에 터무니없이 높은 가격을 부르면서 정말로 그 가격에 물건을 팔 수 있을 것이라고 믿을 리 없다. 그동안 수많은 관광객들을 상대해 왔지만 순순히 그 가격을 지불한 사람은 거의 없었을 것이다. 그런데도 짐짓 터무니없이 높은 가격을 부르는 것은 오랜 경험을 통해 그것이 유리한 판매전략임을 알고 있기 때문이다. 닻내림효과의 존재는 흥정이 시작되는 기준점이 높을수록 최종적으로 결정된 거래가격이 더 높은 결과를 빚어낸다.

이렇게 터무니없이 높은 가격을 부르는 전략은 다른 이유에서도 유리한 결과를 가져오게 된다. 뒤에 자세하게 설명하겠지만, 사람들은 어떤 물건을 싸게 샀다는 사실 그 자체에서 만족감을 얻기도 한다. 가게 주인이 부른 가격을 엄청나게 후려쳐서 기념품을 산 관광객은 아주 싼 값에 그 물건을 샀다는 생각으로 흡족해진다. 터무니없이 높은 가격을 일단 불러놓고 보는 전략은 닻내림효과와 더불어 바로 이런 효과도 낸다. 그러니까 가게 주인으로서는 처음부터 합리적인 수준으로 낮춘 가격을 부를 이유가 전혀 없는 것이다.

실험 결과를 보면 사람들로부터 기부금을 모을 때도 높은 금액을 제시함으로써 더 많은 돈을 기부하도록 유도할 수 있다. 앞에서 말한

샌프란시스코의 탐험관을 찾은 방문객들에게 태평양 연안에 사는 새들을 기름유출 사고로부터 구하기 위한 사업에 얼마를 기부할 용의가 있느냐고 묻는 실험을 해보았다. 처음부터 "몇 달러를 기부할 용의가 있으십니까?"라고 묻기도 했고, "5달러를 기부할 용의가 있으십니까?"라는 식으로 물은 다음 기부의사 금액을 묻기도 했다.

사전에 아무 금액도 제시하지 않고 기부의사 금액을 물은 경우에는 평균 응답액이 64달러였다. 이 경우는 아무런 닻내림효과도 발생하지 않는 상황이다. 이에 비해 처음에 5달러를 기부할 용의가 있는지 물은 다음 기부의사 금액을 물은 경우에는 평균 응답액이 20달러였다. 5달러라는 낮은 제시 금액이 닻내림효과를 통해 기부의사가 있는 금액을 끌어내렸다고 볼 수 있다. 한편 제시 금액이 400달러로 높여진 경우에는 평균 응답액이 143달러로 크게 높아진 것을 볼 수 있었다.

이 실험을 통해 밝혀진 닻내림지수는 30%를 넘는 것으로 나타났다. 이는 제시 금액을 100달러 높임으로써 모금액을 30달러 이상의 폭으로 더 크게 만들 수 있다는 것을 뜻한다. 모금활동을 할 때도 사람들에게 일단 높은 금액을 제시하는 것이 더 유리하다는 말이다. 닻내림효과가 존재할 때는 "겸손이 미덕이다."라는 격언을 따르지 않는 것이 좋다. 합리적인지의 여부는 따지지 않고 배짱 좋게 높은 가격을 부르고 높은 금액을 제시함으로써 더 좋은 결과를 얻을 수 있기 때문이다.

3

폭탄세일의 진실

　슈퍼마켓은 물건을 하나라도 더 팔려는 온갖 수법의 전시장과도 같다. 그들은 상품을 진열하는 방법으로부터 가격을 매기는 방법까지 세심하게 신경을 써 소비자들의 지갑을 열게 만든다. 그들로 보아 가장 반가운 것은 소비자의 충동구매다. 이건 마치 보너스와도 같기 때문이다. 그래서 그들은 소비자가 어떤 물건을 보는 순간 갑자기 "이건 꼭 사야 돼!"라고 외치도록 만들고 싶어 한다.

　이런 목적에서 슈퍼마켓이 쓰는 고전적 수법 중 하나가 "특가 세일! 하나니 치약 다섯 통 2만원"이란 광고문구다. 치약 한 통에 4,000원으로 가격을 낮췄다고 선전해도 되는데, 왜 다섯 개를 묶어서 파는 방식을 선택했을까? 그 답은 뻔하다. 애당초 치약 한 통을 사러 갔던 사람에게 네 통을 충동구매하게 만드는 효과를 내기 때문이다. 다섯 통이나 사야 하기 때문에 망설이다가 "에라, 모르겠다."를 외치며 장바구니에 담아 버린다. 바로 이 효과를 노리는 것이다.

마케팅 전문가가 분석한 결과에 따르면 이런 판매방식을 쓸 때 하나씩 따로 팔 때에 비해 판매량이 32%나 증가한다고 한다.[15] 이 방식이 분명 충동구매를 부추기는 효과를 내고 있다는 뜻이다. 흥미로운 점은 참치 캔과 냉동식품의 판매량 증가폭이 특히 컸다는 사실이다. 그 말은 즉 이러한 판매방식이 특별히 잘 먹히는 상품이 있다는 뜻이다. 왜 그런 결과가 나왔는지는 독자가 나보다 더 잘 알 것이라고 생각한다.

사실 이런 판매방식은 속이 뻔히 들여다보인다고 말할 수 있다. 어느 누구든 치약 다섯 통을 한꺼번에 묶어서 파는 이유를 쉽게 짐작할 수 있다. 슈퍼마켓이 쓰는 좀 더 교묘한 수법은 "폭탄세일!!! 하야니 치약 4,000원, 단 고객당 다섯 통 이내"라는 광고문구다. 이 광고문구를 보는 순간 소비자는 속으로 감탄을 한다. "오, 이런 가격이면 열 통, 스무 통씩 사려고 하는 사람이 있겠군."

정말 이런 것을 막으려고 다섯 통으로 제한했을까? 그럴 수도 있다. 슈퍼마켓이 쓰는 판촉수단의 고전적 사례 중 하나가 '미끼상품loss leader'이라는 것이다. 주변에 슈퍼마켓이 여럿 있다고 할 때 소비자는 당연히 가격이 싼 쪽을 선택한다. 그러나 어떤 상품은 이 슈퍼마켓이 더 싸고 다른 상품은 저 슈퍼마켓이 더 싸기 때문에 가격 비교에 어려움을 겪는다. 물론 자기가 사는 상품들의 가격을 가중평균해 비교하면 정확한 답을 얻을 수 있다. 그러나 이런 정도로 치밀한 소비자는 거의 없다.

일반적으로 소비자들은 몇 가지 상품들의 가격만 대충 비교해 보고 결론을 내버린다. 이 사실을 아는 슈퍼마켓은 어떤 상품에 특별히 낮은 가격을 매겨 소비자를 현혹시키는 수법을 쓴다. 예를 들어 다른 슈퍼마켓에서 진표 간장 한 병이 대략 5,000원에 팔리는데, 여기서는 2,000원이란 비상식적인 가격을 붙여 놓는 것이다. 이처럼 엄청나게 싼 가격표를 본 소비자는 그 슈퍼마켓의 다른 상품들도 마찬가지로 쌀 것이라는 기대를 하게 된다. 바로 이런 성격의 상품을 미끼상품이라고 부른다.

하야니 치약의 1인당 구입한도를 다섯 통으로 제한한 의도는 그것이 미끼상품의 성격을 갖고 있기 때문일 수도 있다. 소비자들이 미끼상품이란 것을 알아채고 사재기를 하면 슈퍼마켓 입장에서는 반가운 일이 아니다. 정말로 손해를 보면서까지 가격을 낮추는 경우도 있는데, 이 경우라면 많이 팔수록 손해다. 그렇기 때문에 고객 한 사람당 구입량을 제한했을 가능성이 있다. 사정이 이렇다면 그게 폭탄세일이라는 소비자의 인식이 맞다. 그러나 더 중요한 다른 이유가 있을 수 있다.

슈퍼마켓이 다섯 통의 구입한도를 설정해 놓은 본심은 소비자들이 바로 그만큼의 치약을 사도록 유도하려는 데 있을 가능성이 크다. 그들은 소비자들이 닻내림효과의 영향을 받는다는 사실을 알고 있다. 다섯 통의 구입한도를 설정함으로써 소비자로 하여금 바로 그 수준에 닻을 내리게 유도하는 효과를 노리고 있는 것이다. 만약 이런 닻내림효과가 정말로 발생한다면 충동구매를 하게 만드는 작전은 멋진 성공을 거둔 셈이다.

일반적으로 소비자는 애당초 얼마만큼 사겠다는 기준을 정하고 거기서 위, 아래로 조정하려는 경향을 보인다. 예를 들어 사과 세 개를 사려는 생각을 갖고 슈퍼마켓에 간 사람은 특별한 일이 없는 한 대략 그만큼의 사과를 사게 된다. 갑자기 생각을 바꿔 열 개나 스무 개를 사는 일은 아주 드물다는 말이다. 이때 그 소비자는 사과 세 개에 닻을 내린 셈이다.

치약을 사러 슈퍼마켓에 간 소비자가 처음 닻을 내린 구입량은 한 통 혹은 많아야 두 통 정도일 것이다. 따라서 단순히 치약 가격만 낮춰 준 경우에는 여러 통을 구입할 가능성이 적다. 반면에 다섯 통의 구입 한도를 설정해 놓으면 그 소비자의 닻이 다섯 통으로 옮겨지는 결과가 빚어진다. 5라는 숫자를 보는 순간 이만큼의 치약을 살까 말까를 고민하기 시작한다. 이는 그의 닻이 1에서 5로 옮겨졌다는 것을 뜻한다.

한 통을 사려던 사람이 이 닻내림효과 때문에 결국 네댓 통의 치약을 장바구니에 집어넣는 일이 생긴다. 슈퍼마켓측은 바로 이런 효과를 노려 구입한도를 설정했을 가능성이 매우 크다. 마케팅 전문가의 분석 결과를 보면, 이 전략이 짭짤한 성과를 가져다주는 것으로 드러난다.[16] 1인당 구매한도가 없을 때는 평균적인 캔 수프 구입량이 3.3통이었는데, 12통이라는 구매한도를 설정했더니 7통으로 늘어났다는 것이다. 구매한도를 설정함으로써 평균 판매량을 112%나 증가

시킨 효과를 냈다. 닻내림효과를 활용한 판촉전략이 대단한 성과를 거둔 셈이다.

비단 물건을 사는 일뿐 아니라, 다른 많은 일에서도 닻내림효과가 작용하고 있다. 즉 사람들이 어떤 기준을 설정하고 거기서부터 생각을 시작하는 경향을 보일 때가 많은 것이다. 연봉이 어느 정도는 되어야 한다는 생각을 갖고 직장을 찾는 경우가 그 좋은 예다. 어떤 곳에서 얼마만큼의 연봉을 주겠다고 제의하면 바로 이 기준과 비교해 그것이 괜찮은지의 여부를 판단하게 된다. 그렇기 때문에 높은 연봉에 닻을 내린 사람은 마음에 드는 직장을 찾기 어렵다.

이제부터는 슈퍼마켓에 갔을 때 여기저기 나붙은 갖가지 광고문구를 그냥 지나치지 말기 바란다. 그 속에 어떤 의도가 숨겨 있는지 생각해 보면서 쇼핑을 하면 즐거움이 훨씬 더 커질 수 있다. 나는 행복에 관한 하나의 지론을 갖고 있다. 그것은 사소한 일에서도 즐거움을 찾을 수 있는 능력이 행복의 지름길이라는 것이다. 쇼핑을 하면서 경제학을 배우는 즐거움까지 느낄 수 있다면 아주 행복한 사람이 아닐까?

4

손해를 보는 것은 정말로 싫다
_손실기피성향

경제학 교과서에 명백하게 설명되어 있지는 않지만, 암묵적으로 가정되어 있는 하나의 중요한 사실이 있다. 사람이 느끼는 만족감은 그의 소득 혹은 재산의 크기에 의해 결정된다고 하는 것이다. 즉 소득이 많을수록, 그리고 재산이 많을수록 만족감이 더 커지는 것으로 가정한다는 말이다. 그동안 경제학자 사이에서 이 가정에 특별한 문제가 있다고 논란이 일어난 적은 별로 없다.

그렇지만 다음과 같은 예를 생각해 보면 그 가정이 현실과 상당히 동떨어져 있음을 알게 된다. 예를 들어 김민동 씨와 이규석 씨가 모두 3억원씩의 똑같은 재산을 갖고 있다고 하자. 그런데 김씨는 최근 주식 투자에서 5천만원의 돈을 벌어 재산이 3억원으로 불어났다. 반면에 이씨는 펀드에 넣어둔 돈에서 2억원의 손실을 보아 재산이 3억원으로 줄었다고 한다.

정말로 이 두 사람이 자신의 경제적 상황에 대해 똑같은 만족감을 갖고 있을까? 독자가 각각 김씨와 이씨의 처지가 되었다고 가정해 보기 바란다. 이 두 상태에서의 만족감이 똑같을 가능성은 0에 가까울 게 분명하다. 최근 주식 투자에서 재미를 본 김씨는 아주 행복해하고 있는 반면, 펀드 투자에서 큰 손해를 본 이씨는 참담한 심정이 되어 있을 것에 의심의 여지가 없다. 두 사람의 재산이 똑같기 때문에 만족감의 수준도 똑같을 것이라는 짐작은 현실과 크게 동떨어져 있다.

행태경제학자들의 연구에 따르면, 사람들의 만족감과 직결되는 것은 소득이나 재산의 크기 그 자체가 아니라고 한다. 사실 많은 재산을 갖고 있는 사람이 언제나 행복감을 느끼며 사는 것은 아니다. 큰 재산을 모으면 만족감이 크겠지만, 어느 정도 시간이 지나면 그 상태에 익숙해져 만족감이 별로 크지 않을 가능성이 높다. 이 점을 생각해 보면 행태경제학자들의 연구 결과가 매우 큰 설득력을 갖는다는 것을 알 수 있다.

사람들의 만족감과 직접적인 관련을 갖는 것은 소득과 재산의 변화 양상이라고 한다. 다시 말해 이득을 보았느냐 아니면 손해를 보았느냐가 결정적인 영향을 미친다는 것이다. 사람들은 재산의 어떤 기준점reference point을 설정하고 재산이 그것보다 더 커졌는지 아니면 작아졌는지에 큰 관심을 갖는다. 바로 이 재산의 변화 양상이 만족감에 결정적인 영향을 미친다는 것이 행태경제학자의 설명이다.

예를 들어 박경민 씨라는 사람은 재산이 1억원밖에 되지 않지만 최근 채권 투자에서 2천만원의 이득을 보았다고 한다. 그가 느끼는 만족감이 앞에서 본 이씨, 즉 2억원의 손해를 보아 재산이 3억원으로 줄어든 사람의 만족감보다 더 클 수 있다. 재산이 더 많다고 해서 더 큰 만족감을 느낀다고 말할 수 없는 것이다. 우리의 경험에 비추어 보면 고개가 끄덕여지는 말이 아닐 수 없다.

행태경제학자들이 밝혀낸 또 하나의 사실은 사람들이 이득보다 손해에 훨씬 더 민감하게 반응한다는 점이다. 예를 들어 3천만원의 이득에서 얻는 만족감의 증가폭보다 3천만원의 손해로 인해 경험하는 만족감의 감소폭이 훨씬 더 크다. 조금의 손해라 할지라도 만족감을 크게 떨어뜨리는 요인으로 작용할 수 있다는 것이다.

이렇게 손해에 특히 민감하게 반응하는 태도는 약간 의외라고 생각될 수 있다. 3천만원의 손해를 보았다 하더라도 나중에 3천만원의 이득을 얻으면 깨끗하게 상쇄될 수 있다. 그렇다면 이득이든 손해든 금액이 문제이지, 손해라고 해서 특별히 민감하게 반응해야 할 이유는 없다. 상식적으로 생각해 보면 분명 그렇다. 그러나 현실의 인간은 이런 상식과 어긋나는 행태를 보이고 있는 것이다.

경제학 교과서를 보면 사람들이 일반적으로 위험 부담을 싫어하는 성격을 갖고 있다는 설명이 나온다. 즉 사람들은 '위험기피성향risk aversion'을 갖는다고 설명하는 것이다. 그런데 사람들이 정말로 싫어하는 것은 위험을 부담한다는 사실 그 자체가 아닐 수 있다. 이들이 정말로 두려워하고 싫어하는 것은 손해를 볼지도 모르는 사실이다.

자기가 지금 가진 것을 잃어버릴 수 있다는 걱정은 사람들의 행동에 많은 영향을 주고 있다. 위험기피성향이 아닌 바로 이러한 '손실기피성향loss aversion'이 인간의 중요한 특성이라는 것이 행태경제학자들의 지적이다.

5
나쁜 돈이
좋은 돈을 몰아낸다

　불쾌감의 심리 전문가인 로진Paul Rozin은 우리 마음속에서 부정적인 것이 긍정적인 것을 지배한다고 말하면서 다음과 같은 예를 들었다.[17] 딸기가 들어있는 바구니에 바퀴 한 마리를 집어넣으면 딸기 전체가 못 먹는 것으로 변해 버린다. 그런데 바퀴가 들어있는 바구니에 딸기 하나를 집어넣는다 해서 이렇다 할 변화가 생기는 것은 아니다. 이 예를 보면 바퀴라는 부정적 존재가 딸기라는 긍정적 존재에 비해 엄청나게 큰 영향력을 갖는 것을 알 수 있다.

　좋은 소식을 다섯 개나 듣고 기뻐하는 사람이 있다고 하자. 이 사람이 나쁜 소식 하나를 듣는 순간 그 기쁨은 모두 사라지고 만다. 말하자면 나쁜 소식 하나가 좋은 소식 다섯 개보다도 더 큰 영향을 주는 셈이다. 반면에 나쁜 소식 다섯 개를 연이어 듣고 의기소침해 있는 사람에게 좋은 소식 한 가지는 큰 위안이 되지 못한다.

'그레셤의 법칙Gresham's law'이라고 불리는 독특한 경제현상이 있다. 옛날 금이나 은 같은 귀금속 주화가 통용되었을 때, 시중에 돌아다니는 주화는 대개 상태가 매우 나쁜 것들이 대부분이었다. 심하게 찌그러지거나 귀퉁이가 크게 떨어져 나간 주화들만 돌아다니고 새로 만들어낸 주화는 찾아보기 힘들었다. 그레셤이라는 사람은 이 현상에 대해 "나쁜 돈이 좋은 돈을 몰아낸다Bad money drives out good money."고 말했는데, 이것이 바로 그레셤의 법칙이 된 것이다. 그러니까 우리 마음속에서도 일종의 그레셤의 법칙이 성립하고 있는 셈이다.

인간의 뇌는 단지 상징적인 것에 그치는 위협에도 민감하게 반응한다. '전쟁'이나 '범죄' 같은 부정적 의미의 낱말이 '평화'나 '사랑' 같은 긍정적 의미의 낱말보다 훨씬 더 빨리 우리의 주의를 끄는 것이 그 좋은 예다. 실제로는 아무런 위협이 없음에도 불구하고 나쁜 일이 일어날 것이라는 생각만으로도 우리는 위협을 느낄 수 있다. 예를 들어 '구토vomit'라는 단어를 들으면 그 정도가 가볍기는 하지만 실제로 구토할 때와 비슷한 반응이 나타나기도 한다. 이와 같은 반응은 우리 마음속 시스템 1의 작용이며, 스스로 통제할 수 없는 자동적인 반응이다. 바로 앞에서 설명한 손실기피성향은 바로 이 부정적인 것에 대한 자동적 반응의 일종이라고 말할 수 있다.

손실기피성향이 골프선수의 플레이에도 영향을 준다는 흥미로운 분석 결과도 있다. 골프장에는 각 홀hole마다 기준이 되는 타수, 즉 파par가 설정되어 있다. 예들 들어 어떤 홀은 4타, 그것보다 어려운 홀은 5타 식으로 파가 설정되어 있는 것이다. 파보다 한 타를 더 쳐서 공을 집어넣은 경우를 보기bogey라고 부르는 한편, 한 타 덜 쳐서 공을 집어넣은 경우를 버디birdie라고 부른다. 예를 들어 파가 4타인 코스에서 2타째에 볼을 홀 바로 옆에 붙였다면 버디 상황이 된다. 이 상황에서 퍼팅이 성공하면 버디로 기록되기 때문이다.

골프선수의 입장에서 보면 타수 하나 하나가 문제되기 때문에 퍼팅으로 버디를 달성하는 것과 보기를 피하는 것 사이에 아무런 차이가 없다. 두 경우 모두 퍼팅에 성공할 경우 타수를 하나 줄인다는 점에서 똑같기 때문이다. 그렇다면 어떤 상황에서 퍼팅을 하든 똑같이 최선의 노력을 기울여야 한다. 그런데 골프 선수들의 플레이를 자세히 관찰해 보면, 버디를 달성하려 할 때보다 보기를 피하려 할 때 상대적으로 더 큰 집중력을 발휘하는 양상을 발견할 수 있다. 이는 골프선수들이 퍼팅으로 보기를 피할 확률이 버디를 달성할 확률에 비해 유의하게 더 높다는 통계자료에 의해 확인된다.

왜 골프선수들이 두 상황에서 각기 다른 태도를 보이는 것일까? 심리학자들은 골프선수들이 각 홀의 파를 기준점으로 삼아 보기는 한 타를 더 먹은 것이니 손실로 인식하는 한편, 버디는 한 타를 줄인 것이니 이득으로 인식한다고 본다. 손실기피성향을 갖는 골프선수들은 보기를 손실로 인식하고 이를 피하기 위해 특별한 노력을 기울인다는 것이 그들의 해석이다. 반면에 버디 상황에서는 설사 퍼팅이 성공하지 못한다 하더라도 이득이 없어진 것이므로 상대적으로 신경을 덜 쓰게 된다는 것이다.

노사협상이나 국제무역협상 같은 상황에서 협상 테이블에 앉은 두 측이 쉽사리 합의에 이르지 못하는 것도 손실기피성향과 관계가 있다. 협상과정에서 상대방이 양보한 것은 내 이득이 되는 한편, 상대방 자신에게는 손실이 된다. 마찬가지로 내가 양보한 것은 상대방의 이득이 되는 한편, 나에게는 손실이 된다. 여기서 기준점이 어디냐가 문제가 될 수 있는데, 대부분의 경우 협상이 시작되기 전의 상태가 기준점의 역할을 한다.

협상에 참여한 모든 사람이 손실회피성향을 갖는다면 상대방에게 양보를 하기가 무척 어려운 상황이 조성된다. 나는 큰 고통을 무릅쓰고 상대방에게 양보를 했는데, 막상 이득을 본 상대방은 별로 즐거워하지 않는 기색이 보이는 게 아닌가? 또한 상대방은 양보를 하면서 큰 인심을 쓰는 척하는데, 나로서는 별로 반갑지 않은 상황이 연출될 수도 있다. 이런 분위기하에서 흔쾌히 양보를 할 사람은 별로 없다.

일정한 크기의 파이를 갈라먹는 성격의 협상에서는 나의 이득과 남의 손실이 똑같은 절대적 크기를 갖는다. 그러나 손실기피성향 때문에 이득이 주는 만족감보다 손실이 주는 상실감이 훨씬 더 크다. 그렇기 때문에 아무도 선뜻 양보하려 들지 않고 합의는 쉽사리 이루어지지 못한다. 만약 줄어드는 크기의 파이를 나누는 성격의 협상이라면 합의에 이를 가능성이 한층 더 작다. 협상 테이블에 앉은 양측이 모두 손실을 보는 상황으로 인식할 가능성이 크기 때문이다.

이와 같은 손실기피성향은 동물의 세계에서도 나타나는 것으로 알려졌다. 한 생물학자의 설명에 따르면 동물들의 영역 싸움에서 대체로 현재 영역을 보유하는 동물이 승리해 침입자를 물리치는 결과가 나타난다고 한다. 영역을 빼앗기는 손실을 피하기 위해 죽기 살기로 싸우기 때문이라는 것이다. 인간의 세계에서도 이와 비슷한 현상이 관찰될 수 있는데, 어떤 조직의 구조조정 과정에서 손해를 보게 되는 사람들이 목숨을 걸다시피 치열하게 저항하는 것이 그 예다.

카너먼은 손실회피성향이 개인이나 조직으로 하여금 현재의 상황에서 크게 바뀌지 않게 만드는 보수적인 힘으로 강력하게 작용한다고 말한다. 현상에서 멀어질 때 생기는 손실이 그와 같은 변화에 강력한 저항력으로 작용하기 때문이라는 것이다. 따라서 이 보수성은 우리의 결혼생활이나 직장생활을 더욱 안정적으로 만들어 주는 역할을 한다고 볼 수 있다.

6
갖고 있는 것은 놓치기 싫다
_부존효과

코넬Cornell대학 학생들에게 그 학교 로고가 새겨진 머그잔을 나눠 주고 학생들 사이에서 어떻게 거래가 이루어지는지 실험해 보았다.[18] 그 실험을 좀 더 구체적으로 설명해 보면 다음과 같다. 우선 한 강의실 안의 학생들 중 무작위로 반을 골라 머그잔을 하나씩 나눠 준다. 다음에는 학생들에게 그것을 자세히 들여다보고 자신에게 어느 정도의 가치가 있는지 생각해 보게 만든다(머그잔을 받지 못한 학생은 옆 자리에 있는 사람의 머그잔을 들여다보게 한다).

실험의 내용은 그 머그잔을 받은 사람과 받지 못한 사람 사이에서 교환이 이루어지는지의 여부를 테스트하는 것이다. 교환이 이루어지는 기본적 규칙은 보통의 상품이 거래되는 것과 전혀 차이가 없다. 즉 머그잔을 갖지 못한 사람이 최대한 지불할 용의가 있는 금액이 머그잔을 갖고 있는 사람이 최소한으로 받아야 하겠다는 금액보다 더 크면 둘 사이에 교환이 이루어지는 것이다.

6달러의 가격표가 달린 그 머그잔에 대한 학생들의 평가는 각양각 생일 것이 분명하다. 어떤 사람은 10달러 정도의 가치가 있다고 보는 반면, 2달러의 가치도 되지 않는다고 생각하는 사람도 있을 것이다. 또한 각 사람의 평가는 그가 머그잔을 갖고 있는지의 여부와 아무 관계가 없으리라고 짐작할 수 있다. 특별히 머그잔을 좋아하는 사람만 골라 나눠 준 것이 아니라 무작위로 뽑아 나눠 주었기 때문이다.

그런데 실험의 결과 이상한 현상이 발견되었다. 머그잔을 갖고 있는 사람이 최소한 받아야겠다고 말하는 금액은 갖고 있지 않은 사람이 최대한 내겠다는 금액보다 더 큰 것으로 나타났기 때문이다. 머그잔을 갖고 있는 사람들이 최소한 받아야겠다는 금액의 중위값은 5.25달러였다. 반면에 머그잔을 갖고 있지 않은 사람들이 최대한 내겠다는 금액의 중위값은 2.75달러에 불과했다.

다시 한 번 강조하지만 특별히 머그잔을 좋아하는 사람들만 골라 그것을 준 것이 아니다. 따라서 어떤 사람이 현재 머그잔을 갖고 있는지 여부는 그의 성향과 아무런 관련이 없다. 그런데도 머그잔을 갖고 있다는 이유 하나만으로 평가액이 거의 두 배 수준으로 뛰어오르는 현상이 나타난 것이다. 이 실험에서만 그런 결과가 나타난 것이 아니다. 수없이 많은 실험에서 이와 똑같은 양상이 거듭 관찰된 바 있다.

좀 더 구체적인 수치를 살펴보기로 하자. 이 문제와 관련된 11개의 연구 결과를 종합해 보면 양자 사이의 격차가 최소 1.4배에서 최대 16.5배에 이르는 것으로 나타난다. 두세 배 정도는 몰라도 16.5배나 되는 차이를 보였다는 것은 자못 놀라운 일이 아닐 수 없다. 이 수치 그 자체는 별로 믿을 것이 못 된다 하더라도, 양자 사이에 명백한 격차가 있다는 사실만은 의심의 여지가 없다.

왜 이런 현상이 나타났을까? 가장 그럴듯한 해석은 어떤 물건을 갖고 있는 사람이 그것을 포기하는 것을 꺼려하기 때문이라고 할 수 있다. 그렇기 때문에 상대적으로 더 높은 금액을 받아야만 그 물건을 넘겨주겠다는 태도가 나온 것으로 생각할 수 있다. 행태경제학자들은 이런 현상이 나타나게 만드는 이유가 부존효과endowment effect에 있다고 말한다. '부존'이란 말이 약간 애매하기는 하지만, 소유하고 있다는 것을 뜻한다고 생각하면 된다.

그렇다면 이 부존효과의 근저에 어떤 심리적 메커니즘이 깔려 있을까? 다시 말해 어떤 심리적 특성 때문에 자신이 소유하는 물건을 포기하기 싫어하는 태도가 나오는 것일까? 행태경제학자들은 이것이 사람들의 손실기피적인 태도와 밀접한 관련이 있는 것으로 해석한다. 바로 앞에서 설명한 것처럼, 손실기피적 태도란 지금 갖고 있는 것을 잃어버리는 것을 특히 싫어하는 태도를 뜻한다. 자신이 갖고 있는 머그잔을 잃어버리는 게 싫기 때문에 높은 가격을 주어야만 팔겠다는 태도가 나온다는 해석이다.

장사를 하는 사람들은 이 부존효과를 이용해 이윤을 더 크게 만드는 수완을 발휘하기도 한다. 나중에 돈을 내도 되니까 어떤 물건을 우선 써보라는 권유를 받아 본 적이 있을 것이다. 혹은 케이블 TV 회사로부터 최신 영화까지 볼 수 있는 비싼 패키지를 석 달 동안 일반 요금에 써보라는 제의를 받아 본 적도 있으리라고 생각한다. 과연 그 장삿속이 무엇일까? 이들은 형태경제이론이란 말을 들어 본 적도 없겠지만, 이 이론을 적절하게 이용해 이윤을 더 크게 만들고 있다. 이들이 그와 같은 제의를 통해 노리고 있는 것은 부존효과를 만들어 내는 데 있다.

예를 들어 어떤 운동기구에 12만원의 가격표가 붙어 있는데 소비자는 10만원까지만 낼 용의가 있다고 하자. 그렇다면 그는 운동기구를 사지 않기로 결정할 것이다. 가게 주인은 사지 않겠다고 돌아서는 그를 붙잡고 늘어지면서 아무 조건 없이 한 달만 써 보라고 강권했다. 그런데 그 물건을 써 보는 과정에서 부존효과가 발생해 소비자는 이제 13만원까지 낼 용의를 갖게 되었다. 한 달 후 그는 물건을 되돌려 주지 않고 12만원을 내기로 결정한다.

부존효과endowment effect
어떤 물건을 갖고 있는 사람은 그것을 갖고 있지 않은 사람에 비해 그 가치를 더 높게 평가하는 경향이 있는데, 이것의 원인이 바로 부존효과. 자신이 소유하고 있는 물건을 포기하기 싫어하는 태도에서 발생함.

케이블 TV 회사나 가게 주인이 공짜로 써보라고 권하는 것은 바로 이런 효과를 노리기 때문이다. 아무 조건 없이 써보라는 권유를 액면 그대로 믿어서는 안 된다. 이런 제의를 할 때 가게 주인은 함정을 파 놓고 우리가 거기 빠지기를 기대하고 있는 것이다.

합리성의 관점에서 볼 때 어떤 물건의 소유 여부가 그것의 가치평가에 영향을 미친다는 것은 이해하기 힘든 현상이다. 소유 여부와 관계없이 똑같은 물건에 대한 평가는 언제나 똑같아야 한다. 그렇기 때문에 부존효과의 존재는 합리성을 전제로 하는 전통적 경제이론에 여러 가지 문제를 일으킨다. 그렇지만 더 구체적인 설명은 하지 않으려고 한다. 독자를 너무 괴롭히면 안 된다고 생각하기 때문이다.

7

단지 표현만 바꿨을 뿐인데
_틀짜기효과

2006년의 독일 월드컵 결승전에서 프랑스와 이탈리아가 대결을 벌여 이탈리아가 우승컵을 안게 되었다. 이 사실을 어떻게 표현할 수 있을까? 다음과 같은 두 가지 문장 모두 가능할 것이다. 즉 "이탈리아가 이겼다."라고 표현할 수도 있고 "프랑스가 졌다."라고 표현할 수도 있는 것이다. 이 두 개의 문장이 똑같은 의미를 갖느냐고 묻는다면 독자들은 "왜 이런 질문을 하지?"라고 의아한 표정을 지을 것이다. 왜냐하면 이 두 문장이 똑같은 내용을 담고 있는 것이 분명해 다른 의미를 갖는다고 생각할 여지가 없기 때문이다.

그러나 카너먼은 '의미meaning'라는 말을 어떻게 해석하느냐에 따라 이 두 문장이 다른 의미를 갖는다고 대답할 수 있다고 말한다.[19] 순수하게 논리적 추론의 관점에서 보면 이 두 문장은 똑같은 결과에 대해 말하고 있으므로 똑같은 의미를 전달하고 있다. 이 두 문장 중 하나가 참이면 다른 문장도 참이라는 점이 이를 뒷받침한다. 현실의 상태를 똑바로 묘사하는 것이 목적인 이상 어떤 방법으로 묘사하고 있는지는 전혀 문제가 되지 않는다.

그러나 의미라는 말이 무엇을 연상하게 만드는지를 뜻한다고 해석한다면 위의 두 표현이 서로 다른 의미를 갖는다고 말할 수 있다는 것이 카너먼의 지적이다. 예를 들어 "이탈리아가 이겼다."는 말을 듣고 사람들은 승리를 거둔 이탈리아 팀을 머리에 떠올리고 그들이 승리를 거두기 위해 무슨 일을 했는지를 생각한다. 반면에 "프랑스가 졌다."라는 말을 들으면 사람들은 패배한 프랑스 팀을 머리에 떠올리고 그들이 어떻게 해서 패배하게 되었는지를 생각한다. 이떤 사람은 격분한 프랑스의 스타 지단_{Zinedine Zidane}이 이탈리아 선수에게 헤딩을 가해 퇴장 명령을 받는 장면을 연상하기도 할 것이다.

이처럼 마음속에 불러오는 연상이라는 점에서 보면 두 문장은 각기 다른 의미를 갖는다. 논리적으로는 똑같은 문장이 사람들에게 서로 다른 반응을 불러일으킬 수 있다는 말이다. 논리적인 시스템 2는 그 두 문장이 똑같은 의미를 갖는다고 파악한다. 어떤 사람이 이콘이라면 두 문장을 이와 같은 방식으로 소화하게 된다. 그러나 직관적이고 즉흥적인 시스템 1은 서로 다른 것을 연상하게 만드는 두 문장이 각각 다른 의미를 갖는 것으로 파악한다. 그러므로 시스템 1이 지배하는 휴먼은 똑같은 사실이라도 표현 방식이 다르면 그것에 영향을 받게 되는 것이다.

다음 예를 보면 표현의 방식이 달라짐에 따라 사람들의 행태가 크게 달라지는 것을 잘 알 수 있다. 어떤 나라에 정체가 잘 알려지지 않은 전염병이 발생해 상당수의 희생자가 발생할 것으로 예상되고 있다고 가정하자. 만약 그대로 방치할 경우 이로 인해 600명의 사망자가 발생할 것이 확실하다. 정부는 이 전염병의 확산을 막기 위한 대책을 세우기 위해 세계의 저명 의학자들로 구성된 대책단을 출범시켰다. 밤을 새운 연구 끝에 이들은 두 가지 대책을 만들어냈는데, 각 대책의 효과는 다음과 같다고 한다.

우선 A라는 대책을 채택할 경우에는 확실하게 사망자를 200명 줄이는 효과를 얻을 수 있다고 한다. 반면에 B라는 대책을 선택할 경우에는 그 효과가 불확실한 성격을 갖는다. 구체적으로 말해 3분의 1의 확률로 사망자 수를 600명 줄일 수 있고, 3분의 2의 확률로 사망자 수를 전혀 줄일 수 없다고 한다. 정부는 이 두 대책 중 어느 쪽을 선택할지 고민하다가 국민에게 직접 물어보는 방식을 취하기로 결정했다.

정부는 일정 수의 사람을 뽑아 이들이 다음과 같이 묘사된 두 대책 사이에서 어느 쪽을 더 선호하는지 물어보았다.

대책 A	대책 B
사망자 수를 200명 줄일 수 있음	$\frac{1}{3}$의 확률로 사망자 수를 600명 줄일 수 있고, $\frac{2}{3}$의 확률로 사망자 수를 전혀 줄일 수 없음

조사결과 응답자의 72%에 해당하는 사람들이 대책 A를 더욱 선호하는 것으로 나타났다. 짐작컨대 사람들이 확실하게 200명을 구할 수 있다는 점을 더 높이 평가한 결과일 것이다.

이 조사결과를 본 정부는 국민의 여론에 따라 대책 A를 선택하는 쪽으로 방향을 잡았다. 그런데 여론을 다시 확인해 볼 필요가 있다는 지적이 있어 한번 더 조사해 보기로 했다. 똑같은 조사를 반복해 실시하는 데 부담을 느낀 정부는 각 대책에 대한 묘사를 약간 바꾸어 사람들의 의견을 물었다(단지 묘사의 방식만 바꿨을 뿐 각 대책이 갖는 효과의 본질은 종전과 똑같이 유지되었다).

우선 대책 A를 C로 이름을 바꾸고, 그 대책을 채택하면 400명의 사망자가 발생한다고 묘사했다. 아무 대책이 없으면 600명의 사망자가 발생하는데, 대책 A를 채택해 200명을 줄이면 사망자 수는 400명이 된다. 그렇기 때문에 대책 C의 경우에는 400명의 사망자가 발생한다고 묘사한 것이다. 이를 보면 대책 A와 C는 표현만 다를 뿐 본질적으로는 똑같은 대책임을 알 수 있다.

다음에는 대책 B를 D로 바꾸고 이것의 효과를 다음과 같이 묘사했다. 즉 이 대책을 채택하면 3분의 1의 확률로 아무도 죽지 않을 수 있고, 3분의 2의 확률로 600명의 사망자가 발생한다고 묘사했다. 지금 보는 대책 D의 경우에도 대책 B와 단지 묘사 방식만 다를 뿐 본질에서는 아무런 차이가 없다. 정부는 앞에서와 똑같은 사람들에게 대책 C와 D 사이에서 어느 쪽을 더 선호하느냐고 물어보았다.

대책 C	대책 D
400명의 사망자 발생	⅓의 확률로 아무도 죽지 않을 수 있고, ⅔의 확률로 600명의 사망자 발생

정부는 이 조사를 실시하면서 내내 시큰둥한 태도였다. 여론을 재차 확인한다는 의미에서 다시 한 번 조사해 보지만, 특별히 놀랄 만한 결과가 나올 리 없기 때문이다. 당연히 대책 C를 선호한다는 대답이 압도적일 것이니 말이다. 그런데 결과를 보니 "어럽쇼?"였다. 똑같은 사람들인데도 이번 조사에서는 78%가 대책 D를 더욱 선호하는 것으로 드러났던 것이다.

말하자면 많은 사람들이 여기서 이 말을 하고 저기서는 저 말을 하는 일관성 없는 태도를 보인 셈이다. 그렇다고 이 사람들이 거짓말을 한 것은 아니다. 자신이 느낀 그대로 대답했을 것이 분명하다. 아무리 생각해 보아도 그들이 거짓말을 해야 할 이유를 전혀 찾을 수 없다. 아마 독자도 이들과 비슷한 방식으로 대답했을 것이라고 짐작한다. 그렇지 않을까?

지금 보는 것처럼 단지 대책의 효과에 대한 묘사를 바꿨을 뿐인데도 사람들의 선호가 반전되는 것은 심리학의 실험에서 흔히 나타나는 현상이다. 문제의 핵심은 사람들이 대책의 효과를 어떤 틀에 의해 인식하느냐에 있다. 첫 번째 조사에서는 '몇 명이 살게 되느냐'는 틀로 인식하는 반면, 두 번째 조사에서는 '몇 명이 죽게 되느냐'는 틀로 인식하는 차이가 있다. 각 대책에 대한 묘사를 바꿈으로써 사람들로 하여금 서로 다른 틀로 인식하게 만드는 효과를 가져왔고, 그에 따라 선호의 반전이 일어난 것이다.

이처럼 사람들이 어떤 틀에 의해 상황을 인식하느냐에 따라 행태가 달라지는 것을 가리켜 틀짜기효과framing effect라고 부른다. 심리학자들은 사람들이 선택할 때 특정한 '결정 틀decision frame'을 사용한다고 설명한다.[20] 그 선택과 관련한 행동, 결과 그리고 부수적 사건을 인식하는 하나의 틀이 존재한다는 말이다. 똑같은 물체를 여러 가지 다른 시각에서 볼 수 있듯, 선택과 관련된 문제를 여러 가지의 다른 틀로 인식할 수 있다. 그중 어떤 틀에 의해 인식하느냐에 따라 행태가 달라질 수 있는 것이다.

틀짜기효과framing effect
똑같은 상황이라도 여러 가지 인식의 틀이 있을 수 있는데, 이때 어떤 틀에 의해 상황을 인식하느냐에 따라 사람들의 행태가 달라지는 것.

다음과 같은 실험에서도 사람들이 틀짜기효과의 영향을 강하게 받는다는 것을 확인할 수 있다.[21] 사람들에게 우선 다음과 같은 내기에 응할 생각이 있느냐고 물었다. 이 내기(A)에 응하면 10%의 확률로 이기는데 그때 95달러의 상금을 받는다. 90%의 확률로 내기에 질 수도 있는데 그 경우에는 5달러를 잃게 된다. 그다음에는 또 다른 내기(B)를 제의하고 이에 응할지의 여부를 묻는다. 이 내기에 응하는 사람은 5달러를 지불하고 이에 참여하게 된다. 10%의 확률로 이기는데 그때 100달러의 상금을 받게 되는 한편, 90%의 확률로 내기에 져 아무 것도 받지 못할 수도 있다.

그 내용을 곰곰이 따져보면 이 두 내기는 똑같은 내용을 갖고 있음을 발견하게 된다. 두 내기 모두에서 내기에 참여한 사람은 10%의 확률로 95달러를 얻는 한편, 90%의 확률로 5달러를 잃게 되기 때문이다. 표현만 달리 했을 뿐 내기의 내용에서는 아무런 차이가 없다는 말이다. 그런데 이 실험의 결과를 보면 B의 방식으로 내기를 표현할 경우 이에 응하겠다고 대답하는 사람의 비율이 훨씬 더 높은 것으로 나타났다. 독자도 이 두 가지 내기 제의에 대해 어떤 반응을 보일지 생각해 보기 바란다.

똑같은 내용의 내기이며 단지 표현의 방식만 다를 뿐인데 사람들은 왜 다른 반응을 보일까? 두 표현 방식 사이의 결정적 차이는 90%의 확률로 발생하는 나쁜 결과가 어떤 틀로 제시되어 있느냐에 있다. A의 경우에는 내기에 져서 5달러를 잃는 것으로 틀이 짜여 있다. 반면에 B의 경우에는 질 경우 5달러의 참가비를 날리는 것으로 틀이 짜여 있다. 시스템 1의 강한 영향하에 있는 휴먼의 입장에서 보면 5달러의 비용을 내는 것이 5달러를 잃는 것보다 덜 고통스러운 일이다. 즉 똑같은 금액이라도 그것이 비용으로 인식되면 손실로 인식되는 것보다 덜 고통스럽게 느낀다는 뜻이다.

사람들이 손실보다 비용을 덜 고통스럽게 느낀다는 것을 보여주는 또 다른 예가 있다. 신용카드가 처음 등장했을 때 일부 상인들은 신용카드로 지불하는 고객에게 조금 더 비싼 가격을 받았다. 신용카드 사용액을 현금으로 바꿀 때 서비스요금을 추가로 지불해야 하기 때문이었다. 신용카드 회사로서는 상인의 이런 행동이 마음에 들 리 없었고, 따라서 그들은 이를 중지하기 위해 법정투쟁까지 벌였다.

신용카드 회사와 상인들의 싸움이 계속되는 과정에서 신용카드 회사가 돌연 태도를 바꿨다. 신용카드 사용자에게 더 높은 가격을 받는 것은 용인하되, 그것을 어떤 틀로 포장해 적용하느냐를 문제 삼는 것으로 태도를 바꾼 것이다. 문제의 핵심은 낮은 가격과 높은 가격 중 어느 쪽이 정상가격regular price이 되어야 하느냐에 있었다. 만약 신용카드 사용자에게 적용되는 높은 가격이 정상가격이라면, 현금 사용자에게 적용되는 낮은 가격은 '현금할인cash discount'이 된 셈이다. 반면에 현금 사용자에게 적용되는 낮은 가격이 정상가격이라면 신용카드 사용자에게 '추가부담surcharge'이 적용된 셈이다.

신용카드 회사는 높은 가격이 정상가격이고 현금 사용자에게는 할인을 해준다는 틀을 사용할 것을 주장했다. 소비자로서는 이래도 그만 저래도 그만일 수 있는 일인데, 신용카드 회사는 왜 이렇듯 까다로운 태도를 보였을까? 그때는 행태경제학이 등장하기 훨씬 이전이라 신용카드 회사로서는 틀짜기효과라는 것을 알 리 없었다. 그러나 사업가로서의 동물적 감각 덕분에 사람들이 내용보다 표현에 더욱 많은 관심을 기울인다는 사실을 알아차린 것이다.

낮은 가격이 정상가격이고 신용카드 사용자에게 추가부담이 안겨진다는 틀이 사용된다고 하자. 사람들은 그 추가부담을 손실로 인식하기 때문에 신용카드 사용을 매우 꺼리게 된다. 반면에 높은 가격이 정상가격이고 현금 사용자에게는 할인을 해준다는 틀이 사용된다고 하자. 이때는 신용카드를 사용함으로써 현금할인을 못 받는 것을 신용카드 사용에 따르는 기회비용으로 인식하게 된다. 사람들은 비용을 지불하는 것이 손실을 보는 것보다 덜 고통스럽다고 느낀다. 따라서 이 경우에는 신용카드 사용을 꺼리는 태도가 앞서의 경우보다 덜하게 된다.

어떤 가게에서 물건을 사고 신용카드를 꺼내 들었다고 하자. 그 물건의 가격표에는 2만원이라고 써있는데, 상인이 "신용카드로 결제하면 3%를 더 내셔야 합니다. 2만 600원으로 결제하겠습니다."라고 말했다고 하자. 이런 경우라면 "아니, 현금으로 결제하겠습니다."라는 반응이 즉각적으로 나온다. 반면에 가격표에 2만 600원이라고 써 붙여 놓고 현금으로 지불하면 할인을 해준다고 해보자. 신용카드를 내미는 나에게 "현금으로 결제하시면 2만원에 드릴게요."라고 말했을 때 앞에서의 경우처럼 잽싸게 현금을 대신 꺼내들게 될까? 십중팔구 "그냥 신용카드로 결제해 주세요."라는 말이 나올 가능성이 크다. 이것이 바로 틀짜기효과의 좋은 예다.

틀짜기효과가 작용하는 또 다른 예로 다음과 같은 것을 들 수 있다. 정민국 씨가 다니는 회사는 경영난으로 인해 이번 달 봉급을 지급하지 않기로 결정했다. 그는 이 결정에 맞춰 이번 달 생활비를 조정해야 한다. 생활비를 전반적으로 줄여야 하는 것은 분명한데, 봉급을 못 받게 되는 상황을 어떤 틀에 의해 인식하는지에 따라 생활비 줄이는 폭이 달라질 수 있다.

우선 정씨는 이번 달 봉급을 받지 못하게 된 것을 이득이 감소한 상황으로 인식할 수 있다. 이와 대조적으로 손실이 증가한 상황으로 인식할 수도 있다. 늘 받는 봉급을 받지 못하니 그만큼의 손실이 발생한 것으로 볼 수 있기 때문이다. 이처럼 똑같은 상황을 서로 다른 틀에 의해 인식할 수 있고, 그 틀의 차이는 그가 내린 결정의 차이로 이어지게 된다.

이미 여러 번 언급한 바 있지만, 사람들은 손실에 특히 민감하게 반응하는 경향을 보인다. 이득에서 얻는 만족감보다 똑같은 크기의 손실에서 느끼는 박탈감이 더 크다는 말이다. 따라서 정씨가 이번 달 봉급을 못 받는 것을 손실이 증가한 상황으로 인식할 경우의 박탈감이 상대적으로 더 클 것이라고 예상할 수 있다. 그렇다면 위기의식을 느낀 그는 생활비를 더 과감하게 줄이는 태도로 나올 가능성이 크다. 이것 역시 틀짜기효과의 좋은 예가 될 수 있다.

8
돈마다 주소가 따로 있다?
_심적회계

    2008년 10월 미국발 금융위기가 세계를 휩쓸고 있을 때 환율이 1달러당 1,500원대까지 치솟은 적이 있다. 변창민 교수는 마침 이때 샌프란시스코시의 상공회의소에 방문해 "한국 경제의 현재와 미래"라는 제목으로 강연을 하게 되었다. 결혼 30주년을 맞은 그는 이참에 아내에게 여행을 시켜 준다는 생각에서 함께 미국으로 떠났다. 강연이 끝나자 주최 측에서 강연료로 5,000달러 수표를 지급했고 변 교수는 그 돈으로 미국 여행을 하기로 마음먹었다.

    변 교수 부부가 처음 찾은 곳은 요세미티Yosemite 국립공원이었는데, 공원 안에 있는 호텔의 하루 숙박비가 500달러나 되었다. 우리 돈으로 따져보니 75만원이나 되는 거금이었다. 그렇지만 다른 대안도 없어 그곳에 묵기로 하고 짐을 풀었다. 저녁을 먹으려고 식당에

갔더니 음식 값도 엄청나게 비싼 것이 아닌가. 한 사람당 최소 70달러는 내야 한 끼를 때울 수 있는 정도였다.

그 후 일주일 동안 여행을 했는데, 가는 곳마다 숙식을 해결하는데 엄청난 돈이 든다는 것을 발견했다. 1,500 대 1이라는 환율을 적용해 우리 돈으로 환산해 보면 도저히 계산이 나오지 않을 정도였다. 그런데도 그들은 이렇게 많은 돈이 든다는 사실에 그리 신경을 쓰지 않았다. 강연료 5,000달러를 받은 것으로 쓰는 데 무슨 대수냐는 생각을 했기 때문이다. 돌아오는 비행기 안의 그들은 그렇게 행복할 수 없었다.

이제 변 교수의 상황을 조금 바꿔 보자. 그가 미국에 가지 않고 국내에서 강연을 하고 750만원을 사례비로 받은 것으로 상황을 바꿔 보자는 것이다(나도 이런 강연료 한번 받아 보는 게 소원이다). 그리고 결혼 30주년을 기념해 부부 동반으로 미국 여행을 떠나 앞서와 똑같은 일정으로 돌았다고 하자. 그들이 하루 숙박비로 500달러를 내면서도 담담한 심정이었을까? 독자라면 어떤 느낌이었을지 생각해 보라. 그들도 독자도 모두 살이 떨린다고 느낄 것이 분명하다.

두 경우가 실질적으로 똑같은 상황인데, 한쪽에서는 비싼 가격을 내면서도 담담한 반면 다른 쪽에서는 왜 살이 떨린다고 느낄까? 그 차이를 이런 방식으로 해석할 수 있다. 즉 변 교수는 미국에서의 강의와 여행을 마음속에서 한 묶음으로 생각하고 있을 가능성이 크다는 것이다. 그렇기 때문에 미국에서 번 돈을 미국에서 쓰는 데 별 부담을 느끼지 않았을 것이라고 짐작할 수 있다. 반면에 국내에서 번 돈과 미국에서 쓰는 돈은 그렇게 한 묶음으로 생각하기 힘들기 때문에 부담을 느낄 수밖에 없다.

이번에는 또 다른 사람의 예를 소개해 보기로 하자. 올해 환갑을 맞은 진성준 씨는 잔치를 열지 않고 그 돈으로 부부 동반 해외여행을 다녀왔다. 낚시에 취미가 있는 그는 관광도 하고 연어 낚시도 할 겸 해서 알래스카를 찾았다. 거기서 잡은 연어를 냉동해 택배로 부쳤는데, 귀국 후 일주일 쯤 되는 날 택배회사에서 그 물건을 분실했다는 통지가 왔다. 진씨가 항의하자 그 택배회사는 50만원의 보상금을 지급했다.

그 보상금을 받은 진씨는 모처럼 좋은 레스토랑에서 식사나 하자는 생각이 들었다. 그 날 저녁 가족을 이끌고 프랑스 요리 레스토랑을 찾은 진씨는 45만원을 쓰고 집으로 돌아왔다. 상당히 그럴듯한 스토리다. 진씨의 행태에 별로 이상한 점을 발견하기 힘들다는 뜻이다. 독자라도 이런 상황에서 그와 비슷한 행태를 보일 것이라고 짐작할 수 있다.

그런데 진씨의 연봉이 50만원 오른 경우에는 어떤 행태를 보일까? 연봉이 50만원 오른 것을 자축하는 의미로 호화 레스토랑에서 45만원을 쓰게 될까? 상식적으로 생각해보면 그럴 것 같지 않다. 특별히 통 큰 사람이 아닌 바에야, 연봉이 50만원 올랐다고 그 증가분의 거의 전부를 외식하는 데 써버리지는 않을 것이 분명하다. 사실 그는 매년 50만원씩 더 받을 것이기 때문에 택배회사로부터 50만원을 받은 경우보다 더 큰 재정상 여유가 생긴 셈이다. 그런데도 씀씀이는 상대적으로 더 작은 이유가 과연 무엇일까?

똑같은 50만원이라 할지라도 택배회사에서 받은 50만원은 연봉 증가분 50만원과 그 성격이 다르다는 데서 그와 같은 반응의 차이가 생긴 것으로 해석할 수 있다. 금액이 똑같다고 그에게 똑같은 의미를 갖는 것이 아니다. 택배회사에서 받은 돈은 우연히 생긴 돈이니 편하게 써도 된다고 생각하기 십상이다. 그렇지만 연봉이 늘어난 것에 대해서는 그런 태도를 취하기 어렵다.

지금 보고 있는 두 예의 공통점은 사람들이 마음속에서 돈을 그 성격에 따라 구분해 놓고 있다는 사실이다. 1만원짜리 지폐는 모두 똑같은 모양을 갖고 있다. 따라서 주머니에 들어 있는 1만원짜리 지폐 열 장을 이것은 뭐, 저것은 뭐 식으로 구분하는 것은 불가능하다. 그렇지만 그 10만원 중 3만원은 고스톱에서 딴 것, 나머지 7만원은 월급에서 나온 것 같은 방식으로 구분하는 것은 가능하다. 나아가 그 10만원 중 4만원은 교통비로 쓸 것, 6만원은 식사비로 쓸 것 같은 방식으로 구분할 수도 있다.

행태경제학자들은 사람들이 이렇게 돈을 구분해 놓는 것이 일반적 현상이라고 설명한다. 다시 말해 돈이 어떤 과정을 거쳐 수중에 들어오게 되었느냐 혹은 어디에 쓸 돈이냐에 따라 칸막이를 쳐 놓고 구분하는 버릇을 갖고 있다는 뜻이다. 그리고 어떤 범주에 속하는 돈인지에 따라 각각 다른 소비성향을 갖는다는 점도 설명한다. 예컨대 노름에서 딴 돈 같은 경우는 헤프게 쓰지만, 월급에서 나온 돈은 아껴 쓴다는 식이다. 또한 식비로 쓸 돈을 오락비로 전용하는 일 같은 것은 일어나기 힘들다고 말한다.

모든 회사는 수입과 지출을 적어 넣는 회계장부를 갖고 있다. 개인 중에도 가계부에 수입과 지출을 적어 넣는 경우가 있다. 행태경제학자들은 모든 사람이 마음속에 이와 같은 장부를 갖고 있어 어떻게 생긴 돈이며 어디에 쓸 돈인지에 따라 들어오고 나가는 것을 기록한다고 본다. 이것을 심적회계mental accounting라고 부르는데, 바로 이 심적회계의 관점에서 보면 앞에서 본 두 사람의 행태를 훨씬 더 쉽게 이해할 수 있다.

심적회계mental accounting

사람들이 마음속에 일종의 장부를 갖고 있어 어떻게 생긴 돈이고 어디에 쓸 돈인지에 따라 들어오고 나가는 것을 기록한다고 보는 개념.

마음속에 '미국 강연-미국 여행'이라는 계정을 만들어 놓은 변 교수는 이 안에서 발생한 소득을 이 안에서 쓰는 데 아무 부담을 느끼지 않는다. 그러나 '국내 강연'과 '미국 여행'이라는 두 개의 독립적 계정을 만들어 놓은 경우에는 계정 사이를 옮겨가는 데 부담을 느끼게 된다. 즉 국내 강연에서 번 돈을 미국 여행으로 옮겨 지출하는 것이 부담스럽다는 말이다.

알래스카를 다녀온 진씨의 경우는 마음속에서 '우연히 얻은 돈'과 '정상적으로 번 돈'을 구분해 각각 다른 계정에 넣는다고 볼 수 있다. 우연히 얻은 돈은 편하게 써도 되니까 외식비로 거의 다 쓸 수 있다.

반면에 정상적으로 번 돈은 거기서 저축도 해야 하기 때문에 편하게 쓸 수 없다. 바로 이런 심적회계의 특성에서 앞에서 본 바와 같은 행태의 차이가 나온다고 볼 수 있다.

2014년의 연말정산 대란

우리나라에서는 근로소득이 지급될 때 일단 세금이 원천징수된 다음 연말에 정산을 하는 형식을 취한다. 일반적으로 세무당국은 조금 여유 있게 원천징수를 하기 때문에 연말정산을 하면서 대부분의 납세자가 얼마간의 세금을 돌려받게 된다. 다달이 받는 월급만으로 빠듯한 생활을 하는 서민으로서는 이때가 기다려질 수밖에 없다. 그래서 연말정산을 '13월의 보너스'라고 부르기도 한다.

그런데 2014년에는 세법 개정의 여파로 인해 많은 납세자들이 세금을 돌려받기는커녕 추가로 더 내야 하는 상황이 벌어졌다. 각종 소득공제 항목이 대거 세액공제 항목으로 바뀜에 따른 문제 때문에 그와 같은 일이 벌어졌던 것이다. 이에 더해 과세당국이 소비심리를 부추기려는 목적에서 가급적 적은 금액만을 원천징수하려고 노력한 것도 영향을 미쳤다. 그 해 연말정산에서 266만 명의 납세자가 추가로 납부해야 하는 금액은 무려 2조 924억원에 이르렀다.

세금을 돌려받을 것으로 기대하고 있었는데 세금을 더 내라니 청천벽력과 같은 일이 아닌가? 추가 납세를 해야 하는 사람들이 대거 불만을 터뜨려 소위 '연말정산 대란'이 일어나기에 이르렀다. 과세당국은 어차피 내야 할 세금이라면 언제 내든 아무 상관이 없을 것이라고 생각했을지 모른다. 그러나 이것은 납세자들의 심리상태에 대한 무지에서 비롯한 안이한 판단이었다. 납세자에게는 많이 떼고 돌려받는 것과 적게 떼고 더 내야 하는 것 사이에 큰 차이가 있다.

월급 명세서를 들여다보면서 이번 달 원천징수된 세금이 얼마인지를 꼼꼼히 따지는 사람은 지극히 드물다. 대부분의 사람들이 '이번 달에도 뗄 만큼 뗐겠지'라고 무심히 넘어갈 가능성이 크다. 그리고 이렇게 원천징수되는 세금은 자신의 주머니에서 직접 나가는 것이 아니기 때문에 상대적으로 덜 고통스럽게 느낀다. 원천징수를 하지 않고 일단 월급을 전액 지급한 다음 나중에 일정 금액을 세금으로 내라고 한다 해보자. 그때까지 두말없이 세금을 내던 사람들이 이제는 세금 부담이 무겁다고 불평을 터뜨릴 것이 분명하다.

이런 심리적 메커니즘 때문에 원천징수된 세금을 일부 돌려받으면 사람들은 횡재라도 한 듯 기분이 좋아지게 마련이다. 사실은 너무 많이 뗀 세금을 돌려받는 것인데도 이를 이득gain으로 인식하는 것이다. 반면에 원천징수를 적게 하고 연말정산 때 추가로 세금을 내게 하면 사람들은 손실loss이 발생한 것으로 인식한다. 이런 상황에서 어느 시점에서든 어차피 내야 할 세금이라는 사실은 별 중요성을 갖지 않는다.

심리학자들의 연구에 따르면 똑같은 금액의 이득에서 얻는 즐거움보다 손실에서 오는 아픔이 거의 두 배나 되는 절대적 크기를 갖는다고 한다. 사람들이 손실에 특히 민감하게 반응하는 특성을 갖는다는 말이다. 연말정산의 결과 뜻하지 않게 손실을 입었다고 느끼는 납세자는 화가 머리끝까지 솟았을 것이 분명하다. 이것이 바로 2014년 연말정산 대란의 본질이다.

과세당국은 납세자들의 심리상태를 잘 모른 탓에 혹독한 대가를 치렀다. 프랑스의 콜베르J-B. Colbert 재상은 세금에 관해 다음과 같은 유명한 말을 남겼다. "조세 징수의 기술은 가장 적은 비명을 지르게 만들면서 가능한 한 많은 깃털을 뽑는 것과 같다." 과세당국은 원천징수를 너무 적게 함으로써 납세자들로 하여금 세금 부담이 무겁다는 비명을 지르게 만들었다. 똑같은 세금을 거두면서도 공연히 납세자들의 반발을 불러일으키는 어리석은 짓을 한 셈이다.

인간, 당신은 연약한 갈대

인간들은 앞서 설명한 수많은 특이현상 이외에도 셀 수 없이 많은 독특한 행동의 양식을 보이고 있다. 스스로를 통제할 자신이 없어 자기 손발을 묶는 행동을 하기도 하고, 돌이킬 수 없는 지난 일에 연연해 합리적 선택의 기회를 놓치기도 한다.

이와 같은 인간의 독특한 행동의 양상은 인간이 결코 완벽한 존재가 아님을 생생하게 증언한다. 우리는 사소한 감정에 휘둘리고, 변덕이 심할 뿐 아니라, 자신을 제대로 알지도 못하는 불완전한 존재다. 경제학 교과서가 그리는 자로 잰 듯한 합리성의 소유자가 결코 아니라는 말이다. 마치 연약한 갈대와도 같은 인간의 이런 진솔한 모습을 알게 되면 인간이 더욱 사랑스럽게 느껴질 수 있다. 이제부터 이런저런 인간의 독특한 행동의 양상을 소개해 보려고 한다.

1

혼자 힘으로 다이어트를 할
자신이 있습니까?

내가 미국 유학을 떠난 게 1976년이니 벌써 40년이란 세월이 흘렀다. 유학생활 초기 은행에 들를 때마다 '크리스마스 클럽Christmas Club'이란 팻말을 보고 "저게 뭐지?"라고 궁금해했다. 은행에서 크리스마스 파티를 함께할 사람을 모집하기라도 한단 말인가? 아니면 이 클럽에 가입하면 크리스마스 때 선물을 준다는 말인가? 하여튼 은행에 그런 팻말이 붙어 있는 게 아무래도 이해가 되지 않았다.

나중에 안 것이지만, 크리스마스 클럽이란 것은 일종의 강제저축 수단이었다. 잘 알다시피 미국 사람들은 크리스마스에 즈음해서 이런저런 지출이 크게 늘어난다. 주변 사람들에게 선물도 해줘야 하고, 가족이 한 자리에 모이기 위해 여행 경비도 지출해야 한다. 크리스마스 때쯤 지출이 크게 늘어날 것을 예상하는 사람들은 연초부터 돈을 조금씩 모아 두려고 노력하게 된다.

크리스마스 클럽에 가입한 사람은 매달 적금식으로 돈을 부어 넣고 크리스마스 때 한꺼번에 찾는다. 그런데 재미있는 점은 이자를 한 푼도 주지 않는다는 사실이다. 당시에는 일반적인 저축예금에 연 5% 정도의 이자가 붙었는데, 크리스마스 클럽에 가입한 사람은 이를 자발적으로 포기한 셈이 된다. 그것에 가입하는 사람들은 자신의 저축예금 계정에 그만큼 돈을 넣어두고 이자수입을 얻는 쪽이 더 유리하다는 것을 모르기라도 한단 말인가?

크리스마스 클럽에 가입한 사람들은 이자를 받지 못할 뿐 아니라, 매달 일정한 금액을 저축해야 하는 불편까지 감수해야 한다. 지출이 평소보다 더 많은 달도 있고 더 적은 달도 있을 수 있다. 이런 사정에 맞춰 매달 저축액을 적절하게 조정하는 것이 합리적임은 두말할 나위도 없다. 크리스마스 클럽은 이런 조정을 불가능하게 만드는 불편을 초래한다.

가입자에게 명백히 불리한 이 강제저축 프로그램이 외면당하지 않는 이유는 과연 무엇일까? 크리스마스 클럽에 가입하는 동기는 자신을 통제하는 능력에 대한 의심에서 찾을 수 있다.[22] 자제력이 강한 사람이라면 크리스마스 클럽 같은 것이 없더라도 매달 필요한 만큼씩 자발적으로 저축할 수 있다. 그러나 자제력이 약한 사람은 저축해야 한다는 것을 뻔히 알면서도 당장 돈을 쓰고 싶은 충동을 이기지 못한다. 따라서 자신의 자제력이 약하다고 생각하는 사람은 손해를 무릅쓰고 크리스마스 클럽에 가입하게 된다.

비유적으로 말해 크리스마스 클럽에 가입한다는 것은 자진해서 자신의 손발을 묶어 버리는 것을 뜻한다. 자신의 자제력에 대한 믿음이 없기 때문에 아예 손발을 묶어 버리는 선택을 하는 셈이다. 자제력에 대한 의심 때문에 자유를 스스로 포기하는 고전적 사례는 《오디세이 Odyssey》에 등장하는 오디세우스 Odysseus의 다음과 같은 대사에서 찾을 수 있다.

> 나를 단단하게 묶어 주게. 그래서 내가 서 있는 곳에서 조금도 움직이지 못하도록 말이지. 내가 풀어 주기를 간청하면 더 많은 끈으로 더욱 단단히 묶어 주게.

오디세우스는 사이렌의 유혹에 끌려 암초 있는 곳으로 배를 몰아가게 될 것을 우려하고 있다. 사이렌의 유혹을 뿌리칠 자신이 없는 그는 부하들에게 자신의 몸을 돛대에 묶어 달라고 부탁한다. 크리스마스 클럽에 가입하는 사람들도 이와 비슷한 생각에서 자유롭게 저축할 수 있는 권리를 스스로 포기한 것이다.

합리성의 관점에서 보면 선택 가능성이 많으면 많을수록 더 좋다. 선택 가능성이 많을수록 선택의 폭이 더 넓어지는 장점이 있기 때문이다. 그런데 크리스마스 클럽에 가입한 사람들은 이자소득을 포기하면서까지 스스로의 선택가능성을 줄이는 행동을 하는 셈이다. 오직 자제력에 대한 의심 때문에 이런 불이익을 선선히 받아들이고 있다. 이는 결코 합리적이라고 보기 힘든 행태가 아닐 수 없다.

이것 말고도 다른 비합리적 행태의 예를 우리 주위에서 숱하게 발견할 수 있다. 살을 빼겠다고 단식원을 찾는 사람의 경우도 그중 하나다. 스스로 먹는 것을 줄이면 될 텐데, 구태여 비용까지 들여가며 단식원을 찾는 이유가 뭘까? 자기 집에서 편히 잠자고, 책 보고, TV까지 보면서 살을 뺄 수도 있는 것 아닌가? 자신이 없어서 그런 것이다. 단식원에 가지 않으면 틀림없이 케이크에 손이 갈 것 같으니까 불편을 무릅쓰고 단식원 행을 선택할 수밖에 없다.

담배나 술 끊겠다고 요란한 짓들을 하는 사람도 많다. 그냥 끊으면 될 일인데, 주위 사람들에게 선전을 해대며 난리를 친다. "나 오늘부터 담배, 술 절대로 입에 대지 않을 거야. 이 말 어기면 난 사람도 아니야." 그렇게 말해 놓고서도 며칠 가지 않아 다시 담배를 입에 물고 있다가 친구에게 들켜 망신을 당한다. 끊을 자신이 없어서 동네방네 떠벌리고 다닌 것이 아닐까? 언제나 빈 수레가 더 요란한 법이다.

지금까지는 자제력이 없을 것을 걱정해 비합리적 선택을 하는 경우를 보아 왔다. 이와 반대로 자제력에 대한 과도한 믿음으로 인해 비합리적 선택을 하는 경우도 있다. 그 대표적 사례가 헬스클럽이나 사우나의 월간 혹은 연간정기권을 구입하고 실제로는 별로 이용하지 않는 행위다. 자주 이용할 것이 아니라면 아예 1회 입장권을 이용하는 쪽이 더 경제적이다. 그런데도 굳이 정기권을 구입하는 사람은 자제력에 대한 과도한 믿음이 있기 때문이다.

미국 헬스클럽 이용자들을 대상으로 한 조사 결과를 보면, 70달러를 내고 월간정기권을 구입한 사람의 평균 사용횟수는 고작 월

4.3회에 그쳤다고 한다.[23] 그들은 한 번 입장할 때 평균적으로 17달러를 낸 셈이다. 1회 입장권이 10달러니까 이 사람들의 선택은 명백하게 비합리적이다. 계산을 해보면, 정기권을 사고서도 별로 이용하지 않는 사람은 가입한 기간 동안 평균적으로 600달러를 날려 버린 것이라는 결과가 나온다.

이런 비합리적 행동이 나온 이유는 단순하다. 정기권을 구입하는 순간에는 헬스클럽을 자주 찾을 것이라고 생각했고, 또한 그렇게 할 자신이 있었기 때문임이 분명하다. 그러나 막상 정기권을 사고 나니 자신했던 것과 달리 자주 찾을 수 없게 된 것이다. 그와 같은 과도한 자신감 때문에 아까운 돈을 날려 버리는 결과를 빚었다.

곰곰이 생각해 보면 독자도 이와 비슷한 행동을 한 적이 많다는 것을 자각하게 될 것이다. 예컨대 비싼 돈을 내고 운동기구를 사놓고 나서는 방구석에서 먼지만 쌓이게 만든 일 같은 것을 종종 해왔다는 사실을 새삼 깨닫게 되리라고 생각한다. 나 역시 창고에 박스도 풀지 않은 채 방치된 갖가지 물건들을 수북이 쌓아 두고 있다. 경제학을 공부했다는 사람의 합리성이 이 정도밖에 되지 않는 셈이다.

그런데 각도를 약간 달리 해서 보면, 정기권을 구입한 이유가 자신감 부족에 있다는 정반대의 해석이 나올 수도 있다. 1회 이용권을 사용하면 헬스클럽을 자주 찾지 못할 것 같다는 생각에서 정기권을 구입했다고 볼 수 있기 때문이다. 즉 정기권을 구입하는 행위가 자신의 손발을 묶는다는 의미를 갖는다는 말이다. "이걸 샀으니 난 헬스클럽을 자주 찾아야 해."라고 자신을 다그치기 위한 수단으로 정기권을 구입했을 가능성도 크다.

　이런 의도로 정기권을 구입하고서도 실제로는 별로 이용하지 않는 사람이 의외로 많다. 자제력을 의심해 자신의 손발을 묶는 조처를 취했음에도 불구하고 걱정했던 결과가 빚어진 것이다. 공연히 아까운 돈만 날려 버린 셈이다. 이것을 보면 사람들이 합리적으로 행동한다는 것이 얼마나 어려운 일인지를 실감할 수 있다. 경제학 교과서에 등장하는 호모 이코노미쿠스는 현실의 우리와 상당히 다른 인종임에 틀림없다.

2

돌이킬 수 없는 것에
연연하는 우리

    천미홍 씨는 팝 피아노 연주자 리처드 앨더만의 열성 팬이다. 그의 연주 CD는 하나도 빠짐없이 나오자마자 모두 사 모을뿐더러 그의 동향에 대해서도 모르는 것이 없을 정도다. 그런데 그 앨더만이 한국에서 연주회를 연다는 가슴 벅찬 뉴스를 들었다. 그는 30만원이라는 거금을 들여 로열석 표를 예약해 놓고 그날이 오기만을 기다렸다.

    연주회 당일 피아노 앞에 앉은 앨더만을 보는 순간 그는 가슴 터질 듯한 감동을 느꼈다. 그런데 막상 연주가 시작되고 나니 "어렵쇼, 이게 아닌데."라는 혼잣말이 저절로 흘러 나왔다. 최근에는 도통 연습을 하지 않은 듯, 연주가 엉망 그 자체였기 때문이었다. 그가 우상처럼 숭배해 오던 연주자가 이런 추한 모습을 보이는 게 더욱 싫었다. 이럴 바에야 자리를 박차고 나가 버리는 게 낫겠다는 생각까지 들었다. 그러나 그는 30만원이란 돈이 너무나 아까웠다. 그래서 불쾌함을 꾹 참고 연주회가 끝날 때까지 자리를 지켰다.

경제학 교과서에 비합리적 행동의 대표적 사례로 자주 등장하는 에피소드다. 천씨의 행동이 왜 비합리적이냐고? 연주가 참을 수 없을 만큼 형편없다는 것을 발견한 순간 자리를 박차고 나왔어야 하는데, 그렇게 하지 못했기 때문이다. 그가 자리를 박차고 나가든 끝까지 자리를 지키든 간에, 30만원을 이미 지불했다는 사실에는 변함이 없다. 끝까지 자리를 지킴으로써 듣기 싫은 연주를 듣는 고통까지 추가로 감수해야 했다. 그렇기 때문에 그로서는 자리를 박차고 나가는 것이 합리적인 선택이다.

천씨가 연주회에 참석하기 위해 지불한 30만원을 경제학에서는 매몰비용sunk cost이라고 부른다. 한번 지불한 다음에는 무슨 수를 써도 그중 단 한 푼조차 회수할 수 없는 성격을 갖기 때문에 그런 이름이 붙었다. 따라서 합리성의 원칙은 앞으로 취할 행동을 결정할 때 이런 성격의 비용은 철저하게 무시할 것을 요구한다. 과거를 되돌이킬 수 없듯, 이미 지출한 매몰비용은 어쩔 수 없기 때문이다.

앨더만의 연주가 형편없다는 것을 발견한 순간 자리를 박차고 나갈지의 여부를 결정할 때 고려해야 하는 것은 다음 한 가지뿐이다. 즉 자리에 계속 앉아 있는 것으로부터 나오는 즐거움 혹은 괴로움 한 가지만 생각하면 된다. 자리에 그대로 앉아 있어 보았자 즐거움은 없고 괴로움만 느낄 것이 분명하다면 주저 없이 자리를 박차고 나와야 한다. 바로 이것이 합리적 선택의 요령이다.

그런데 독자도 그렇고 나도 그렇지만, 왜 이와 비슷한 상황에서 매몰비용에 집착하게 되는 것일까? 그 이유는 자신이 돈을 낭비했다는 자책감에 사로잡힐 것이 두려워서라고 볼 수 있다. 연주 도중 자리를 떠날 때 "아, 내가 30만원이란 거금을 낭비했구나."라는 후회가 밀려오게 마련이다. 행태경제학자들이 발견한 우리 인간의 또 하나의 특성은 '후회regret'라는 단어를 아주 싫어한다는 점이다. 후회하지 않으려고 천씨는 고문과도 같은 연주를 견뎌 내기로 결정한 것이다.

우리가 살아가면서 매몰비용에 집착하는 비합리적인 행동을 하는 경우가 너무나도 많다. 어떤 물건을 사서 써보니 불편하기 짝이 없는데도 들인 돈이 아까워 계속 쓰는 것이 그 좋은 예다. 불편함이 너무 커서 아예 버리는 게 낫겠다는 생각이 들면 미련 없이 버리는 것이 합리적이다. 그걸 계속 쓴다고 해서 이미 지불한 돈이 한 푼이라도 되돌아오지 않을 것이기 때문이다. 그러나 이런 상황에서 미련 없이 버리는 용기를 발휘할 수 있는 사람이 과연 몇이나 될까?

이성 교제와 관련해서도 이런 일이 종종 일어난다. 사랑이 식어버렸기 때문에 헤어져야 하는 것이 분명한데도 그동안 들인 시간과 정성이 아까워 망설이는 사람이 한둘이 아니다. 얼마나 많은 시간과 정성이 들었는지 몰라도, 이미 지나간 일이다. 두 사람 사이의 관계를 계속 유지해야 하느냐의 여부는 앞으로의 일만을 생각해 결정해야 한다. 그런데도 지나간 일에 연연해 미적대는 사람들이 대부분이다.

연애 같은 낭만적인 일에까지 합리성의 잣대를 들이민다고 투덜대는 독자가 분명 있으리라고 생각한다. "당신네 경제학자들은 감정도 없소?"라는 말이 귓가에 들리는 듯하다. 그러나 변명을 한다면, 아무리 낭만적인 일이라 해도 막상 의사결정을 할 때는 합리성의 잣대가 불가피하다는 말을 하고 싶다. 감정에만 치우쳐 아무렇게나 결정을 하고 나면 나중에 크게 후회할 일이 생기기 때문이다.

흥미로운 점은 비단 개인뿐 아니라 정부도 매몰비용에 연연해 잘못된 결정을 내리는 경우가 적지 않다는 사실이다. 그 대표적인 사례를 영국과 프랑스가 합작해 만든 콩코드Concorde 초음속여객기 개발 과정에서 찾아볼 수 있다. 1969년부터 2003년까지 고작 34년 동안만 하늘을 날았던 이 초음속여객기는 개발 과정에서 이미 경제성이 없다는 판정을 받고 있었다. 그러나 두 나라 정부는 이미 많은 돈이 투입되었다는 이유로 개발을 강행했고, 그 결과 더 큰 낭비를 초래하게 되었다.

이 사건은 정부가 매몰비용에 연연해 내리는 비합리적인 결정의 대표적 사례로 자주 인용된다. '콩코드의 오류Concorde fallacy'라는 말이 사용될 정도다. 우리나라에서도 이와 비슷한 사례를 발견할 수 있다. 1991년 첫 삽을 뜬 새만금간척사업의 계속 추진 여부를 둘러싼 논쟁에서 이와 비슷한 오류가 저질러진 바 있다.

환경단체가 그 사업은 경제성이 없을뿐더러 환경파괴가 우려된다는 이유로 사업 중지를 요구하는 소송을 제기했다. 이를 계기로 과연 사업을 계속해야 하는지의 여부를 둘러싼 논쟁이 전 사회로 확산되었다. 이때 사업 계속을 주장하는 사람들은 이미 1조 원 이상의 비용이 투입되었다는 사실을 가장 중요한 이유로 들었다. 그 사람들, 그리고 이들의 손을 들어 준 대법원 모두 콩코드의 오류에서 자유롭지 못했던 것이다.

소위 '4대강 정비사업'이라는 것을 통해 전국의 강에 만들어 놓은 아무짝에도 쓸모없는 댐들과 관련해서도 또 다시 콩코드의 오류가 반복되고 있다. 강을 죽음의 호수로 만들고 있는 애물단지 댐들은 큰 골칫거리가 아닐 수 없다. 그러나 무려 22조 원이나 되는 큰돈을 쏟아 부어 만든 것이라는 사실에 발목이 잡혀 이러지도 저러지도 못하고 있는 실정이다. 아무리 많은 돈을 퍼부었다 하더라도 이제는 단 한 푼도 회수할 수 없는 매몰비용일 뿐이다. 더군다나 그 쓸모없는 댐들을 유지, 관리하기 위해 매년 엄청난 규모의 돈을 추가적으로 써야 한다.

과거에 얼마나 큰돈이 들었든 간에, 이 댐들을 어떻게 처리해야 하는지의 결정은 오직 앞만 내다보고 이루어져야 한다. 만약 그 댐들을 그대로 놓아두었을 때 예상되는 편익보다 비용이 더 크다고 판단되면 지체 없이 해체의 수순을 밟아야 한다. 매년 여름만 되면 '녹조라테' 사태가 발생하고, 괴상한 생물들이 출현하고, 물고기들이 떼죽음하는 일들이 벌어지는 것을 뻔히 보면서도 들인 돈이 아까워 손을 놓고 있는 것처럼 바보 같은 짓은 없다.

개인이 매몰비용에 연연하는 비합리적 태도를 갖는 것도 문제지만, 정부가 그런 태도를 갖는 것은 더 큰 문제다. 한두 사람이 아닌 국민 모두의 손실을 빚게 되기 때문이다. 그러나 불행히도 이 세상의 모든 정부는 콩코드의 오류에서 자유롭지 못하다. 우리 정부도 이에서 예외가 아니라는 것은 두말할 나위도 없다. 4대강 정비사업이 그 대표적인 예지만, 때로는 일을 저지르고 보자는 검은 심보로 엄청난 국민의 세금을 낭비하는 경우까지 있다.

3

휴먼의 눈에 비친
기회비용과 매몰비용

경제학을 처음 배울 때 합리적 선택을 위해서는 어떤 행위와 관련된 비용에 대한 정확한 이해가 필요하다는 점이 강조된다. 이 점과 관련되어 제일 처음 등장하는 것이 기회비용_opportunity cost의 개념인데, 이에 따르면 자기 주머니에서 직접 나간 것만 비용으로 생각해서는 안 된다. 비록 눈에 보이지 않더라도 비용의 성격을 갖는 것이면 모두 비용에 포함시켜야 한다는 것이 바로 기회비용의 개념이다.

예를 들어 8,000원을 주고 머리를 깎았는데, 이발소를 오가는 시간까지 포함해 1시간이 소요되었다고 하자. 머리를 깎는 데 든 비용이 얼마인지를 계산할 때 주머니에서 나온 돈 8,000원만 포함시키면 안 된다. 머리를 깎는 데 1시간을 썼기 때문에 이 시간과 관련된 비용까지 포함시켜야 마땅한 일이기 때문이다. 만약 1시간의 아르바이트를 통해 5,000원을 벌 수 있다면 머리 깎는 데 든 기회비용은 1만 3,000원이 되는 셈이다. 시간과 관련된 비용은 직접 주머니에서 나간 것도 아니고 눈에 보이는 것도 아니지만, 합리적 선택을 위해서는 이것이 비용에 포함되어 고려되어야만 한다.

그런데 현실에서 사람들이 어떤 선택을 할 때 기회비용을 정확하게 인식하고 있을 가능성은 그리 크지 않다. 여간 치밀한 사람이 아니라면 눈에 보이지 않는 비용까지 생각해 그것을 비용에 포함시키는 일을 할 수 없다. 주머니에서 직접 나가는 비용은 무척 아까워하면서도, 눈에 보이지 않는 형태로 발생하는 비용은 모르고 사는 경우가 대부분이다. 이콘이라면 기회비용을 정확하게 인식할 능력이 있겠지만 현실의 인간, 즉 휴먼들은 그럴 능력이 없다.

기회비용에 대한 설명에 이어 등장하는 것은 바로 앞에서 본 매몰비용에 대한 설명이다. 매몰비용은 일단 비용을 지출하고 난 다음에는 어떻게 하든 회수할 수 없는 성격의 비용이기 때문에 이것은 잊어버리는 것이 합리적 선택의 원칙이라는 설명이 뒤따른다. 그러나 바로 앞에서 본 것처럼 현실의 인간은 이미 지나간 과거를 잊지 못해 비합리적 선택에 이를 때가 많다. 기회비용은 꼭 기억해야 하고 매몰비용은 반드시 잊어버려야 하는데, 이것은 이콘에게만 가능할 뿐 휴먼에게는 불가능한 일이다.

이 두 가지 비용의 개념과 관련되어 또 한 가지 재미있는 점은 현실의 상황에서 이 둘 사이를 구분하는 일이 생각처럼 쉽지 않다는 사실이다. 설사 기회비용은 꼭 기억하고 매몰비용은 반드시 잊어먹어야 된다는 사실을 정확히 이해하고 있다 하더라도, 현실의 상황에서는 두 개념 사이의 혼동으로 인해 판단에 어려움을 겪을 수 있다는 말이다. 다음과 같은 설문조사 결과를 보면 현실에서 두 가지 비용의 개념을 정확하게 구분한다는 것이 말처럼 쉽지 않다는 것을 잘 알 수 있다.[24]

오래 전에 20달러를 주고 산 보르도 와인 한 병을 갖고 있는 사람이 있다고 하자. 그런데 와인 가격이 올라 지금은 그것 한 병의 가격이 75달러로 올랐다고 한다. 와인 애호가들에게 이 상황을 설명하고 만약 내가 지금 그 와인을 마신다면 그것에 드는 비용이 얼마라고 생각하느냐는 질문을 했다. 응답자는 설문지에 제시된 다음 다섯 개의 선택지 중에서 자신이 생각하는 비용과 일치하는 것을 고르게 된다. 재미 삼아 독자들도 이들 중 어떤 것을 고르게 될지 생각해 보기 바란다.

(1) 0 (이미 그 와인의 가격을 지불했기 때문에)

(2) 20달러 (내가 지불한 가격이 바로 그것이므로)

(3) 20달러에 그 동안의 이자를 더한 것 (엄밀하게 따지면 이자비용도 포함시켜야 하므로)

(4) 75달러 (지금 그것을 팔면 받을 수 있는 금액이므로)

(5) −55달러 (75달러의 가치를 가진 와인을 마셨지만 20달러만 지불한 셈이므로)

설문조사를 해본 결과 각 선택지를 고른 응답자의 비율은 다음과 같은 것으로 드러났다.

(1) 30%   (2) 18%   (3) 7%   (4) 20%   (5) 25%

경제학적인 관점에서 볼 때 이 질문에 대한 정답은 (4)번이 된다. 이 와인의 기회비용은 다시 팔 때 받을 수 있는 가격 75달러이기 때문인데, 응답자 중 이것을 고른 사람은 불과 20%에 불과했다. 나중에 알려진 바에 따르면 (4)번을 고른 응답자의 대부분은 경제학자들이었다고 한다. 이를 보면 경제학을 전공하지 않은 사람에게는 기회비용의 개념을 올바로 이해한다는 것이 무척 어려운 일임을 실감할 수 있다.

(1)번을 고른 사람은 와인을 사기 위해 지출된 비용이 매몰비용의 성격을 갖는다고 오해했을 가능성이 크다. 그러나 와인을 다시 팔 수 있기 때문에 20달러가 결코 매몰비용의 성격을 갖는 것은 아니다. 그럼에도 불구하고 응답자 중 30%에 이르는 가장 많은 사람들이 이것을 답으로 선택했다. 이를 보면 현실의 사람들 중에는 기회비용과 매몰비용을 혼동해 생각하는 사람이 많다는 것을 알 수 있다.

이 설문조사를 실시한 행태경제학자들은 과연 (5)번을 선택하는 사람이 몇이나 될까 의문을 가졌다. 그 비싼 와인을 마심으로써 55달러를 번 셈이라고 생각하는 사람은 앞 장에서 말한 심적회계mental accounting의 원칙을 적용한 결과로 볼 수 있는데, 그렇게 복잡하게 머리를 돌릴 수 있는 사람이 별로 없을 것이라고 예상했기 때문이었다. 즉 와인 마시는 행위를 하나의 마음속 계정으로 만들어 놓고 이것을 독립적으로 고려한다는 것은 상당히 복잡한 사고과정이라고 본 것이다. 그런데 설문조사 결과를 보면 놀랍게도 25%나 되는 응답자들이 (5)번을 선택한 것으로 드러났다.

지금 보는 예에서 보르도 와인 한 병을 마시는 데 드는 기회비용은 75달러임이 분명하다. 그런데도 응답자의 절반이 넘는 사람들이 (1)번을 선택함으로써 아무 비용이 들지 않는다고 혹은 (5)번을 선택함으로써 오히려 돈을 벌게 된다고 인식한 것을 알 수 있다. 현실의 복잡한 상황에서는 기회비용이나 매몰비용을 정확하게 인식하는 일조차 결코 쉬운 일이 아니라는 뜻이다. 경제학을 가르치면서 비용의 개념을 정확하게 이해하는 것이 합리적 선택의 기초라는 점을 아무리 강조한다 해도 현실의 휴먼들에게는 '소귀에 경 읽기'에 지나지 않을지도 모른다.

4

고민하는 것은
딱 질색이야

    교수라는 직업 때문에 제자들 결혼식에서 주례를 서는 때가 많다. 결혼을 앞두고 나를 찾아온 커플과 이것저것 이야기하다가 결국 신혼여행 말이 나오게 된다. 그런데 자유여행을 가는 경우는 매우 드물고 대부분이 패키지여행을 선택하는 것을 볼 수 있다. 그들이 왜 패키지여행 쪽을 선택했는지 그 이유를 짐작하는 것은 과히 어렵지 않다. 다음의 예에서 보는 것과 같은 과정을 거쳐 그쪽을 선택했을 것이 틀림없다.

    결혼을 앞둔 진원구 군과 성미리 양은 몰디브 섬으로 신혼여행을 가기로 결정하고 여행사를 찾았다. 여행사 직원은 어떤 패키지 상품을 추천했는데, 1인당 400만원을 지불하면 아무런 추가 경비 없이 4박 5일간의 여행을 다녀올 수 있다고 한다. 즉 왕복 비행기 표, 숙박, 식사, 각종 레크리에이션 활동에 드는 비용을 모두 미리 지불한 상태에서 여행을 다녀올 수 있는 상품이었다.

들어 보니 좋기는 한데, 가격에 부담을 느낀 두 사람은 좀 더 싼 상품이 없느냐고 물었다. 여행사 직원은 1인당 200만원에 왕복 비행기 표와 숙박만을 제공하는 에어텔 상품이 있다고 말했다. 그렇지만 현지에 가서 식사를 하고 여러 가지 레크리에이션을 하다 보면 비용이 더 들 수도 있다는 말을 덧붙였다. 그러나 두 사람의 생각은 조금 달랐다. 패키지에 포함된 레크리에이션 활동 중 꼭 하고 싶지는 않은 것들이 많아 에어텔 상품을 사는 쪽이 더 경제적일 것 같았다.

이 두 가지 선택가능성을 놓고 며칠 동안 고민하던 두 사람은 결국 400만원짜리 패키지 상품을 선택했다. 그들은 왜 가격에 부담을 느끼면서도 패키지 상품을 선택했을까? 에어텔 상품을 산 다음 식사 메뉴와 레크리에이션 활동을 적절히 선택하면 비용을 절감할 수 있다는 것을 모를 리 없다. 이 사실을 뻔히 알면서도 패키지 상품 쪽으로 마음이 기운 이유가 궁금하지 않을 수 없다.

일반적인 경우에 비춰 생각해 보면, 그들은 의사결정에 드는 비용을 절약하기 위해 패키지 상품을 선택했을 가능성이 크다. 패키지 상품은 모든 것이 미리 정해져 있다는 점에서 아주 재미없는 상품이 될 수 있다. 어떤 사람은 좋은 호텔에 머무는 것을 중요하게 생각하는 한편, 어떤 사람은 맛있는 음식을 먹는 것을 중요하게 생각하는 등 사람마다 취향이 다른 법이다. 그런데 패키지 상품은 그런 취향의 차이를 무시하고 모든 것을 한 가지로 통일시켜 놓은 미련한 상품이다.

그러나 역설적으로 바로 이런 미련한 성격이 많은 사람들에게 매력으로 받아들여질 수 있다. 모든 것이 한 가지로 통일되어 있다면, 그 패키지 상품을 산 사람은 이것을 선택할지 아니면 저것을 선택할지의 고민에서 해방될 수 있다. 신혼여행을 가서 모처럼 편하게 지내려고 하는데 이것저것 선택해야 할 일이 많으면 즐거움이 반으로 줄어들 수 있다. 모든 선택에는 나름대로 심리적 비용이 뒤따르게 마련이다.

예를 들어 어떤 음식을 먹을까 하고 이 레스토랑, 저 레스토랑을 기웃거리는 것이 즐거움일 수 있지만 사실 꽤 성가신 일이다. 레스토랑에 대한 정보가 제대로 없는 상황이라면 적절한 선택이 더욱 어렵게 된다. 1인당 150달러나 되는 돈을 내고 스노클링을 하러 갈지의 여부를 결정하는 일도 그리 쉽지 않다. 더군다나 어떤 선택 문제를 둘러싸고 두 사람 사이에 의견이 다를 경우, 공연히 싸움을 벌이는 불상사까지 발생할 수 있다.

패키지 상품을 산 사람은 이런 문제로 고민할 필요가 없다. 뭐든지 미리 결정된 대로 따르면 되기 때문이다. 두 사람은 다른 생각을 할 것 없이 그저 즐기기만 하면 된다. 바로 이렇게 선택에 따르는 비용을 제거해 준 것이 패키지 상품의 매력이다. 진원구 군과 성미리 양은 스스로 판단해 패키지 상품을 선택했을 수도 있고, 선배들의 충고에 따라 그렇게 선택했을 수도 있다. 하여튼 패키지 상품의 최대 장점은 선택의 필요성을 없애 주었다는 데 있다.

경제학의 기본 입장은 선택가능성이 많으면 많을수록 더 좋다는 것이다. 마음에 안 드는 선택가능성은 그냥 버려도 되기 때문에 선택가능성이 하나 더 늘면 그만큼 더 좋다는 생각이 그 밑에 깔려 있다. 그러나 현실적으로 선택에 심리적 비용이 든다는 사실을 고려하면 선택가능성이 많을수록 더 좋다는 보장이 없다. 그 심리적 비용이 아주 클 경우에는 선택가능성이 적을수록 더 좋다고 말하는 것까지도 가능하다.

그렇기 때문에 사람들은 자신의 선택가능성을 일부러 없애 버리는 일을 하기도 한다. 지금까지 예로 든 패키지 상품을 구입하는 행위가 그 대표적 사례다. 바로 여기에서 자유가 없는 패키지 상품의 특성이 도리어 매력으로 작용하는 역설적 현상이 나오는 것이다. 어떤 행태경제학자는 이와 같은 행위가 '선택하지 않기를 선택하는 것choosing not to choose'을 뜻한다고 말하기도 한다.[25] 선택과 관련된 비용을 절약하기 위해 선택의 자유를 스스로 포기하는 셈이다.

5

'귀차니즘'은
우리 삶의 현실이다

　요즈음 젊은이들이 많이 쓰는 말 중 하나로 '귀차니즘'이라는 것이 있다. 귀차니즘의 정수를 보여 주는 만화 한 컷을 보고 입에 든 커피를 뿜어 버린 적이 있다. 폐인 같아 보이는 한 젊은이가 침대에 누워 컴퓨터 오락을 하고 있는 장면을 그린 만화였다. 침대 위에는 먹다 남은 음식, 벗어버린 옷, 그리고 갖가지 쓰레기가 어지럽게 흩어져 있었다. 자식을 가진 부모님들이 그 만화를 보고 많은 위안을 받았으리라고 생각한다. 그 친구에 비하면 자기 자식은 그래도 나은 편에 속한다고 생각했을 테니 말이다.

　바로 앞에서 본 신혼 커플도 어떤 의미에서 본다면 귀차니즘 때문에 패키지 상품을 선택했다고 볼 수 있다. 무엇을 선택할지를 두고 고민하는 것이 귀찮으니 아예 선택가능성을 없애 버린 것이기 때문이다. 따지고 보면 우리 삶의 많은 부분에서 이런 귀차니즘이 큰 영향을 미치고 있다. 아무리 부지런한 사람이라도 귀차니즘의 영향에서 완전히 자유롭지 못한 것이 우리 삶의 현실이다.

귀차니즘이 우리 행동에 영향을 주고 있는 사례는 여러 가지 맥락에서 발견할 수 있다. 상황이 바뀌면 그것에 맞춰 자신의 행동을 조정하는 것이 합리적이다. 예를 들어 아침에는 쌀쌀해 두꺼운 옷을 입고 나섰는데 오후가 되자 갑자기 더워지기 시작했다고 하자. 이때는 아침에 입고 나온 두꺼운 옷을 벗어 버리는 것이 합리적 행동이다. 공연히 땀을 뻘뻘 흘리고 다닐 필요가 없지 않은가?

그런데 거리에 나가 보면 이런 상황에서도 두꺼운 옷을 그대로 입고 다니는 사람이 의외로 많이 눈에 띈다. 대부분의 사람들이 옷을 그대로 입은 채 견뎌 보려고 하기 때문이다. 영 안 되겠다고 판단될 때에야 비로소 두꺼운 옷을 벗어던지는 용기를 발휘하게 된다. 온도가 약간씩 변화할 때마다 그에 맞춰 부지런히 옷을 갈아입는 사람은 매우 드물다.

이와 같이 사람들은 현재의 상황에서 좀처럼 벗어나려 하지 않는 습성을 갖고 있다. 말하자면 변화에 빨리 적응하지 않고 게으름을 피우는 습성을 갖고 있는 셈이다. 이것을 현상유지편향*status quo bias*이라고 부르는데, 가능한 한 현상이 유지되기를 바라는 성향이라는 뜻에서 이런 이름이 붙었다. 이와 같은 현상유지편향은 우리 삶의 여러 측면에서 광범하게 나타난다.

정부가 어떤 정책을 만들 때는 사람들이 현상유지편향을 갖고 있다는 사실을 중요하게 고려해야 한다. 모든 정책은 사람들로 하여금 예전과는 다른 새로운 행동을 할 것을 요구한다. 그렇게 사람들이 행동을 바꿈으로써 정책의 효과가 나타나는 것이다. 그런데 현상유지 편향 때문에 사람들은 행동을 바꿀 때 상당한 불편함과 더불어 심리적 압박감을 느낀다. 아무리 좋은 의도에서 만든 정책이라도 사람들이 이에 따르기 위해 상당한 심리적 비용을 치르게 된다는 말이다.

현상유지편향status quo bias
사람들이 현재의 상황에서 벗어나기를 꺼려하는 습성을 갖고 있기 때문에 그 상황이 유지되기를 바라는 성향이 있음을 가리키는 말.

개혁이라는 이름으로 어떤 것을 뜯어고친 결과 예전보다 더 나쁜 상황이 만들어지는 경우가 많다. 그와 같은 변화가 가져올 긍정적 효과만 보고 거기에 따르는 비용을 충분하게 고려하지 않았기 때문에 그런 결과가 빚어지는 것이다. 진정한 개혁이 되기 위해서는 변화의 긍정적 효과가 충분히 커서 그에 따른 심리적 비용을 상쇄하고도 남음이 있어야 한다. 그러나 현실에서 그런 경우는 생각 외로 드물다.

아무리 어설픈 것 같이 보여도 현재의 체제나 제도는 나름대로 장점을 갖고 있다. 그 장점 중 가장 중요한 것은 사람들이 이에 익숙해져 있다는 것이다. 익숙하기 때문에 편안하게 느낄 수 있는 것인데, 현상유지편향이 나타나는 이유가 바로 여기에 있다. 정부가 바뀔 때마다 새로 들어선 정부는 모든 것을 뜯어고치려고 팔을 걷어붙이는 경향이 있다. 하지만 그렇다고 해서 우리 삶이 현저하게 개선된 적도 별로 없다. 현상유지편향이 존재한다는 사실을 무시했기 때문에 그런 결과를 빚은 것이다.

좌측통행을 우측통행으로 바꾼 것은 사람들이 현상유지편향을 갖는다는 사실을 망각하고 섣불리 제도를 고쳐 실패한 대표적 사례다. 사실 우측통행이 상대적으로 더 낫다고 주장할 하등의 논리적 근거가 없다. 우측통행으로 바뀐 후 무언가 개선된 게 있다고 느끼는 사람을 주변에서 단 한 명도 본 적이 없다. 그런데도 당시 정권을 잡고 있던 사람들의 독단에 의해 일방적으로 우측통행을 실시하게 된 것이다.

우측통행이 실시된 후 몇 년이 지난 지금도 지하철역에서는 예전 습관대로 왼쪽으로 걷는 사람들과 새 방식에 따라 오른쪽으로 걷는 사람들이 부딪치는 사례를 심심치 않게 볼 수 있다. 이를 보면 사람들의 현상유지편향이 얼마나 끈질긴 것인지를 잘 알 수 있다. 이런 사람들에게 우측통행은 쓸모없는 심리적 비용을 지불하게 만든 '개악'이었다. 최근에는 우측통행으로 바꾼 후 교통사고가 오히려 더 늘어났다는 말까지 나오고 있다. 도대체 무엇을 위한 누구를 위한 우측통행이란 말인가?

사람들이 귀찮은 것을 싫어하는 성향을 갖는다는 사실을 지금까지와 다른 각도에서도 관찰할 수 있다. 예를 들어 디지털 카메라를 사면 여러 가지 세팅을 해야 사진을 찍을 수 있다. 그런데 특별한 경우를 빼놓고는 제조업체가 미리 지정해 둔 세팅을 그대로 따르는 사람들이 많다. 아주 특별한 전문지식이 있는 사람이 아닌 다음에야 대부분의 사람들이 그런 경향을 보인다.

제조업체가 미리 정한 세팅을 바꾸려면 그에 따른 노력을 들여야 한다. 우선 세팅에 따라 사진이 어떻게 달라진다는 지식을 얻고 이에 맞춰 세팅을 바꿔야 한다. 그리 어려운 일이 아니지만 이 정도 일조차 귀찮게 여기는 사람이 많다. 엄청나게 부지런한 사람이나 사진에 남다른 관심을 갖고 있는 사람이 아니라면 그런 노력이 가치를 갖는다고 생각하지 않는다.

또 다른 예로 다음과 같은 것을 들 수 있다. 어떤 기업이 보너스를 1년에 네 번으로 나눠 지급하는 방식을 취하고 있다 하자. 그런데 직원이 원할 경우 똑같은 금액을 1년에 한 번 혹은 두 번에 걸쳐 받을 수 있도록 만들어 주었다. 과연 얼마나 많은 직원들이 보너스 받는 횟수를 바꾸려고 할 것인가? 흥미로운 점은 이렇게 선택의 가능성을 준다 해도 대부분의 직원들이 1년에 네 번 받는 방식을 그대로 선택한다는 사실이다.

1년에 네 번 보너스를 받는 것은 이미 정해져 있는 방식이다. 이것을 다른 방식으로 바꾸려면 복잡하게 머리를 굴려야 한다. "보너스를 한 번에 몰아서 받아야 저축을 할 수 있어. 조금씩 나눠서 받으면 받는 즉시 써 버리고 말아." "아니지, 한 번에 모두 받으면 오히려 당장 써 버릴 가능성이 더 커져." "그렇지만 보너스 받는 기쁨을 여러 번 느끼는 게 더 좋지 않은가?" "그게 뭐 중요해. 어찌 되었든 금액에는 한 푼의 차이도 없는데."

대부분의 사람에게는 이런 생각을 하는 것 자체가 무척 귀찮게 느껴진다. 그렇기 때문에 회사가 미리 정해 놓은 방식을 그대로 따르려는 태도가 나오는 것이다. 이렇게 미리 정해진 것을 그대로 따르려 하는 성향을 기정편향default bias이라고 부른다. 여기서 '기정'이라는 말은 미리 정해 놓았다는 것을 뜻한다. 자세히 살펴보면 기정편향 역시 우리의 삶 여기저기서 광범하게 관찰될 수 있다.

기정편향default bias
사람들이 귀찮음을 싫어하기 때문에 미리 정해진 것을 그대로 따르려는 경향이 있음을 가리키는 말.

약삭빠른 기업은 사람들이 기정편향을 갖고 있다는 사실을 이용해 이윤을 더 크게 만들기도 한다. 얼마 전 한 잡지사가 나에게 무료로 잡지를 보내 주기 시작했다. 별로 즐겨 보지도 않는 잡지였지만 무료라고 하길래 그냥 받아 보기로 했다. 3개월 동안 무료로 보내 주더니 그 다음 달부터는 원할 경우 유료로 전환해 계속 보내 주겠다는 연락이 왔다. 물론 원치 않을 경우에는 더 이상 보내지 않겠다는 단서가 달려 있기는 했다.

그런데 잡지사는 내가 달리 말하지 않는 한 계속 구독 의사가 있는 것으로 간주한다고 알려 왔다. 즉 자기네들 마음대로 계속 구독을 미리 정해 놓은 방식으로 결정한 것이다. 만약 귀찮다는 생각에서 아무런 연락을 하지 않으면 유료 구독의 의사를 표현한 것으로 해석될 판이었다. 나는 귀찮음을 무릅쓰고 더 이상 잡지를 볼 의사가 없다고 연락을 했다. 배달되는 족족 휴지통으로 들어갈 잡지 때문에 일 년에 몇만원이나 되는 돈을 쓴다는 것은 말이 되지 않는 일이다.

그 잡지사는 왜 계속 구독을 미리 정해 놓은 방식으로 결정했을까? 기정편향을 이용해 이윤을 더 크게 만들려 했던 것이 분명하다. 귀찮음을 극도로 싫어하는 사람이라면 울며 겨자 먹기 식으로 그 잡지를 계속 구독해야 했을 것이다. 이런 사람이 몇만 있어도 그 잡지사는 이윤을 더 크게 만들 수 있다. 사업을 하는 사람들은 이론을 전혀 모른다 해도 오랜 경험을 통해 돈 버는 방법을 저절로 터득하게 되는 법이다. 독자들도 사업하는 사람들의 이런 엉큼한 전략에 말려들지 말아야 한다.

6

조금씩 가격을 올려도
무방하다?

휴대폰을 사러 갔는데 내가 원하는 모델에 30만원이라는 가격표가 붙어 있었다. 나는 그 모델을 사려고 마음먹은 상태에서 여기저기를 살펴보고 있었다. 마침 그때 친구 하나가 가게에 들어서더니 내 귀에 대고 이런 말을 속삭였다. "이 가게에서는 가격이 너무 높게 매겨져 있어. 다른 가게에 가면 27만원에 살 수 있는데." 독자라면 이런 상황에서 그 가게를 나와 3만원 더 싸게 판다는 다른 가게로 옮겨가게 될까?

이번에는 TV를 사러 어떤 전자제품 대리점에 갔는데, 마음에 드는 모델에 500만원의 가격표가 붙어 있었다. 그것을 살까 마음먹고 있는 차에 이번에도 또 그 친구가 내게로 다가와서 이렇게 속삭였다. "이 TV에 다른 대리점에서는 497만원의 가격표가 붙어 있는 걸 봤어. 꼭 여기서 사야 하겠어?" 이 경우라면 독자는 어떻게 할까?

　보통 사람이라면 이런 상황에서 다음과 같은 행동을 하게 되리라고 짐작할 수 있다. 즉 휴대폰의 경우에는 다른 가게로 옮겨가 사는 반면, TV는 원래의 대리점에서 그대로 사게 될 것이다. 30만원에서 3만원이 줄어드는 것은 꽤 큰 절약같이 느껴지지만, 500만원에서 3만원이 줄어드는 것은 별로 큰 절약처럼 느껴지지 않을 것이기 때문이다. 독자라면 어떻게 할지 스스로 생각해 보면 이 짐작이 그럴듯한 것임을 인정하리라 믿는다.

　일반적으로 사람들은 다른 가게로 옮겨가는 데 드는 수고의 가치가 그렇게 함으로써 얻는 이득보다 더 크다고 생각하면 다른 가게로 옮겨가 물건을 산다. 바로 이것이 합리성의 원칙과 부합되는 행동 양식이다. 그런데 다른 가게로 옮겨가 물건을 삼으로써 얻는 이득은 두 경우에서 모두 3만원으로 똑같다. 그뿐만 아니라 다른 가게로 옮겨가는 데 드는 수고의 가치도 두 경우에서 똑같다고 볼 수 있다.

　따라서 합리적인 사람이라면 휴대폰은 다른 가게로 옮겨가서 사고 TV는 처음 갔던 대리점에서 사는 것과 같은 행동을 하지 않는다. 즉 두 경우 모두에서 다른 가게로 옮겨가 사든가, 아니면 두 경우 모두에서 처음 찾은 가게에서 사는 행동을 할 것이라는 말이다. 예를 들어 다른 가게로 옮겨가는 데 드는 수고의 가치가 5만원이나 된다면 휴대폰이나 TV를 모두 처음 간 가게에서 사게 된다. 반면에 다른 가게로 옮겨가는 데 드는 수고의 가치가 2만원에 불과하다면 두 경우 모두에서 다른 가게로 옮겨가 사게 된다.

그렇다면 현실에서 사람들이 휴대폰을 다른 가게로 옮겨가서 사는 반면, TV는 처음 간 대리점에서 사는 비합리적 행동을 하는 이유는 무엇일까? 거기에는 나름대로의 이유가 있을 것이 분명하다. 이와 같은 사람들의 행동에서 우리는 그들이 절대적인 절약폭보다 절약되는 비율을 더 중시했음을 짐작할 수 있다.

휴대폰의 경우에는 다른 가게로 옮겨가 삼으로써 10%를 절약할 수 있다. 반면에 TV의 경우에는 다른 가게로 옮겨가 보았자 절약폭이 1%도 안 된다. 10%를 절약할 수 있다면 다른 가게로 옮겨가는 수고가 그럴듯하게 느껴진다. 그러나 고작 1%도 안 되는 절약폭 때문에 그런 수고를 하는 것은 별 보람이 없다. 이 예에서 보는 것처럼, 사람들을 움직이는 결정적인 힘은 합리성의 원칙이 아니라 직관적인 느낌이다.

이 논리를 거꾸로 적용하면, 애당초 어떤 가격을 부르고 이런저런 이유를 붙여 가격을 아주 적은 비율로 올려 가도 소비자들은 이에 크게 반발하지 않으리라고 짐작할 수 있다. 물건을 파는 사람들은 소비자의 이런 심리를 교묘하게 이용해 이윤을 더 크게 만든다. 어떤 상품의 기본형에 비교적 낮은 가격을 붙인 다음, 추가 기능을 하나씩 더할 때마다 조금씩 가격을 올려 가는 것이 그 좋은 예다.

이런 상술을 즐겨 사용하는 대표적 사례가 바로 자동차 산업이다. 예컨대 광고에 어떤 승용차 모델의 가격이 3,300만원이라고 나와 있다면 실제로 지불하는 금액은 이보다 훨씬 더 큰 것이 보통이다. DVD 플레이어에 얼마, 후방경보장치에 얼마…… 이런 식으로 옵션을 추가해 나가다 보면 결국 배보다 배꼽이 더 커질 수도 있다.

이와 반대로 모든 옵션을 다 장착했을 때의 4,100만원이라는 가격을 부른 다음, 이것을 빼면 얼마, 저것을 빼면 얼마가 줄어든다는 식으로 흥정을 한다고 해보자. 앞에서 말한 것처럼 작은 비율로 가격이 떨어져도 사람들은 그리 큰 이득을 보았다고 생각하지 않는다. 그렇기 때문에 이런 방식으로 흥정을 하면 내내 시큰둥한 반응을 보일 가능성이 크다. 자동차를 파는 사람은 기본형을 비교적 낮은 가격에 부르고 조금씩 올려가는 쪽이 훨씬 더 유리하다는 것을 경험으로 터득하고 있다.

7

백화점은 왜 끊임없이
세일을 하는가?

옷장을 열면 최근 입어본 적이 없는 옷들이 가득 걸려 있는 것을 발견할 때가 많다. 최근에만 안 입은 것이 아니라 오래 전부터 입지 않고 그대로 걸어 놓기만 했던 옷들이 대부분이다. 몇 년 전 세일행사 때 산 직후 두어 번 입은 것이 고작일 정도로 입어본 적이 별로 없는 옷들이다. 나만 이런 경험을 갖고 있는 것이 아니라 많은 사람들이 비슷한 경험을 갖고 있으리라 생각한다.

왜 그럴까? 애당초 별로 입지도 않을 옷을 왜 샀으며, 입지 않을 옷이면 처분을 해야 마땅한 일인데 왜 그대로 걸어 놓고 있는 것일까? 별로 입지도 않을 옷을 산 배경을 따져보면 세일행사 때 싼 가격에 끌려 충동구매를 했을 가능성이 크다. 유명 브랜드의 옷을 정가의 반값에 판다니까 그 옷이 꼭 필요한지, 자기 취향에 잘 맞는 옷인지 꼼꼼히 따져보지도 않고 덥석 질러 버린다. 그런데 막상 사놓고 보니까 자기 취향에 잘 맞지 않는 불필요한 옷임을 뒤늦게 발견하게 되는 것이다. 옷장에 걸려있는 입지 않는 옷들 뒤에는 바로 그런 슬픈 역사가 존재하기 마련이다.

어떤 물건을 턱없이 싼 가격에 산다고 느낄 때 우리는 기쁨을 느낀다. 반면에 부당하게 높은 가격을 지불한다고 느낄 때는 화가 치민다. 똑같은 물건이라 할지라도 어떤 가격이 적절한 것인지는 상황에 따라 달라지기 마련이다. 다음과 같은 예를 생각해 보자.[26] 해변에서 선탠을 즐기고 있는 한 사내(스티브)가 있다. 그는 시원한 맥주를 한 캔 마시고 싶지만 자리를 뜨기 귀찮아 그냥 누워있다. 그때 옆에 누워 있던 친구(빌)가 호텔에 볼 일이 있다고 일어서면서 혹시 부탁할 게 있느냐고 물었다. 마침 잘 되었다 싶어 돌아올 때 맥주 한 캔을 사 달라고 부탁했다.

빌이 스티브에게 물었다. "여기는 리조트라 맥주가 좀 비쌀지도 모르는데, 얼마까지 낼 용의가 있니?" 맥주는 호텔 안의 카페에서 살 수도 있고 호텔 옆의 편의점에서도 살 수 있다. 만약 스티브가 경제학에서 상정하는 합리성의 소유자라면 빌이 맥주를 어디에서 사는지와 관계없이 똑같은 금액을 말할 것이다. 똑같은 맥주라면 호텔 카페에서 산 것이든 편의점에서 산 것이든 맛에 차이가 날 이유가 없기 때문이다. 호텔 카페에서 사는 경우라 해서 더 높은 가격을 지불할 용의가 있다고 말할 이유가 없다는 뜻이다.

그런데 이와 비슷한 상황을 설정해 놓고 사람들에게 설문조사를 해보면 그 예상과 다른 결과가 나온다. 즉 똑같은 맥주인데도 호텔 카페에서 살 경우에는 더 높은 가격을 지불할 용의를 보인다는 것이다. 한 설문조사 결과를 보면, 호텔 카페에서 사는 경우 지불할 용의가 있다는 금액의 중위값이 7.25달러인데 비해, 편의점에서 사는 경우 지불할 용의가 있다는 금액의 중위값은 4.10달러에 지나지 않는 것으로 드러났다. 사람들은 똑같은 맥주인데도 어디서 사느냐에 따라 각각 다른 가격을 지불할 용의가 있다고 말하는 것이다.

빌의 질문에 대해 스티브가 설문조사의 결과와 비슷하게 이와 같이 대답했다고 하자. "응, 호텔 카페라면 7달러지만 편의점이라면 4달러야." 그런데 빌이 편의점에 가보니 맥주를 5달러에 팔고 있었다. 그것을 사들고 돌아온 빌은 사실 그대로 말할 경우 스티브가 불만스럽게 생각할지 몰라 걱정이 되었다. 그래서 선의의 거짓말을 하기로 마음먹었다. "이거 호텔 카페에서 5달러 주고 사왔어." 빌의 예상대로 스티브는 만족스런 표정으로 맥주 캔을 건네받아 마시기 시작했다.

경제학에서는 어떤 물건을 소비하는 데서 얻은 만족감을 효용_{utility}이라고 부른다. 맥주 한 캔과 콜라 한 캔은 소비자에게 각각 다른 효용을 준다. 그러나 똑같은 맥주 한 캔이라면 그것을 어디에서 얼마를 주고 샀는지와 관계없이 똑같은 효용을 주어야 마땅한 일이다. 경제학에서는 당연히 그와 같은 가정하에 소비자의 선택행위를 분석한다. 그러나 이 예에서 보듯, 똑같은 맥주인데도 스티브는 그것을 어디에서 얼마를 주고 샀느냐에 따라 다른 크기의 효용을 얻고 있다.

이는 소비자가 어떤 물건을 소비하는 행위뿐 아니라 거래의 조건 그 자체에서도 어떤 효용을 얻고 있음을 뜻한다. 행태경제학자는 이처럼 거래의 조건 그 자체에서 얻은 효용을 거래효용transaction utility라고 부른다. 이 거래효용은 어떤 물건을 소비함으로써 얻는 만족감을 뜻하는 전통적 의미에서의 효용과 성격이 다르다. 거래효용은 물건 그 자체가 아니라 그 물건을 거래하는 조건에서 얻는 만족감이다. 예를 들어 어떤 물건을 엄청나게 싼 가격에 샀다고 느낄 때 소비자는 이로부터 큰 거래효용을 얻는다.

상인들은 엄청난 헐값에 물건을 판다는 인상을 줌으로써 소비자로 하여금 충동구매를 하도록 부추긴다. 그들이 거래효용의 개념을 알고 있을 리 없지만, 오랜 경험을 통해 그것을 활용하는 방법을 터득했을 가능성이 크다. 백화점들이 계절마다 끊임없이 세일행사를 하는 것도 바로 이 거래효용을 노린 술수다. 일부러 가격을 높은 수준에 책정한 다음 크게 깎아 주는 척함으로써 소비자로 하여금 충동구매를 하도록 만든다는 데 세일의 의미가 있다.

백화점이 세일행사를 하는 대신 아예 가격을 합리적으로 낮은 수준에 책정함으로써 고객을 끌어들이는 전략을 선택할 수도 있다. 그러나 소비자들이 거래효용에 좌우되는 상황에서 이 전략은 좋은 성과를 거두기 힘들다. 실제로 메이시즈Macy's라는 미국의 대형 백화점이 2006년에서 2007년에 걸친 기간에 이 전략을 선택했다가 판매량이 급격히 줄어들어 포기한 적이 있다고 한다. 정말로 낮은 가격에 물건을 판다는 사실은 소비자에게 상대적으로 의미가 작다. 정작 소비자의 지갑을 열게 만드는 것은 터무니없이 싼 가격에 살 수 있다는 인식이다.

중국이나 동남아에 관광을 다녀온 사람들은 현지에서 엄청나게 깎은 가격으로 산 기념품을 자랑처럼 내보이기 일쑤다. 현지의 상인들은 관광객의 거래효용을 높이기 위해 일부러 턱없이 높은 가격을 부른다고 볼 수 있다. 절반으로 후려친 가격으로 기념품을 사들고 기뻐하는 관광객과 짭짤한 마진을 챙겨 뿌듯함을 느끼는 상인 모두가 이득을 보는 구도다. 이것이야말로 우리가 윈-윈게임이라고 부르는 것의 좋은 예가 아닐까?

사람들이 파격적인 가격에 세일을 한다는 말에 넋이 빠져 별 쓸모도 없는 물건을 덥석 사들이는 배경에 바로 이 거래효용이 있다. 그 물건이 꼭 필요한 것인지 꼼꼼히 따져 보지도 않고 그대로 질러 버리게 만드는 원인이 바로 이 거래효용인 것이다. 이제는 사람들이 잘 입지도 않는 옷을 사서 옷장에 줄줄이 걸어두는 이유를 알 수 있다. 우선 싼 가격에서 오는 거래효용이 충동구매를 일으키는 결정적인 원인으로 작용했음이 분명하다.

그런데 사람들은 자신의 행동에 대한 후회regret를 무척 싫어한다. 만약 입지 않는 옷이라 해서 버린다면 충동구매를 한 자신은 후회할 일을 한 셈이다. 그렇기 때문에 몇 년 동안 한 번도 입지 않은 옷이라 해도 선뜻 버리려 하지 않는다. 그 옷이 옷장에 그대로 걸려 있는 한 자신은 후회할 일을 하지 않은 셈이기 때문이다. 옷장에 즐비하게 걸려 있는 입지 않은 옷들은 바로 그런 심리작용의 산물이다.

8
뉴욕 택시 운전사들의
독특한 행태

　경제학자들이 뉴욕시 택시 운전사들의 행태를 관찰한 결과, 거기에 상당히 독특한 점이 있다는 사실을 발견했다. 이들은 하루 평균 12시간씩 일하는데, 일을 마치고 집에 돌아가는 시간은 상황에 따라 달라진다고 한다. 예컨대 손님이 많은 날에는 비교적 일찍 일을 마치고 집에 돌아가는 한편, 손님이 적은 날에는 늦은 밤까지 일하는 모습을 보인다는 것이다.

　합리적인 선택이라는 관점에서 볼 때, 이런 방식으로 귀가 시간을 정하는 것을 납득하기 힘들다. 경험법칙에 따르면 손님이 많은 날에는 밤이 깊어져도 계속 손님이 많을 가능성이 크다. 반면에 손님이 적은 날에는 밤늦게까지 거리를 달려 보았자 손님 만나기가 힘들 것이다. 경험이 많은 택시 운전사들이라면 이 사실을 모를 리 없다.

따라서 손님이 많은 날에는 늦게까지 남아 돈을 버는 한편, 손님이 적은 날에는 일찍 집으로 돌아가는 것이 합리적이다. 어떤 점에서 합리적이냐고? 한 달 동안 일하는 시간이 똑같다고 할 때 어느 쪽이 더 많은 수입을 올릴 수 있느냐를 보자는 말이다. 뉴욕시 택시 운전사들과 반대로 행동하는 것이 똑같은 시간을 일하고 더 많은 수입을 가져다준다는 점에서 합리적이라고 말할 수 있다.

그렇다면 뉴욕시 택시 운전사들은 왜 이런 바보 같은 행동을 하고 있을까? 아니 잠깐만. 그들이 바보 같은 행동을 한다고 말하는 것은 옳지 않은 일이다. 왜냐하면 그들이 자신의 행동을 바꾸지 않는 데는 그럴 만한 이유가 있을 것이기 때문이다. 지금과 반대로 행동하면 수입이 늘어난다는 사실을 몰라서가 아니라, 알면서도 어떤 이유 때문에 그렇게 하지 않을 가능성이 있다는 말이다. 그렇다면 '바보 같은 행동'이라는 말은 적절치 않다.

행태경제학자들은 뉴욕시 택시 운전사들이 독특한 심적회계mental accounting의 방식을 갖고 있음에 주목했다. 앞에서 설명했던 것처럼, 사람들 마음속에 있는 가상의 장부를 심적회계라고 부른다. 어떻게 생긴 돈이며 어디에 쓸 돈인지의 기준이 심적회계의 중요한 요소라고 설명한 바 있다. 뿐만 아니라 얼마나 자주 수입과 지출을 비교해 이득이나 손실의 발생 여부를 따지느냐도 심적회계의 중요한 요소 중 하나가 된다.

이 점에서 보면 사람마다 큰 차이가 있는 것을 발견할 수 있다. 예를 들어 주식에 투자하고 매일 수익률을 따지는 성질 급한 사람이 있을 수 있다. 그런가 하면 한 달에 한 번 정도 수익률을 따져 보는 사람도 있다. 심지어 푹 묻어 놓고 있다가 1년에 한 번씩만 수익률을 따지는 느긋한 사람도 있다. 이들은 서로 다른 심적회계 방식을 갖고 있는 셈이다.

행태경제학자들은 뉴욕시 택시 운전사들이 하루 단위로 수입을 평가하는 심적회계 방식을 갖는 것을 관찰했다. 하루의 목표 수입을 설정해 놓고 이것이 달성되지 못한 경우에는 손실을 보았다고 생각한다는 것이다. 그런데 사람들은 일반적으로 손실기피적인 태도를 갖고 있다. 앞 장에서 설명한 바 있지만, 손해 보는 것을 특히 싫어하는 성향을 갖고 있는 것이다. 이 둘이 결합되어 그와 같은 독특한 행태가 나왔다는 것이 행태경제학자의 해석이다.

수입을 하루 단위로 평가하고 손실을 특히 싫어하는 택시 운전사의 하루를 짐작해 보자. 만약 손님이 많아 오후 7시에 그날의 목표 수입을 채웠다면 그는 미련 없이 집으로 돌아간다. 이제는 가족과 함께 저녁을 먹어도 되겠다고 생각하기 때문이다. 반면에 밤 10시가 되었는데도 목표 수입이 채워지지 않은 경우라면 계속 남아 있기로 작정한다. 채워지지 못한 부분만큼 손실을 보았다고 생각하기 때문에 목표 수입이 달성될 때까지 고집스럽게 운전대를 잡게 된다.

만약 택시 운전사들이 한 달 단위로 수입을 평가하는 심적회계의 방식으로 바꾼다면 어떻게 될까? 이렇게 되면 그들의 행태가 180도 달라질 것이라고 예측할 수 있다. 예를 들어 손님이 없는 날에는 다음 날을 기약하고 일찍 집으로 돌아가는 선택을 하게 될 것이다. 목표 수입을 채우지 못했다 하더라도 손실을 본 것으로 인식하지 않기 때문이다.

전통적 경제이론의 관점에서 보면 뉴욕 택시 운전사들의 행태를 이해하기 힘들다. 그들이 한 달 동안의 수입을 극대화하려고 한다면 지금처럼 행동하지 않을 테니 말이다. 그러나 행태경제학의 관점에서 보면 충분히 납득이 가는 행동일 수 있다. 자신이 갖고 있는 독특한 심적회계 방식에 따라 행동하고 있는 것이기 때문이다. 이 예에서 보는 것처럼, 행태경제학은 경제현상에 대한 이해의 폭을 한층 더 넓혀 주고 있다.

9

생각이 다른 사람을 설득하는 것은
불가능한 일이다

　나와 생각이 다른 친구를 어떻게든 설득해 보려고 노력한 경험을 갖고 있는 독자들이 많을 것이다. 그러나 그 설득이 별 효과를 내지 못한 경우가 대부분이었을 것이다. 상대방이 내 말에 가끔 고개를 끄덕이다가도 결국 자신의 생각을 하나도 바꾸지 않은 채 그 자리를 떠나지 않았던가? 헤어지면서 그는 어색한 미소로 악수를 청하며 "오늘 대화 정말로 유익했어."라고 말했을지 모른다. 그러나 그의 속마음을 읽으면 "역시 내 생각이 옳았군."이라는 생각이 굳게 자리 잡고 있을 것이다.

　친구이든 가족이든 생각을 달리하는 사람을 설득해 내 편으로 만드는 것은 너무나도 어려운 일이다. 우리가 현실에서 많이 경험하고 있듯, 특히 사회적 이슈에 관한 어떤 사람의 생각을 바꾼다는 것은 거의 불가능에 가까운 일이다. 우리 주위에서 보수적인 사람은 옆에서 아무리 설득해도 보수적 태도를 버릴 생각을 하지 않고, 진보적인 사람 역시 이와 똑같은 태도를 보인다. 다른 면에서는 특별히 고집 센 사람이 아닌데도 자신의 신념을 바꾸는 데는 무척 인색한 태도를 보이는 사람들이 많다.

합리적인 사람이라면 새로운 정보가 들어와 자신이 갖고 있던 생각을 바꿔야 할 필요가 있을 때 서슴없이 생각을 바꾼다. 따라서 어떤 신념을 갖고 있는 사람에게 그것과 어긋나는 성격의 많은 증거들을 제시하면 어쩔 수 없이 그 신념을 버리게 된다. 그러나 현실의 인간, 즉 휴먼은 자신의 신념과 어긋나는 정보가 아무리 많이 제시되어도 좀체 신념을 바꾸지 않는다. 그렇기 때문에 옆에서 아무리 설득해 보았자 아무런 소용이 없는 것이다.

심리학자들의 말에 따르면, 사람들은 자신의 신념과 관련된 여러 가지 증거가 제시될 때 이를 골라서 받아들인다고 한다. 자신의 신념과 일관된 증거는 그대로 받아들이지만, 상반된 증거는 선뜻 받아들이지 않는다는 것이다. 다시 말해 제시된 여러 증거 중에서 자신의 신념을 정당화하는 데 유리한 것만 골라서 받아들인다는 뜻이다. 때로는 어떤 증거가 갖는 의미까지도 자신의 신념과 일관되는 방향으로 비틀어서 해석하는 경우까지 있다고 한다. 이처럼 자신이 갖고 있는 신념과 일관된 증거만을 골라서 받아들이거나 증거가 갖는 의미를 왜곡해서 받아들이는 경향을 '확증편향confirmation bias'이라고 부른다. 이와 같은 인식의 편향은 자신이 갖고 있는 신념이 굳을수록 더욱 현저하게 나타난다고 한다.

어떤 사람의 신념과 일관되는 증거와 더불어 상반되는 증거가 똑같은 비율로 제시되었다고 하자. 만약 그 사람이 합리적으로 이 증거들을 수용한다면 그의 신념은 이들이 제시되기 전에 비해 덜 극단적인 방향으로 수정될 것이다. 자신의 신념과 상반되는 많은 증거들을 보고 "아, 내가 너무 극단적인 생각을 갖고 있었구나."라고 반성하게 될 것이기 때문이다. 그러나 현실에서 사람들이 보이는 태도를 관찰해 보면, 이런 상황에서 그의 신념은 정반대로 종전보다 한층 더 강화되는 것으로 드러난다.

심리학자들은 이와 같은 현상을 가리켜 '신념의 극단화belief polarization'이라고 부른다, 이와 같은 신념의 극단화가 발생하는 이유는 자신의 신념과 일관되는 증거만을 받아들이고 상반되는 증거는 여러 가지 이유를 대서 받아들이기를 거부하는 데서 찾을 수 있다. 즉 새로운 정보의 수용과정이 편향되어 있는 현상, 다시 말해 '편향된 수용biased assimilation'이 그와 같은 신념의 극단화를 가져오는 핵심적인 이유라는 뜻이다. 다음과 같은 실험결과는 신념의 극단화가 현실에서 자주 관찰할 수 있는 현상임을 잘 말해 준다.[27]

사형제를 폐지하는 것이 바람직한지의 여부를 둘러싸고 찬성과 반대 의견이 팽팽하게 맞서고 있다. 이 문제에 대해 찬성과 반대 의견을 갖고 있는 대학생들을 대상으로 사형제 폐지의 효과에 관한 상반된 실증연구 결과가 이들의 신념에 어떤 영향을 주는지를 실험해 보았다. 이 실험에서 사형제 폐지가 살인범죄 발생률을 떨어뜨렸다는 실증연구 결과와 반대로 오히려 이를 높였다는 실증연구 결과가 똑같은 비율로 제시되었다. 이 상반된 증거의 제시가 원래의 신념을 완화시키는 결과를 가져오는지 아니면 강화시키는 결과를 가져오는지를 알아보는 것이 실험의 목적이었다.

만약 어떤 선입견 없이 이 실증연구 결과들을 공정하게 받아들인다면 자신이 갖고 있던 신념이 옳지 않을지도 모른다는 생각이 불현듯 일어날 수 있다. 객관적 위치에 있는 학자들의 절반이 자신의 신념과 상반되는 일이 일어난다고 말하는 상황에서 자신의 믿음이 절대적으로 옳다고 주장하기는 어렵기 때문이다. 따라서 실증연구 결과를 본 후에는 당초의 신념이 흔들리는 것을 느끼게 된다.

그러나 주어진 정보를 자기 입맛에 따라 어떤 것은 받아들이고 어떤 것은 받아들이지 않는 편향된 수용을 하는 사람이라면 이와 정반대의 결과가 나타난다. 자신의 신념과 일관되는 실증연구 결과만을 적절한 것으로 받아들여 종래의 신념을 더욱 강화하는 방향으로 나아가기 때문이다.

지금 예로 들고 있는 실험에서 바로 그와 같은 현상이 분명하게 드러났다. 즉 실험 과정에서 자신의 신념과 상반되는 실증연구의 결과를 보았음에도 불구하고 사형제에 대한 종전의 신념이 더욱 강화되는 신념의 극단화 현상을 보였다는 것이다. 그 결과 피실험자들 사이의 견해차는 실험 전에 비해 더욱 큰 폭으로 확대된 것을 볼 수 있었다.

사람들은 자기가 보고 싶은 것만 보려 하고 듣고 싶은 것만 들으려

하는 경향을 갖고 있다. 아무리 현명하고 공정한 성품을 가진 사람이라 할지라도 인간의 이 근본적 약점에서 완전히 자유롭기 힘들다. 그렇기 때문에 어떤 사안에 대해 하나의 입장을 취하게 되면 여간해서 이를 바꾸려 들지 않는다. 이런 고집쟁이들이 사는 세상에서는 이런저런 사회적 문제에 대한 갈등과 대립이 끊이지 않는다. 허심탄회하게 의견을 교환해 합의점을 도출해 보자는 의도에서 어떤 모임이 만들어질 때조차 합의점이 찾아지기는커녕 서로의 차이를 확인하는 것만으로 그치는 경우가 대부분이다.

10
미운 사람은
뭘 해도 밉다

어느 마을의 효자와 불효자에 관한 옛날 이야기가 하나 있다. 불효자로 낙인 찍혀 동네사람의 손가락질을 받던 사람이 어느 날 이젠 자기도 효자가 되어 보겠다고 결심했다. 그는 효자가 부모님께 어떤 일을 하는지 엿보려고 뒤를 졸졸 따라다니기 시작했다. 효자가 하는 그대로 따라하면 되겠다는 생각이 들었기 때문이다.

하루는 효자가 부모님 밥상에 앉아 있는 모습을 보게 되었다. 부모님이 상에 앉기 전에 그는 음식을 한 가지 한 가지 조금씩 떠먹어보는 것이 아닌가? 혹시라도 부모님이 상하거나 독이 있는 음식을 잡수시고 탈이라도 나지 않을까 해서 미리 먹어보는 지극한 효성이었다. 그 모습을 본 불효자는 부모님의 칭찬을 기대하고 그대로 따라했다. 그런데 이게 웬일인가? 음식을 먼저 맛보고 있는 그를 향해 아버님이 "원 이 녀석 보게. 이젠 부모님 밥상까지 먼저 차지하려 드네."라고 화를 내며 쫓아내는 게 아닌가?

어느 날에는 효자가 부모님 이불에 먼저 들어가 누워 있는 모습을 보았다. 날이 찬데 미리 이불에 들어가 자기 체온으로 이불을 덥혀 드리려는 배려였다. 이 모습을 본 불효자는 자기도 부모님이 따뜻한 이불에 들어가시도록 하겠다고 먼저 이불 속으로 들어갔다. 그러나 이번에도 아버님의 불호령이 떨어졌다. "이놈이 이제 못 하는 일이 없구만. 부모님 이불에 먼저 들어가 누워 있지를 않나."

똑같은 행동인데도 효자가 하면 효성의 극치로 칭찬 받는데, 불효자가 하면 불효의 극치가 되어 버리는 것이다. 불효자가 하는 행동은 무엇이든 불효스러운 것으로 비쳐지게 마련이기 때문이다. 불효자로서는 억울하기 짝이 없는 일이지만 이것이 바로 우리의 인생이다. 미운털이 박힌 사람은 무슨 행동을 해도 미움을 받을 수밖에 없다. 실제로 세상에는 이와 비슷한 일이 수없이 많이 일어나고 있다.

심리학자들은 사람들이 어떤 대상을 좋아하는지의 여부에 따라 그것에 대한 판단을 달리하는 경향을 보인다는 사실을 발견했다.[28] 다시 말해 자신이 어떤 대상에 대해 느끼는 감정에 기초해 어떤 대상에 대한 판단과 결정을 내리는 경향을 보인다는 뜻이다. 만약 그 대상에 대해 좋은 감정을 갖고 있다면 그것에 대한 평가가 전반적으로 좋아지는 반면, 나쁜 감정을 갖는 경우에는 평가가 전반적으로 나빠진다는 말이다. 감정휴리스틱 affect heuristic이라고 부르는 이 현상은 여러 상황에서 관찰될 수 있다.

한 실험에서 사람들에게 우리의 건강과 관련을 갖는 여러 가지 기술에 대한 의견을 조사해 보았다. 수돗물의 불소화나 음식 보존제 등의 여러 가지 기술을 제시하고 이들이 우리에게 어떤 편익과 위험을 가져올 것으로 생각하느냐고 물었다. 실험 결과를 보면 각 기술과 관련된 편익과 위험에 대한 응답에서 강한 음(-)의 상관관계를 발견했다. 예를 들어 수돗물의 불소화가 가져다주는 편익이 크다고 대답한 사람은 그것과 관련된 위험이 작다고 대답하는 경향을 보였다는 것이다. 반면에 편익이 작다고 생각하는 기술은 위험이 크다고 생각하는 경향을 보였다.

일반적인 상황에서 어느 한 기술이 가져다주는 편익과 위험이 동시에 모두 크거나 작은 것으로 평가하는 경우는 흔하게 나타날 수 있다. 그런데 이 실험 결과를 보면 어떤 기술의 편익이 크면 위험은 작다는 식의 평가가 전형적인 것임을 관찰할 수 있다. 자기가 호감을 갖는 기술에는 무조건 좋은 평가를 내리고 그렇지 않는 기술에는 무조건 나쁜 평가를 내린다는 것으로 해석한다는 말이다.

이와 같은 감정휴리스틱은 정치분야에서도 자주 관찰될 수 있다. 내가 지지하는 정당이라 할지라도 언제나 내 마음에 꼭 드는 정책만 추진할 수는 없다. 경우에 따라서는 내가 생각하기에 불합리한 정책을 추진하는 경우가 종종 생길 수 있다. 그러나 대부분의 사람들은 자신이 지지하는 정당에게 거의 맹목적인 지지를 보내는 경향을 보인다. 어떤 정당이 제시한 정책제안을 객관적으로 공정하게 평가하는 것이 아니라 자신이 지지하는 정당이 어느 쪽인지라는 색안경을 끼고 평가한다는 말이다.

　말하자면 감정이 개입될 경우에는 결론을 미리 내려놓고 그것을 정당화할 근거를 나중에 찾는 식이다. 우선 좋아하는지 싫어하는지가 결정되고 그 다음에 그 평가와 일관된 믿음이 만들어진다는 뜻이다. 우리의 의문은 왜 이와 같은 감정휴리스틱이 만들어지느냐에 있다. 심리학자들의 설명에 따르면, 사람들은 대답하기 어려운 질문에 직면했을 때 이를 대답하기 쉬운 질문으로 대체하려는 성향을 갖는다고 한다. 감정휴리스틱은 바로 이와 같은 성향의 산물이라는 것이 심리학자들의 설명이다.

　일반 사람으로서 어떤 기술과 관련된 편익과 위험을 정확하게 평가하는 것은 매우 어려운 일이다. 이에 비해 어떤 기술에 대해 내가 갖는 느낌을 결정하는 것은 상대적으로 쉬운 일이다. 이 경우에 어려운 질문을 쉬운 질문으로 대체한다는 것은 어떤 기술이 내 마음에 드는지의 여부를 먼저 결정한다는 것을 뜻한다. 감정이 결부된 경우 결론을 먼저 내리고 정당화할 논리를 찾는 것이 바로 이와 같은 현상을 두고 하는 말이다.

　하이트Jonathan Haidt라는 심리학자는 이 현상을 두고 "감정이란 꼬리가 합리성이라는 (개의) 몸통을 흔드는 격이다.The emotional tail wags the rational dog."라는 말을 했다고 한다. 심리학자들은 감정휴리스틱이 복잡한 현실을 정리해 줌으로써 우리의 삶을 단순하게 만들어 주는 긍정적 측면을 갖는다고 말한다. 좋은 기술은 위험성이 별로 없고 나쁜 기술은 편익이 별로 없다고 생각하면 구태여 선택의 문제로 속을

썩일 필요가 없다. 감정휴리스틱은 우리를 복잡한 선택의 문제에서 해방시켜 주는 역할을 하는 셈이다. 다만 현실은 감정휴리스틱이 만들어놓은 이런 가상적 상황보다 훨씬 더 복잡하다는 게 문제다.

11
혹독한 얼차려가
좋은 효과를 발휘한다?

진화론으로 유명한 다윈Charles Darwin의 친척이며 다방면에 박식한 사람으로 알려진 갤튼Francis Galton은 식물의 씨앗 크기와 어린이의 신장 통계에서 흥미로운 사실을 발견했다. 평균 이상으로 큰 씨앗이나 사람의 다음 세대는 상대적으로 더 작은 크기를 보일 때가 많다는 사실이 바로 그것이다. 예를 들어 신장이 2미터인 사람의 아들 역시 크기는 하겠지만 아버지의 신장보다 더 작을 가능성이 크다. 반대로 키가 아주 작은 사람이 자식을 낳으면 부모세대보다는 더 큰 것이 일반적이다.

신장만 그런 것이 아니라 지능이나 능력 같은 것도 그런 특성을 보인다. 뉴턴Isaac Newton이나 아인슈타인Albert Einstein의 자식이 아버지를 능가하는 학문적 업적을 이루었다는 것은 들어본 적이 없다. 슈퍼

스타급 운동선수의 자식이 아버지보다 더 훌륭한 운동선수가 된 사례도 지극히 드물다. 천재의 다음 세대는 천재가 아닌 범재가 될 가능성이 큰 것이다.

이것이 바로 '평균회귀regression to the mean'라고 부르는 현상인데, 자연세계에서는 물론 우리 인간세계에서도 보편적으로 관찰할 수 있다. 그런데 이와 같은 현상에 대해 제대로 이해하는 사람은 그리 많지 않다는 것이 심리학자들의 지적이다. 그리고 이 현상에 대한 무지는 종종 상황에 대한 오판이나 잘못된 예측으로 이어질 수 있다.

카너먼은 이스라엘 공군의 비행교관들을 교육시킬 때 다음과 같은 재미있는 경험을 했다고 회고한다.[29] 그의 강의는 심리학적 관점에서 효율적인 기술지도의 원리를 설명해 주는 것이었다. 그는 연습생이 실수를 할 때 꾸짖는 것보다 잘했을 때 칭찬해 주는 것이 훨씬 더 좋은 훈련 성과를 낸다고 말했다. 그 말이 끝나자마자 노련하게 보이는 교관 한 명이 손을 들고 자신의 의견을 말하기 시작했다. "새를 훈련하는 경우라면 칭찬이 효과적일지 모르죠. 그러나 비행 연습생의 경우는 그렇지 않다고 믿습니다. 적어도 내 경험상으로는 그렇습니다."

그의 주장에 따르면 연습생이 어떤 비행 동작을 훌륭하게 수행한 데 대해 칭찬을 하는 게 별 효과가 없더라는 것이다. 그 다음번에 똑같은 비행 동작을 하는데도 예전보다 더 나아진 것이 아니라 더 나빠진 경우가 많다는 것이 그의 주장이었다. 반면에 잘못했을 때 큰소리로 꾸짖으면 그 다음번에는 더 잘할 때가 많았다고 한다. 그의 결론은 잘했을 때의 칭찬이 아니라 잘못했을 때의 질책이 연습 성과를 올리는 데 더 효과적이라는 것이었다.

이와 같은 교관의 생각은 평균회귀라는 보편적 현상을 제대로 이해하지 못한 데서 온 오판이라는 것이 카너먼의 지적이다. 예를 들어 평균 타율이 0.25인 야구선수가 어느 날 4타수 3안타를 쳐 0.75의 타율을 기록했다고 하자. 그 다음 시합에서 그의 타율이 이보다 더 높을 가능성이 클까 아니면 더 낮을 가능성이 클까? 그가 다음 시합에서 0.75보다 더 높은 타율을 기록할 확률은 거의 0에 가깝다고 말할 수 있다. 십중팔구 더 낮은 타율을 기록하게 될 것이며, 심지어는 평균 타율 0.25보다 더 낮은 수준으로 떨어질 수도 있다.

지금 보는 것처럼 평균추세에서 멀리 떨어진 기록이 계속 유지될 가능성은 지극히 작다. 평균추세로 돌아가려는 내재적 힘이 작용하고 있기 때문이다. 이것이 바로 평균회귀라는 현상이다. 어떤 연습생이 훌륭한 비행 동작을 수행했을 때 그는 운 좋게 평소 실력 이상으로 조종을 잘했을 가능성이 크다. 따라서 다음번 연습 비행에서 평소의 실력 정도를 발휘한다면 그 전보다 미숙한 비행 솜씨를 보이는 것이다. 이는 평균회귀라는 원리가 작용한 자연스러운 결과일 뿐이다. 그런데도 교관은 칭찬에 들뜬 그가 긴장의 끈을 놓아버린 결과로 오해한 셈이다.

반대로 어느 날의 연습 비행에서 평소보다 더 서툰 솜씨를 보였다면 그 다음 번에는 더 나은 솜씨를 보일 가능성이 크다. 그러나 교관은 평균회귀로 인한 그 연습생의 향상된 조종술을 가차 없는 꾸짖음의 효과라고 오해한 것이다. 그는 연습생이 훌륭한 비행 동작을 수행하는 것을 지켜보며 이렇게 쾌재를 부르고 있을지 모른다. "이 친구 오늘은 정신을 똑바로 차렸나 보네. 역시 잘못했을 때 엄청나게 혼을 내주는 게 최고야. 최고의 조종사를 만드는 데 다른 방법은 없어."

체육 지도자들이 선수들에게 가혹한 얼차려를 시키거나 체벌을 가하는 것이 종종 사회문제로 떠오르고 있다. 이 사람들도 그 동안의 경험에서 기합이나 체벌이 가해진 후에는 선수들의 플레이가 향상된다는 믿음을 갖게 되었고, 따라서 그와 같은 지도방식에 대해 일종의 확신을 갖고 있을 것이라고 짐작된다. 경기에서 패배했을 때 선수들을 집합시켜 혹독한 얼차려로 단련시키고 나면 그 다음 시합에서는 확실히 집중력이 더 좋아진 것을 느꼈으리라는 말이다. 그러나 평균회귀라는 관점에서 보면 그들의 믿음은 별 신빙성이 없다는 쪽으로 결론이 난다.

이 평균회귀의 관점에서 보면 자주 논란의 대상이 되는 재벌세습체제가 어떤 문제를 갖는지 바로 알 수 있다. 맨손으로 큰 부를 이룬 창업자는 뛰어난 기업가적 능력의 소유자임이 분명하다. 그러나 그의 2세, 3세가 창업자보다 더 뛰어난 능력의 소유자일 가능성은 지극히 희박하다. 평균회귀 현상 때문에 후손들의 능력은 창업자에 비해 상당히 뒤떨어질 가능성이 큰 것이다.

그런데도 세습체제를 고집하다 보면 기업의 활력이 자연히 떨어지게 마련이다. 만약 기업이 오너가족의 사유물이라면 그렇게 되어도 상관없을지 모른다. 그러나 기업이 잘 되고 못 되고는 수많은 주주, 근로자 그리고 소비자 같은 이해관계자stakeholder에게 영향을 준다. 세습체제를 고집해 기업의 활력을 떨어뜨리는 것은 그와 같은 사회적 책임을 저버리는 결과를 빚을 수 있다.

12
그럴 줄 알았어
_사후확신편향

한 치 앞의 일을 예측하기도 어려운 것이 우리 삶의 현실이다. 그러나 막상 어떤 일이 일어나고 나면 모든 사람이 너무나도 똑똑해진다. 마치 그 일이 일어날 것을 훤히 내다보기라도 했듯, "그럴 줄 알았어."라든가 "당연히 그런 일이 일어나지 않겠어?"라는 등의 말이 서슴없이 흘러나온다. 그러나 가슴에 손을 얹고 생각해 보면 정작 그일이 일어나기 전에는 꿈에도 예측하지 못한 일이었다는 게 분명히 맞다. 그런데도 사람들은 자신이 그 일을 미리 예측하고 있었다는 근거 없는 주장을 일삼는다.

심리학자의 말에 따르면 사람들은 과거에 자신이 갖고 있던 지식 혹은 믿음을 기억하는 데 어려움을 겪는다고 한다. 새로운 믿음을 갖게 되면 과거에 자신이 어떤 믿음을 갖고 있었는지를 거의 잃어버리기 때문이라는 것이다. 사람들은 과거 어떤 믿음을 갖고 있었느냐고 물으면 그것을 말하는 대신 현재 갖고 있는 믿음을 말한다. 자신이 과거에 현재와 다른 믿음을 갖고 있었다는 사실을 까맣게 잊어버린다는 뜻이다.

이 사실을 확인하기 위해 1972년 미국 닉슨Richard Nixon 대통령의 역사적인 중국, 러시아 방문을 주제로 한 실험을 해보았다.[30] 닉슨의 중국, 러시아 방문과 더불어 어떤 외교적 결과가 나올 것 같으냐는 데 대한 설문조사였다. 우선 닉슨 방문 전의 한 시점에서 총 15가지의 가능한 결과를 제시하고 각 결과가 일어날 확률이 얼마나 되느냐고 물었다. 그리고는 방문이 이루어진 후 그 사람들을 다시 불러 예전에 각 결과에 대해 자신이 어떤 확률을 제시했는지 기억해 보라고 말했다.

이들에게 제시한 15가지의 가능한 결과 중 어떤 것은 닉슨의 방문과 더불어 현실화된 반면 어떤 것은 미실현의 상태에 그대로 남아 있었다. 이 실험의 목적은 어떤 결과가 현실화되었는지의 여부가 사람들의 기억에 주는 영향을 검증해 보려는 것이었다. 실험 결과를 보면 결과의 현실화 여부가 사람들의 기억을 큰 폭으로 왜곡하는 것으로 드러났다. 예를 들어 실현이 된 결과에 대해서는 자신이 예전에 실제로 말한 것보다 훨씬 더 높은 확률을 말했다고 기억하는 것을 볼 수 있었다. 반면에 실현되지 않은 결과에 대해서는 실현될 가능성이 그리 크지 않을 것이라고 대답한 것으로 기억했다. 어떤 일의 결과를 보고 자신의 예측을 사후적으로 정당화하는 경향을 보인 것이다.

'사후확신편향hindsight bias'이라고 부르는 이 인식의 왜곡은 의사결정자에 대한 정당한 평가를 어렵게 만드는 요인으로 작용한다. 어떤 결정에 대한 정당한 평가는 그 결정이 내려지는 시점에서 그것이 적절했는지의 여부에 기초해 이루어져야 한다. 그러나 사후확신편향의 존재는 결과의 좋고 나쁨에 따라 평가를 내리게 만드는 요인이 된다. 어떤 결정의 결과가 좋기만 하면 그것이 적합한 정보의 기초 위에서 적절한 과정을 거쳐 내려진 것인지의 여부는 문제 삼지 않는다는 말이다. 다시 말해 사후확신편향은 '결과편향outcome bias'이라는 또 다른 편향을 발생시키는 원인이 된다.

이와 같은 사후확신편향의 존재는 남을 위해 의사결정을 하는 사람들에게 특히 큰 어려움을 준다. 예를 들어 어떤 의사가 일반적으로 위험성이 낮다고 알려진 시술을 했는데, 불의의 사고가 발생해 환자가 죽게 되었다고 하자. 이 경우 시술을 결정한 시점에서 그것이 적절했는지의 여부는 나쁜 결과에 의해 파묻혀 버리고 만다. 예기치 못한 사고가 사망의 원인임에도 불구하고 많은 사람들이 그 의사가 좀 더 신중한 결정을 내렸어야 한다고 비난하는 결과가 나타나기 십상이다.

어떤 일의 결과가 나쁠수록 사후확신편향의 영향이 더욱 확대되는 경향이 있다. 2001년 미국에서 일어난 9.11테러는 역사에서 가장 끔찍한 테러사건으로 기록될 것이다. 미국 정보당국은 테러 발생 3개월 전에 테러조직 알카에다가 미국을 상대로 대규모 테러를 계획하고 있다는 정보를 이미 입수했다. 문제는 이 정보를 당시의 대통령이었던 부시$_{George Bush}$에게 전달한 것이 아니라, 안보보좌관 라이스$_{Condoleeza Rice}$에게 전달한 데 있었다. 테러 발생 후 대통령에게 그 정보를 직접 전달했으면 결과가 달라졌으리라는 지적이 자주 제기되었다.

한 신문 편집자는 역사를 바꿀 만큼 중요한 사건이라면 대통령에게 직접 보고하는 것이 초보적 상식 아니냐는 말로 정보당국을 비판했다. 그러나 2001년 6월의 시점에서 그 정보가 역사를 바꾸는 단초가 되리라고는 아무도 예상할 수 없는 일이었다. 우리가 잘 몰라서 그렇지 그와 비슷한 수많은 테러 관련 정보가 나중에 사실무근으로 판명된 사례는 엄청나게 많을 것이 분명하다. 그리고 정보당국의 결정에 대한 그와 같은 비판은 결과편향의 강한 영향을 받아 정당성을 갖지 못한 것인지 모른다.

정당한 결정을 내려도 결과가 나쁘면 나쁜 평가를 받을 것을 두려워하는 의사결정자는 관료적인 해결책을 찾게 된다. 위험 부담을 극도로 꺼리는 나머지 나중에 꼬투리가 잡히지 않게 만드는 데만 온힘을 쏟는다는 말이다. 의사들이 불필요한 검사를 이것저것 받게 만들거나 불필요한 전문가의 자문을 구하는 등의 행위가 그 좋은 예다. 이런 행위는 환자들에게 도움을 주기보다 의사 자신을 보호하는 데 더 큰 목적이 있다.

한편 사후확신편향은 무책임하게 과도한 위험을 추구하는 사람들에게 당치 않은 보상을 가져다줄 수도 있다. 거의 미쳤다 해도 좋을 수준의 위험한 도박의 결과 운 좋게 성공을 거둔 기업가나 장군에게 쏟아지는 찬사가 그 좋은 예다. 용감함과 무모함은 분명 차이가 있다. 그런데도 운 좋게 성공을 거두면 무모함이 용감함으로 둔갑하는 결과가 빚어지는 것이다. 자칫하면 국민을 파멸의 구렁텅이에 빠뜨릴 뻔한 정치지도자가 과단성 있고 앞날을 내다볼 줄 아는 지도자로 추앙 받는 일까지 생길 수 있다.

13

입학사정관이 정말로
우수한 학생을 골라낼 수 있을까?

　요즈음 대학에서 신입생을 뽑거나 직장에서 신입사원을 뽑을 때 소위 심층면접이란 것이 많이 활용되고 있다. 다양한 질문을 던지고 지원자가 이에 대해 어떻게 대답하는지를 관찰하면 그의 능력이나 잠재력에 대한 신빙성 있는 자료를 얻을 수 있다는 생각에서 이 방법을 많이 활용하고 있을 것이다. 그러나 면접을 하거나 활동을 관찰한 결과에 기초해 어떤 사람의 능력을 정확하게 평가한다는 것이 생각처럼 쉬운 일이 아니다.

　이 점에 관해 카너먼은 자신이 이스라엘 군에서 복무할 때의 경험을 솔직하게 고백했다.[31] 이스라엘 군 소위로 복무하던 그가 맡게 된 일은 장교과정에 지원한 병사들을 평가해 후보생으로 선발할지의 여부를 결정하는 업무였다. 평가에 사용되었던 한 가지 테스트는 8명의 병사들로 한 팀을 만들고 그들이 장애물을 어떻게 극복하는지를 관찰하는 것이었다. 이 상황에서 병사들이 어떻게 협력하며, 위기에 어떻게 대응하고, 어떤 지도자로서의 자질을 보이는지를 관찰해 점수를 매기는 것이 카너먼의 역할이었다.

그는 동료 한 사람과 함께 이 일을 했는데, 두 사람 모두 적합한 후보생을 골라내는 일이 그리 어렵지 않다는 느낌을 가졌다고 한다. 어떤 병사를 척 보기만 하면 "흠, 이 친구는 훌륭한 재목이군.", "장교가 될 자질이 전혀 없는 친구야." 혹은 "그저 그렇지만 장교가 될 수는 있겠어."라는 등의 평가가 저절로 나왔다는 것이다. 그리고 두 사람의 평가가 크게 엇갈리는 경우도 많지 않았다고 한다. 따라서 각 지원자에 대한 최종 평가를 내릴 때는 망설임이 거의 없었다고 당시를 회상한다.

그런데 선발된 병사들이 장교교육 과정에서 실제로 올린 성적으로 봤을 때 그들의 평가는 형편없는 것으로 드러났다. 훌륭한 장교가 될 것이라고 평가한 후보생은 형편없는 성적을 낸 반면, 간신히 통과시킨 후보생은 훌륭한 성적을 올리는 일이 비일비재하게 발생했다고 한다. 그들의 평가가 후보생이 실제로 기록하게 될 성적을 거의 예측하지 못한 셈이다. 그는 자신들의 평가가 거의 눈 감고 더듬는 수준에 불과했음을 솔직하게 인정했다.

자신들이 내린 평가가 엉터리였다는 것을 알게 되면 아무래도 자신감이 떨어지게 마련이다. 어떤 병사에 대해 평가를 할 때 예전처럼 확신을 갖고 점수를 주기는 힘들어질 가능성이 크다. 그럼에도 불구하고 자기네들이 내리는 평가에 대한 자신감은 전혀 흔들리지 않았다고 한다. 그 업무를 맡고 있는 기간 내내 예전과 똑같은 방법으로, 똑같은 정도의 확신을 갖고 지원자들을 평가했다는 것이다. 이 사례를 보면 사람들은 어떤 불확실한 상황에 대한 자신의 평가에 대해 과도한 자신감을 갖는다는 것을 알 수 있다.

심리학자들이 밝혀낸 바에 따르면 전문가를 자처하는 사람들이 자신 있게 내리는 평가가 실제로는 아주 단순한 공식을 적용해 얻은 예측보다 부정확한 경우가 많다고 한다. 한 연구에서 전문적인 상담사들이 대학 신입생들에 대해 45분에 걸친 심층면접을 실시한 결과에 기초해 그 학년도 말의 평점을 예측하도록 했다. 그밖에도 상담사들은 고등학교 성적, 몇 가지 수학능력검사 결과, 그리고 4페이지의 자기소개서를 참고할 수 있었다. 말하자면 상담사들은 풍부한 자료의 뒷받침하에서 전문가로서의 평가를 내릴 수 있는 여건에 있었던 것이다.

그 다음 단계에서는 오직 고등학교 성적과 한 가지 수학능력검사 결과만을 고려하는 간단한 공식을 이용해 신입생들의 학점을 예측해보았다. 놀랍게도 이 단순한 공식을 사용해 얻은 예측이 전문적 상담사가 풍부한 자료를 이용해 얻은 예측보다 더 정확한 것으로 드러났다. 14명의 상담사들이 이 실험에 참여했는데 그중 간단한 공식에 의한 예측보다 더 정확한 예측을 한 사람은 단 3명에 불과했다. 나머지 11명의 상담사들은 간단한 공식보다도 더 부정확한 예측을 했다는 말이다.

이와 비슷한 수많은 실험이 반복되었지만, 결과는 언제나 똑같았다고 한다. 즉 간단한 공식을 써서 얻은 예측이 전문가들의 예측보다 상대적으로 더 정확한 양상이 일관되게 드러난 것이다. 그리고 이와 같은 공식의 상대적 우위는 교육문제뿐 아니라, 의료문제, 경제문제, 정책문제 등 다양한 분야에서 관찰될 수 있다고 한다. 이는 비싼 상담료를 지불하고 전문가를 고용하느니 간단한 공식을 개발해 그것을 사용하면 훨씬 더 좋은 결과를 얻을 수 있음을 뜻한다. 높은 상담료를 챙겨온 각계의 전문가들에게는 충격적인 연구결과가 아닐 수 없다.

심리학자들은 전문가들이 오히려 상대적으로 더 부정확한 예측을 하는 이유로 다음을 들고 있다. 무엇보다 우선 전문가들은 예측을 할 때 여러 가지 사항을 복잡하게 고려해 영리한 답을 얻으려 하는데, 바로 이와 같은 태도가 문제를 일으킨다고 지적된다. 대부분의 상황에서 단순한 방식으로 답을 얻는 쪽이 오히려 더 정확한 예측에 이른다는 것이다. 이와 동시에 인간은 복잡한 정보에 대한 판단을 내릴 때 일관성을 잃는다는 점도 원인으로 지적되고 있다. 전문가일지라도 똑같은 정보를 두 번 주고 평가를 하라고 했을 때 상반된 답을 제시하는 경우가 무척 많다는 것이다.

카너먼은 의학전문대학원의 신입생 선발이라는 구체적 예를 들어 이 점을 설명한다. 그는 지원자를 면접한 교수가 입학허가 여부에 대한 최종적인 결정을 내리는 체제에 회의를 표한다. 교수가 자신의 직관적 판단을 과신한 나머지 개인적 인상을 중시하는 한편 다른 관련 정보는 무시할 가능성이 크기 때문이다. 그럴 바에야 학부시절의 평균학점과 MCAT 성적 등에 기초한 간단한 공식을 만들어 신입생을 선발하는 것이 훨씬 더 나을지 모른다는 것이 그의 지적이다.

이와 같은 지적은 지금 우리 사회의 대학들에서 신입생 선발의 기초로 삼고 있는 학생부종합선발제도에도 그대로 적용될 수 있다. 경험과 전문성을 갖췄다고 자처하는 입학사정관들이 복잡한 고려과정을 거쳐 선발한 신입생이 최선의 선택이 아닐 수 있다는 말이다. 대학들은 다방면에 걸친 철저한 검증을 통해 잠재력 있는 신입생을 선발할 수 있다고 주장할 것이다. 그러나 지금까지 소개한 심리학자들의 연구결과가 맞다면 입학사정관들이 뽑은 신입생들보다 더 훌륭한 자질을 가진 수많은 학생이 불합격의 고배를 마실 가능성이 있다.

그럴 바에야 차라리 학생부와 수학능력시험 점수에 기초한 간단한 공식으로 신입생을 선발하는 것이 더 나을지 모른다. 교과 외의 여러 활동까지 다양하게 고려해 우수한 학생을 선발한다고 하지만 심리학적 분석 결과를 보면 사실은 이와 다르다는 것이다. 내 개인적인 느낌을 말해 보자면, 고등학교 학생들이 학술 논문이란 것을 써서 스펙 쌓기를 하는 것은 우리 대입제도가 얼마나 우스꽝스럽게 왜곡되어 있는지를 잘 말해 주고 있다. 돈 주고 논문을 사거나 논문 쓰는 방법을 코치 받는 광경을 상상하기는 그리 어렵지 않다. 이런 일이 벌어지는 것을 뻔히 아는 대학이 팔짱을 끼고 바라만 보는 것은 무책임의 극치가 아닐 수 없다.

14

우리는
왜 복권을 사는가?

실제로는 일어날 확률이 지극히 작은데도 사람들은 발생확률을 과장해 평가하는 경우가 많다. 전 세계에서 1년 사망자 발생이 몇 명에 불과한 광우병에 대해서 극도의 공포심을 갖는다거나, 맑은 날 벼락을 맞아 사망할 확률보다 당첨확률이 더 작다는 복권을 사는 행위가 좋은 예다. 카너먼은 버스 자폭테러가 빈번히 발생하던 시기에 이스라엘을 방문했을 때 이와 비슷한 행동을 한 경험이 있음을 밝히고 있다.[32]

그에 따르면 2001년 12월부터 2004년 9월까지 이스라엘에서 23건의 버스 자폭테러사건이 발생해 236명이 사망했다고 한다. 그때 이스라엘의 버스 이용자는 하루 130만 명이었으므로 테러 피해자가 될 확률은 지극히 작았다는 것이 그의 지적이다. 일반적인 교통

사고로 인해 발생한 사망자가 훨씬 더 많은데도 불구하고 사람들은 버스 자폭테러에 대해 극도의 불안감을 갖고 있었다. 가능하면 버스를 타지 않으려 했음은 물론, 불가피하게 버스를 탈 경우에는 주변에 수상한 사람이 없는지 불안한 시선으로 두리번거리기 일쑤였다.

카너먼이 이스라엘을 방문했을 때는 주로 렌트카를 이용했는데, 붉은 신호등 앞에 섰을 때 가능하면 버스 옆 자리는 피하려고 노력했다고 말한다. 그리고 신호가 파란불로 바뀌면 버스와 멀리 떨어지려고 가속페달을 세게 밟았다고 당시를 회상하고 있다. 즉 버스 자폭테러 사건이 발생할 확률이 지극히 낮은 것을 알면서도, 막상 행동을 할 때는 그 확률을 크게 과장해서 의사결정을 했다는 말이다. 그는 버스와 거리를 두려고 한 자신의 행동이 생존을 위한 합리적 선택이 아니었음을 인정했다.

테러가 어떤 효과를 갖는다면 바로 이와 같은 비합리적인 공포심을 사람들의 머릿속에 각인시킨다는 것이다. 2015년 파리에서 일어난 사건에서 보듯, 1천만 명 가까운 사람이 사는 대도시의 두어 곳에서 동시다발 테러를 저지르면 도시 전체가 공포에 휩싸이게 된다. 테러 현장 부근을 지나칠 확률이 거의 0에 가까운 사람조차 극도의 공포심을 갖게 만드는 것이다. 테러리스트가 노리는 것이 바로 이 점이다.

테러로 인한 죽음과 파괴의 장면은 텔레비전을 비롯한 매체를 통해 생생하게 전달된다. 그리고 이런 사건은 사람들 사이에서 끊임없이 대화의 주제로 등장한다. 이렇게 폭포수처럼 쏟아지는 정보의 홍

수 속에서 테러사건은 우리의 기억에 생생하게 각인된다. 그 결과 우리 마음속에는 자동적이며 통제하기 힘든 공포심이 일어나고 즉각 자신을 보호하려는 행동의 충동을 느끼게 된다. 이성적인 시스템 2는 테러사건 발생의 확률이 지극히 낮음을 인식하고 있지만, 즉흥적인 시스템 1에 의해 촉발된 공포심과 도망치려는 충동을 억제하지 못한다. 그리고 이와 같은 공포심은 테러발생 확률과 아무 관계없이 확대되어 재생산된다.

또 다른 예로 복권을 사는 행위를 들 수 있다. 복권을 산 사람에게 돌아가는 상금의 기대치는 복권 가격의 절반 수준에 지나지 않는다. 애당초 복권을 파는 목적은 이를 통해 정부가 필요로 하는 자금을 조달하는 데 있다. 문화나 체육 진흥을 위해 혹은 무주택자를 위한 자금을 조달하기 위해 복권을 파는 것이다.

복권은 대박의 꿈에 부푼 사람들이 자발적으로 세금을 내는 것이다. 정부로서는 손 안 대고 코푸는 식으로 쉽게 자금을 조달하는 셈이다. 그런데 복권을 주로 사는 계층은 부유층이 아니라 빈곤층이다. 이 점에서 본다면 복권은 여러 종류의 세금 중 최악의 것이라고 말할 수 있다. 주로 가난한 사람들의 주머니를 털어가기 때문이다. 그런데도 정부는 손쉽게 자금을 조달할 수 있다는 매력 때문에 복권 발행의 유혹을 떨쳐내지 못한다.

복권 판매대금 중 일정 부분은 정부활용 자금으로 떼어놓고 나머지만으로 상금을 주기 때문에 상금의 기대치는 당연히 복권 가격보다 훨씬 더 작다. 일반적으로 상금의 기대치는 복권 가격의 50% 내외의 낮은 수준에 불과하다. 따라서 몇십억 원이나 되는 상금을 타려면 엄청나게 불리한 확률의 난관을 극복해야만 한다. 그렇기에 그런 대박을 칠 확률이 맑은 날에 번개를 맞아 죽을 확률보다 더 작다는 우스갯소리가 나오는 것이다.

이 복권 구입의 심리학도 바로 앞에서 설명한 테러의 심리학과 똑같은 메커니즘을 갖고 있다. 지극히 작은 확률을 과장해서 평가하기 때문에 돈을 잃을 것을 뻔히 알면서도 즐거운 마음으로 복권을 구입하게 된다는 것이다. 우리는 언론보도를 통해 복권을 사서 대박을 터뜨린 사람의 이야기를 종종 듣는다. 이 인생역전의 이야기는 집과 직장에서 자주 대화거리로 등장해 우리의 기억에 생생하게 남는다. 우리가 복권을 구입하는 순간 당첨되는 공상에 빠져 기쁜 마음이 되는 것은 바로 이 메커니즘 때문이다.

테러사건의 경우나 복권 구입의 경우나 모두 실제로 일어날 확률은 별 의미를 갖지 않는다. 이 두 사례 모두에서 핵심적 사항은 어떤 결과가 실제로 일어날 가능성이 있다는 사실 그 자체다. 어떤 일과 관련된 감정의 강도와 그 귀결이 얼마나 생생하게 전달되었느냐에 따라 아주 작은 발생확률이 크게 부풀려질 수 있는 것이다. 최근 우리 사회에서 발병 확률이 지극히 낮은 광우병이라든가 메르스 같은 질병이 온 사회에 큰 혼란을 가져온 것도 바로 이런 맥락에서 생각하면 쉽게 이해될 수 있다.

15

나는 다르다고
자신하는 우리

정부는 건강에 해로운 흡연을 억제하기 위해 별의별 일을 다 한다. 담뱃갑에 흡연으로 인해 형편없이 망가진 폐의 사진을 올려놓게 하는가 하면 흡연이 후두암, 고혈압 등 만병의 근원이라는 TV광고를 하기도 한다. 이런 방법으로도 안 되겠다 싶으면 담뱃세를 대폭 올려 흡연을 계속하기 어렵게 만들기도 한다. 우리 정부뿐 아니라 세계 모든 나라의 정부가 이런 금연캠페인을 벌이고 있다.

흡연이 건강에 무척 해롭다는 것은 의문의 여지가 없는 사실이다. 이것은 너무나도 잘 알려진 사실이기 때문에 흡연자가 이를 모르고 있을 리 없지만, 니코틴이 주는 만족감이 죽음의 공포보다 더 크기 때문에 담배를 끊지 않고 버티는 것이리라. 그러나 흡연과 관련한 위험성을 정확히 인식하고 있다면 그렇게 태연하게 담배를 계속 피울

수는 없는 일이다. 담배를 끊지 않으려 하는 심리의 배경에는 "나는 다르다."는 생각이 자리 잡고 있을 가능성이 크다. 즉 흡연의 위험성은 평균적인 확률일 뿐이고, 나는 거기서 예외라는 믿음을 갖고 있을 것이라는 말이다.

사실 주위에서 죽을 때까지 손에서 담배를 놓지 않았는데도 운 좋게 장수한 사람을 심심치 않게 본다. 담배를 끊지 않는 사람은 그런 예외적인 경우를 보고 자신도 거기에 속한다고 자기 편한 대로 해석하고 있을 가능성이 크다. 자신이 남들보다 특별히 더 운이 좋다거나 혹은 더 능력이 있다고 생각하는 것은 많은 사람들에게서 보편적으로 관찰할 수 있는 현상이다. 심리학자들이 '자기위주편향self-serving bias'이라고 부르는 이 성향은 여러 실험을 통해 거듭 확인된 바 있다.

한 실험에서 사람들이 자신의 운전 능력을 어떻게 평가하고 있는지를 물어보았다. 평균적인 운전자에 비해 자신이 더 안전하게 운전하는지의 여부와 자신이 더 능숙하게 운전할 수 있는지의 여부를 물어보았던 것이다.[33] 실험의 대상이 된 미국 사람들 중 60%가 자신은 안전한 운전습관이란 점에서 상위 20%에 속한다고 대답한 것으로 나타났다. 또한 응답자의 88%가 자신은 평균 수준의 운전자보다 더 안전하게 운전한다고 대답하는 것을 볼 수 있었다. 실제로는 평균보다 더 안전하게 운전하는 사람이 절반 이상이 될 수 없는데, 거의 전부가 자신은 평균보다 더 안전하게 운전한다고 자신한다는 뜻이다.

운전의 능숙성에 대한 스스로의 평가에서도 이와 비슷한 현상이 나타났다. 즉 46.3%의 응답자가 자신은 운전의 능숙성이란 점에서 상위 20%에 속한다고 대답한 것으로 나타난 것이다. 평균 수준의 운전자보다 더 능숙하게 운전한다고 대답한 사람들도 93%에 이르는 것으로 나타났다. 결론적으로 말해 사람들은 자신이 평균적 운전자보다 더 안전하게 그리고 더 능숙하게 운전한다는 자신감을 갖고 있다는 뜻이다. 자신의 운전 습관과 능력에 대한 이와 같은 자신감 과잉 overconfidence은 자기위주편향에 기인한 것으로 해석할 수 있다.

흥미로운 점은 병원에 입원해야 할 정도로 심각한 교통사고를 일으킨 사람들조차 자신의 운전 능력에 대한 과신을 갖고 있다는 사실이다. 사고를 일으킨 50명의 운전자들을 사고를 일으킨 적이 없는 운전자들과 비교해 보는 실험에서 이와 같은 사실이 밝혀졌다.[34] 사고를 낸 대부분의 운전자들이 일반적인 운전자와 비슷한 정도로 안전하게 그리고 능숙하게 운전한다고 대답한 것이다. 사고 발생 원인에 대한 운전자 본인의 설명과 경찰 조사결과 사이에 상당한 차이가 있다는 사실은 자신의 운전능력을 정확히 파악하지 못하고 있음을 말해주고 있다.

바로 여기에서 정부가 적극적으로 교통안전 캠페인을 벌이고 있는데도 교통사고 발생률은 전혀 떨어질 기색을 보이지 않는 이유를 찾아볼 수 있다. 그 캠페인에서는 사고를 예방하기 위해 주의해야 할 점들을 자세하게 가르쳐 준다. 그러나 자신이 평소 안전하게 운전하는 습관을 갖고 있다고 믿는 사람은 그런 충고에 귀 기울이려 들지 않는다, 그런 충고는 난폭하게 운전하는 습관을 가진 사람에게나 해당될 뿐 자기와는 상관없는 일이라고 무시해 버리기 때문이다.

자신의 능력에 대한 과신은 뜻밖의 측면에서도 관찰될 수 있다. 코넬Cornell대학교 학생들에게 유머센스, 문법능력 그리고 논리력에 관한 테스트를 실시한 다음 자신의 성적이 다른 사람들에 비해 어느 정도나 될 것으로 짐작하느냐고 물어보았다.[35] 이 실험 결과를 보면 피실험자들이 전반적으로 자신의 능력을 과대평가하는 것으로 드러났다. 예를 들어 유머센스를 평가하는 실험에서 이들의 평균 자기평가는 66% 수준으로 실제의 평균치인 50%에 비해 16% 포인트나 과대평가하는 것을 볼 수 있다.[36]

자신의 능력에 대한 과대평가는 특히 테스트 성적이 하위 25%에 속하는 피실험자들에서 상대적으로 더 현저한 것으로 나타났다. 유머센스에 관한 이들의 평균 성적은 12% 수준인데, 자신에 대한 평가는 무려 58% 수준에 이르러 엄청난 차이를 보이고 있다. 실제 테스트 성적의 평균치가 50%임을 고려하면 실제 성적이 하위 25%에 속하는 사람들 중 많은 사람들이 "자신은 평균보다 더 능력이 있다."라고 과신한다는 것을 알 수 있다. 이와 같은 과신의 경향은 문법능력이나 논리력에 관한 테스트에서도 반복되었다.

자기 능력에 대한 과신은 기업을 경영하는 사람들 사이에서도 발견할 수 있다. 자신이 평균 이상의 능력을 가졌다고 믿는 경영자들은 자기가 경영하는 기업이 다른 기업보다 더 빨리 성장할 수 있다는 자신감에 차 있는 것이 보통이다. 경영대학원 학생들을 상대로 한 실험에서 이들에게 경영자로서 자신의 능력이 어느 정도일지 말해 보라고 했다.[37] 예상대로 대부분의 응답자들이 자신은 평균 이상의 능력을 갖는다고 대답했다.

이 학생들의 자신감 과잉은 아직 현실 경험이 없는 탓이라고 생각할 여지가 있다. 그래서 이번에는 기업의 사장들을 대상으로 비슷한 설문조사를 실시해 보았다. 그런데 이들의 경우에도 학생과 다름없는 자신감 과잉의 경향이 발견되었다. 다만 과거 실패한 경험을 갖고 있는 사장의 경우에는 과신의 정도가 상당히 줄어든 것으로 나타났다는 점만 다를 뿐이었다. 이 실험결과를 보면 자신의 능력에 대한 과신은 기업을 경영하는 사람들에게서도 보편적으로 관찰되는 특징임을 알 수 있다.

한 통계에 따르면 미국에서 새로 창업되는 기업 중 80%가 3년 안에 문을 닫는다고 한다. 이 높은 실패율은 창업을 하는 사람들이 자신은 남과 다르다는 자신감 과잉 때문에 정확한 예측 없이 무조건 사업에 뛰어든 까닭으로 해석할 수 있다. 창업한 기업의 대다수가 실패로 돌아간다는 통계자료도 이들의 자신감 과잉을 통제하기는 어렵다.

손자병법에 "적을 알고 자신을 알면 백번을 싸워도 위태롭지 않다.知彼知己 百戰不殆"라는 말이 있다. 자신을 정확하게 알고 있어야 싸움에서 승리할 수 있는 법인데, 자기위주편향으로 인한 과신에 사로잡힌 사람들은 자신을 냉철하게 돌아보지 못한다. 우리가 세상에서 겪는 실패의 많은 부분이 바로 이런 근거 없는 자신감 과잉에 기인한다 해도 과언이 아니다. 실패를 피하려면 무엇보다 우선 자신을 냉철하게 돌아보는 습관을 길러야 한다. 그러나 자기위주편향이라는 개념은 현실에서 이 일이 결코 쉽게 이루어질 수 없다는 교훈을 준다.

게으름을 이용한 상술

요즈음은 우리나라도 마찬가지지만, 미국에 유학하고 있을 때 우리 집 편지통은 늘 기업의 판촉 홍보물로 가득 차 있었다. 유학하고 있던 딸의 집에 가보니 최근에도 상황이 전혀 달라지지 않았다. 편지통에서 가져온 우편물 중 90% 이상을 뜯어 보지도 않고 그대로 버려야 할 판이었다. 그래도 어떤 사람은 그 판촉 홍보물을 눈여겨본다고 생각하기에 그렇게 끈질기게 보내는 게 아니냐는 생각이 들었다.

어느 날 쓰레기통으로 향할 판촉 홍보물 하나를 우연히 열어 보았는데, 거기에는 꼭 수표처럼 생긴 종이가 한 장 들어 있었다. 아니, 수표처럼 생긴 것이 아니라 정말 수표였다. 그 우편물을 받은 사람은 그것을 현금 10달러로 바꿀 수 있는데, 물론 공짜는 절대 아니다. 그 수표 옆에는 조그만 글씨로 다음과 같은 조건이 쓰여 있었다.

이 수표를 현금으로 바꿈으로써 나는 30일 동안 시험적으로 HS클럽의 회원이 되는 데 동의합니다. 시험가입 기간이 끝나기 전에 877-880-△△△△번으로 전화를 걸어 탈퇴 의사를 밝히지 않는 한 자동적으로 11개월 동안 가입기간이 연장되며 내 신용카드에서 189.99달러가 자동적으로 출금된다는 사실을 알고 있습니다. 내가 탈퇴 의사를 밝히지 않는 한, 첫 1년의 가입기간이 끝난 후 자동적으로 가입기간이 1년 동안 연장되며 199.99달러의 연회비를 내게 될 것입니다. 그 뒤로도 탈퇴 의사를 밝히지 않는 한 회비를 내는 조건으로 가입기간이 매년 자동적으로 연장됩니다.

(서명)

이 수표에 서명하고 10달러의 현금으로 바꾸는 순간 HS클럽의 회원으로 가입하게 된다는 말이다. 수표 아래쪽에는 그 클럽의 회원으로 가입했을 때 얻을 수 있는 혜택이 자질구레하게 나열되어 있었다. 그 클럽에 가입할 의사가 털끝만큼도 없는 나는 거기에 전혀 관심이 없었다. 그러나 그 우편물을 보낸 회사의 교묘한 상술에 혀를 내둘렀다. 행태경제학에서 밝혀낸 사람들의 특성이 이윤 창출의 수단으로 활용되고 있다는 점이 무척 흥미로웠다.

우선 말할 수 있는 것은 그들이 부존효과를 활용하고 있다는 점이다. 30일 동안 시험적으로 회원이 되도록 만든 부분이 부존효과와 관련을 갖고 있다. 당초에는 연회비 189.99달러를 내고 가입할 의사가 없던 사람도 일단 회원이 되면 생각이 달라질 것이라는 기대가 깔려 있다. 그래서 시험적으로 회원이 되도록 유도하기 위해 10달러의 미끼를 내걸고 있는 것이다.

이와 동시에 그들은 사람들의 귀차니즘을 교묘하게 활용하고 있다. 30일 이내에 탈퇴 의사를 밝히겠다는 생각을 갖고 시험적 가입에 동의한 사람이 있을 수 있다. 그러나 막상 전화기를 들어 그런 의사를 밝히는 일이 생각보다 쉽지 않다. 우물쭈물하다 보면 30일이 지나 버리고 신용카드에서 189.99달러가 나가 버리기 십상이다. 자신이 돈을 직접 지불하는 것이 아니고 모르는 사이에 신용카드에서 빠져나가는 것이기 때문에 더욱 막기 힘든 일이 된다.

그렇게 해서 자동적으로 1년 동안 가입기간이 연장된 사람이 있다고 하자. 신용카드 청구서를 보고 뜻하지 않게 189.99달러가 빠져나갔다는 사실을 알게 된 순간 그는 큰 충격을 받는다. 이왕 이렇게 된 바에야 1년 동안 혜택을 최대한 챙기고 가입기간이 끝나기 직전 탈퇴 의사를 밝히겠다고 결심한다. 그러나 그때 가서 또 우물쭈물하다가 가입기간이 자동적으로 1년 연장되는 결과를 빚는다.

여기서 중요한 것은 회원이 명백하게 탈퇴 의사를 밝히지 않는 한 자동적으로 가입기간이 연장된다는 사실이다. 기정편향을 갖고 있는 사람들은 이 상태를 그대로 받아들이는 경향을 보인다. 회원 수가 많을수록 이윤이 더 커지는 회사측은 바로 이 사실을 이윤 창출의 기회로 활용하고 있는 것이다.

마지막으로 연회비를 190달러 혹은 아예 200달러로 책정하지 않고 189.99달러로 책정한 것도 교묘한 상술이다. 이렇게 가격 끝자리를 99센트로 표시함으로써 소비자들에게 싸다는 인식을 심어주려 하는 것이기 때문이다. 이런 가격 표시 방법은 백화점이나 마트에서 자주 활용된다.

우리는 얼마나 이기적인가?

경제학이 전형적 인간형으로 설정해 놓은 호모 이코노미쿠스는 자신의 이익을 가장 중시하는 이기적 존재다. 그러나 우리는 사람들이 언제나 이기적으로 행동하지 않는다는 사실을 잘 알고 있다. 대부분의 사람들은 이기적으로 행동해도 되는 상황에서도 남에게 양보하는 태도를 보인다. 자신도 어려운 상황에서 흔쾌히 남을 돕기도 한다. 자신에게 돌아오는 이득만 중요하다고 생각하는 것이 아니라, 체면이나 공정성 혹은 남에 대한 배려도 중요하다고 생각하기 때문이다. 행태경제학자들은 여러 가지 실험을 통해 인간이 얼마나 이기적인 존재인지를 알아내려고 노력해 왔다. 이런 실험을 통해 확인된 분명한 사실은 호모 이코노미쿠스의 가정이 비현실적이라는 것이다. 현실의 인간은 이기적으로 행동해도 되는 상황에서 이기심을 자제하는 태도를 보인다. 자신의 이득만을 챙기는 것은 공정하지 못하다는 인식이 있기 때문이다. 또한 이기적으로 행동하는 상대방을 벌주기 위해 자신에게 손해가 돌아오는 것도 마다하지 않는다. 그만큼 공정성이 중요하다고 생각하기 때문이다.

1
남의 떡이 더 커 보인다
_몫 나누기 게임

경민이와 주선이는 주머니를 털어 맛있게 생긴 초콜릿무스 케이크 하나를 샀다. 이것을 반으로 잘라 나눠 먹으려고 하는데 바로 여기서 문제가 생겼다. 드러내 놓고 표현하지는 않지만, 두 사람 모두 더 큰 쪽을 차지하고 싶어 안달을 하고 있기 때문이다. 너무나도 친한 두 사람이지만, 군침 도는 케이크의 유혹 앞에서 우정이나 체면 따위는 아무 소용도 없다.

둘 중에 좀 더 적극적인 성격을 가진 경민이가 케이크를 자르더니 그중 한 쪽을 자기가 가져갔다. 그는 공평하게 나눴으니 문제가 없다고 말하지만 주선이는 뭔가 불만이 있는 눈치다. 주선이 눈에는 경민이가 차지한 반쪽이 자신의 반쪽보다 분명히 더 커 보였다. 주선이의 불만을 눈치 챈 경민이는 이렇게 말했다. "난 공평하게 잘랐다고 생각하는데. 아니, 오히려 네 것이 더 커 보여. 그래도 영 마음에 들지 않는 눈치네. 그렇다면 서로 바꾸지, 뭐."

서로 바꾸든 바꾸지 않든 간에 두 사람의 기분이 썩 좋지 않을 것은 당연한 일이다. 케이크를 먹으면서도 무언가 마음이 편하지 않고 앙금이 남은 것 같은 느낌이다. 친한 친구가 모처럼 맛있는 케이크를 나눠 먹으려 하다가 공연히 우정만 상하게 된 셈이다. 두 사람 모두 속으로 "조금만 양보하면 되는데 공연히 욕심을 부렸네."라고 중얼거리면서 그 자리를 떠났다.

이 두 사람은 잘못된 방식에 의해 케이크를 나누었기 때문에 갈등이 빚어질 수밖에 없었다. 다른 방식으로 케이크를 나눴다면 두 사람 모두 만족할 수 있었을 텐데 그걸 몰랐던 것이다. 문제는 케이크를 자른 경민이가 자기 몫을 먼저 집어가는 방식에 있다. 이런 방식하에서는 경민이가 의도적으로 한쪽을 더 크게 만든 다음 자기가 그것을 집어갈 가능성이 크다. 설사 똑같은 크기로 자른다 해도 주선이 눈에는 경민이가 더 큰 쪽을 가져간 것으로 비칠 수 있다. 그렇기 때문에 갈등을 피하기 힘든 것이다.

어떤 방법으로 케이크를 나누면 두 사람 모두 만족할 수 있을까? 그 방법은 의외로 간단하다. 한 사람에게 케이크를 자르게 한 다음, 다른 사람이 먼저 선택하게 만들면 된다. 이런 방법으로 나눈다고 할 때 독자가 케이크를 자르는 역할을 한다면 어떻게 할 것인지 생각해 보기 바란다. 의도적으로 한쪽을 더 크게 자를까? 아니면 똑같은 두 쪽을 만들려고 노력할까?

바보가 아닌 다음에야 의도적으로 한쪽이 더 크게 케이크를 자르지 않을 것이다. 상대방이 그것을 집어갈 게 분명하기 때문이다. 따라서 누가 시키지 않아도 두 쪽이 똑같도록 자르려고 최선의 노력을 기울이게 된다. 이렇게 되면 케이크를 자르는 사람이나 먼저 집어가는 사람이나 그 어느 쪽도 불만이 있을 수 없다. 결과적으로 케이크를 가장 공평하게 나눠 먹게 될 것임도 두말할 나위가 없다.

지금 보고 있는 상황을 일종의 '몫 나누기 게임'이라고 부를 수 있다. 그런데 이 게임에는 한 가지 중요한 전제가 깔려 있다. 이에 참여하는 모든 사람들이 합리적이며 이기적인 호모 이코노미쿠스들이라는 전제다. 각자가 조금이라도 더 큰 쪽을 차지하고 싶어 하기 때문에 갈등이 빚어지게 되는 것이다. 만약 두 사람이 상대방에게 양보할 의사를 갖고 있다면 그런 갈등이 빚어질 리 없다.

지금까지 설명한 경민이와 주선이의 몫 나누기 게임은 하나의 가능성으로 제시된 것이다. 합리적이며 이기적인 사람들 사이에서 몫을 나눌 일이 있을 때 그런 결과가 빚어질 수 있다는 말이다. 실제의 상황에서 사람들이 언제나 그렇게 행동하리라고 말하는 것은 결코 아니다. 현실의 인간, 즉 휴먼은 호모 이코노미쿠스와 다르며, 따라서 그들이 보이는 행태는 지금까지 설명한 것과 크게 다를 수 있다.

우리는 경험을 통해 사람들이 언제나 이기적으로 행동하지는 않는다는 사실을 잘 알고 있다. 일부러 상대방에게 더 큰 몫을 양보하는 것과 같은 태도가 나타나는 경우도 그리 드물지 않다. 자신이 좀 더 큰 몫을 차지하고 싶은 욕망이 분명 있을 테지만, 그것보다 더 중요한 다른 것 때문에 그 욕망을 억누를 가능성이 있다. 예컨대 체면을 중요하게 생각해 일부러 더 작은 쪽을 집어가는 일이 일어날 수 있는 것이다. 또한 내가 더 큰 쪽을 먼저 집어가는 것은 공정한 일이 아니라는 생각에서 더 작은 쪽을 집어갈 수도 있다.

　사소한 이득조차 포기하지 않는 이기적인 사람도 있다. 그러나 대부분의 사람들은 이기적으로 행동해도 되는 상황에서도 남에게 양보하는 태도를 보인다. 자신에게 돌아오는 이득만 중요하다고 생각하는 것이 아니라, 체면이나 공정성 혹은 남에 대한 배려도 중요하다고 생각하기 때문이다. 이와 같은 사실은 여러 가지 실험을 통해서 거듭 확인되고 있다. 그 실험의 사례들을 하나씩 살펴보기로 하자.

2

칼자루를 쥐었다고
마음대로 휘두르지는 않는다
_싫으면 말고 게임

　사람들이 얼마나 이기적으로 행동하는지를 테스트하기 위한 실험의 첫 사례로 다음과 같은 '싫으면 말고 게임'을 들 수 있다. 이것도 몫 나누기 게임의 일종이기는 하지만, 독특한 방식으로 게임이 진행된다는 특성이 있다. 이 게임이 진행되는 과정에서 두 사람이 보이는 행태를 통해 이기심이 얼마나 중요한 역할을 하는지 살펴보는 것이 그 실험의 목적이다.

　실험의 대상이 되는 두 사람은 예전에 단 한 번도 만난 적이 없는 낯선 사람들이다. 실험을 주관하는 사람은 이 두 사람에게 어떤 금액의 돈을 주고 일정한 절차에 따라 이를 나눠 가지라고 말한다. 이들은 낯선 사람들이기 때문에 우정이나 체면 같은 것은 생각할 필요 없이 각자 원하는 대로 행동할 수 있다. 아무 거리낌 없이 이기적인 행동을 해도 된다는 말이다.

우리가 알고 싶은 것은 이런 상황에서 사람들이 정말로 이기적인 행동을 할 것이냐는 점이다. 이기심을 마음껏 발휘할 것인지 아니면 이기심을 자제하는 태도를 보일 것인지가 궁금한 것이다. 곧 보게 되겠지만, 이 실험의 결과는 우리의 예상과 어긋나는 것으로 드러났다. 많은 사람들이 이기적으로 행동해도 무방한 상황에서 이기심을 자제하는 의외의 행동을 보였던 것이다.

이 실험에서 두 사람에게 주어진 금액은 10만원인데, 다음과 같은 절차에 따라 이를 나눠 갖게 된다. 우선 이들은 제비를 뽑아 누가 A의 역할을 맡고 누가 B의 역할을 맡을지를 결정한다. 제비뽑기의 결과 A의 역할을 맡게 된 사람은 10만원을 둘 사이에서 얼마씩 나눠 갖자는 제안을 한다. 예컨대 5만원씩 사이좋게 나눠 갖자든가, 아니면 자신이 7만원을 갖고 상대방은 3만원을 갖는 방식으로 나눠 갖자는 등의 제안을 하는 것이다.

이 제안은 '싫으면 말고take-it or leave-it' 라는 성격을 갖고 있다. B의 역할을 맡게 된 상대방은 이 제안에 대해 '좋다' 아니면 '싫다'라는 의견만을 표시할 수 있기 때문이다. 만약 그가 '좋다'고 말하면 두 사람은 그 제안대로 돈을 나눠 갖게 된다. 반면에 그가 '싫다'고 말하면 두 사람은 단 한 푼도 가질 수 없다. 실험을 주관하는 사람이 둘에게 준 10만원을 도로 빼앗아 가기 때문이다.

게임은 이와 같은 과정 단 한 번으로 끝나도록 되어 있다. 예컨대 어떤 제안이 거부되었을 때 다른 방식으로 바꿔 다시 제안할 수 없게

끔 되어 있는 것이다. B의 역할을 맡은 사람이 제안을 받아들이든지 거부하든지 게임은 바로 그 단계에서 끝나고 만다. 따라서 두 사람이 의논한 끝에 어떤 방식으로 나누자고 합의할 수 없는 상황이다. 뿐만 아니라 상대방의 태도를 보아가면서 자신의 행동을 수정하는 일도 가능하지 않다.

독자가 A의 역할을 한다면 과연 어떤 방식으로 나누자고 제안을 하게 될까? 물론 공평하게 5만원씩 나눠 갖자고 제안할 수도 있다. 그러나 전혀 모르는 상대방에게 구태여 그런 호의를 베풀 필요가 없다. 그렇지 않아도 용돈이 궁하던 판인데 이 기회에 주머니를 두둑하게 불리는 게 상책이 아닐까? 공연히 인심을 쓰다가 나중에 크게 후회할지도 모른다.

두 사람이 모두 완벽하게 이기적이고 합리적이라는 가정 하에서 A가 어떤 제안을 하게 될지 생각해 보자. 논리적으로 따져 보면 그가 어떤 제안을 할 것인지 정확하게 예측할 수 있다. 우선 분명한 사실은 그가 10만원을 전부 갖겠다고 제안하지는 않을 것이라는 점이다. 아무리 이기적인 사람이라 할지라도 그 정도로 욕심을 부리지는 않을 것이 뻔하다. 합리적인 그는 너무 욕심을 부릴 경우 상대방이 제안을 거부하리라는 것을 잘 알고 있기 때문이다. 상대방도 얼마간의 돈을 가질 수 있도록 만들어 주지 않으면 안 된다.

그렇다면 상대방에게 최소한 얼마만큼의 돈이 돌아가게끔 제안을 해야 그가 거부하지 않을까? 상대방도 자신처럼 완벽하게 이기적이고 합리적이라면 그 금액은 아주 적을 것이 분명하다. 왜냐고? 이기적이고 합리적인 사람의 관점에서 보면 아주 적은 금액의 돈이라도 없는 것보다는 더 낫기 때문이다. 따라서 자신에게 돌아오는 돈이 아주 적은 경우에도 그 제안을 거부하지 않는다. 거부하면 그 적은 돈마저 날려 버리는 결과가 빚어지기 때문이다.

예를 들어 A의 역할을 하는 사람이 자신은 9만 8,000원을 갖고 상대방은 단돈 2,000원을 갖는 방식으로 나누자는 제안을 했다고 하자. B의 역할을 하는 사람은 이 제안을 듣는 순간 엄청난 분노를 느낀다. "녀석, 더럽게 욕심이 많네. 그냥 거부해 버릴까? 그럼 너도 빈손으로 가게 될 테지. 까짓것 2,000원 있어 봤자 뭐하겠어?" 그는 그 제안을 거부함으로써 욕심 많은 상대방에게 보복을 가할 생각을 한다.

그러나 분노가 조금 가라앉고 냉정을 되찾자 생각이 달라진다. "아니야. 그 제안을 거부하면 그 2,000원조차 날려 버리게 되는데." 냉정하게 따져 보면 2,000원이나마 얻는 쪽이 더 나은 게 분명하다. 상대방에게 보복을 가하는 건 고소한 일이지만 자신도 손해를 감수해야 한다. 이건 의심의 여지없이 맞는 말이다. 그렇지 않은가? 감정은 그 제안을 거부해 버리라고 소리소리 지르지만, 이성은 그것을 받아들이라고 속삭인다. 그는 엄청나게 화가 나 있지만 이성이 요구하는 바에 따라 결국 그 제안을 받아들인다.

이 논리를 극단으로 몰고 가보기로 하자. 극단적으로 B의 역할을 하는 사람은 자신에게 돌아오는 금액이 단 1원인 제안의 경우에도 그것을 거부하지 않는다. 그 제안을 거부할 경우 자신이 얻는 금액은 0이다. 0보다 1이 더 크다는 것은 자명한 진리이며, 따라서 그 제의를 거부해서는 안 된다. 감정을 배제하고 논리적으로만 따지면 그렇다는 말이다.

결론적으로 상대방이 자신의 제안을 거부하지 않도록 최소한 주어야 하는 금액은 1원이다. 다시 한 번 말하지만, 이 결론은 두 사람이 모두 완벽하게 이기적이고 합리적이라는 전제하에서 나온 것이다. 이제 논리적으로는 이 게임이 어떻게 진행될 것인지를 분명하게 알아낸 셈이다. 즉 논리적으로만 따지면, 다음과 같이 진행될 것임에 아무런 의심의 여지가 없다는 말이다.

우선 A의 역할을 하는 사람은 자신이 9만 9,999원을 갖고 상대방은 1원을 갖는 방식으로 나누자고 제안한다. 그리고 B의 역할을 하는 사람은 이 제안을 그대로 받아들인다. 두 사람이 이와 같은 방식으로 돈을 나눠 갖는 것으로 게임은 끝을 맺는다. 문제는 이와 같은 논리적 예측이 현실과 얼마나 들어맞는지의 여부다. 다시 말해 현실에서 사람들이 정말로 이와 같이 행동할 것이라고 자신 있게 말할 수 있느냐는 것이다.

싫으면 말고 게임을 실험한 결과 사람들은 예측과 다르게 행동하는 것으로 드러났다. 행태경제학자들이 여러 차례에 걸친 실험을 통해 발견한 사실은 다음과 같다.[38] 우선 A의 역할을 하는 사람, 즉 제안을 하는 사람들의 경우에는 자기가 거의 전부를 차지하겠다는 식으로 제안하는 사례가 아주 드물었다. 앞에서 본 논리적 예측대로 행동한 사례가 지극히 드문 것으로 나타났다는 말이다. 많은 사람들이 상대방에게 최소한 40% 이상의 몫을 제의하는 관대함을 보였다. 심지어는 반반씩 나누자는 제의를 하는 사람의 숫자도 생각 밖으로 많은 것으로 드러났다.

이 게임에서 칼자루를 쥐고 있는 것은 A의 역할을 하는 사람이다. 자신의 제안에 대해 상대방은 좋다 혹은 싫다는 의사 표현만이 가능할 뿐이다. 그렇기 때문에 싫으면 말고 식의 제안을 통해 어떻게 몫을 나눌지에 대해 결정적인 영향력을 미칠 수 있다. 그런데도 자신이 독차지하지 않고 상대방에게도 꽤 큰 몫을 남겨 주는 태도를 보인 것이다. 이것은 사람들이 근시안적으로 자신의 이익만을 추구한다는 가정이 현실과 들어맞지 않는다는 강력한 증거가 될 수 있다.

이 실험에서 드러난 또 하나 흥미로운 점은 B의 역할을 하는 사람이 보인 태도다. 그가 합리적인 사람이라면 0보다 더 큰 금액을 얻을 수 있는 모든 제의를 받아들일 것이라고 예상할 수 있다. 그러나 실험 결과는 이 예상과 크게 다른 것으로 드러났다. 즉 적은 금액밖에 얻지 못한다고 느끼는 경우에는 그 제안을 서슴지 않고 거부해 버리는 것이다. 대략 자신의 몫이 20%가 안 되는 경우에는 제의를 거부해 버리는 것으로 나타났다.

자기가 받을 금액이 너무 적다고 느낄 때 서슴없이 거부한다는 것은 무엇을 뜻하는 것일까? 이것은 사람들이 단순히 금전적 이익에만 관심을 갖지는 않는다는 것을 뜻한다. 상대방에게 어떤 메시지를 전달하고 싶기 때문에 자신의 금전적 이익을 선뜻 포기했을 것임이 분명하다. 상대방의 제안은 공정하지 못한 것이어서 도저히 받아들일 수 없다는 메시지가 바로 그것이다.

자신이 갖고 있는 유리한 입장을 활용해 맹목적으로 개인적 이익을 추구하는 사람들이 있다. 이 몫 나누기 게임에서 자기가 거의 전부를 차지하겠다고 제안하는 사람이 바로 그런 부류의 사람이다. 이런 사람에게 느끼는 분노가 바로 그 제안을 거부하는 행동으로 나타났다고 볼 수 있다. 그 행동에는 자신에게 돌아오는 손해를 무릅쓰고 상대방의 이기적 행동에 대해 보복을 가한다는 의미가 담겨져 있다. 우리는 일상생활에서 이와 비슷한 행동을 할 때가 너무나 많다.

이 실험에서 명백하게 드러난 사실은 사람들이 개인적 이익 못지않게 공정성fairness을 매우 중요하게 생각한다는 점이다. 경제학 교과서를 보면 사람들을 움직이는 핵심적인 힘은 개인적 이익이다. 그러나 현실에서 사람들은 개인적 이익에만 연연하는 것이 아니다. 현실의 인간은 공정성이라는 중요한 가치를 위해 개인적 이익을 선뜻 버리는 행동도 마다하지 않는다. 인간이 기본적으로 이기적이라고 보는 경제이론만으로는 인간의 행동을 정확하게 예측할 수 없다.

지금까지 설명한 싫으면 말고 게임을 경제학에서는 '최후통첩게임ultimatum game'이라고 부른다. A의 역할을 하는 사람이 돈을 나누는 방식에 대해 최후통첩을 하고 B의 역할을 하는 사람이 이를 받아들일지의 여부를 결정한다는 뜻에서 이런 이름이 붙었다. 이 최후통첩 게임의 실험을 통해 사람들이 근시안적으로 자신의 이익에만 관심을 갖지는 않는다는 사실이 드러났다. 현실의 인간은 결코 호모 이코노미쿠스가 될 수 없음이 확인된 셈이다.

3
좀 더
생각해 봐야 할 것들

최후통첩게임의 초기 실험은 주로 미국 사람을 대상으로 삼아 실시되었다. 그렇기 때문에 실험을 통해 발견한 사실도 미국 사람의 태도와 관련을 갖는 것으로 해석할 수 있다. 다시 말해 사람들이 근시안적으로 자신의 이익에만 관심을 갖지는 않는다는 결과가 미국 사람의 고유한 특성이라고 해석할 여지가 있다는 것이다. 그렇다면 다른 사회에서 이와 같은 실험을 해보면 이와 다른 결과가 나타나지는 않을까?

행태경제학자들은 이 의문에 답을 얻기 위해 여러 나라에서 똑같은 최후통첩게임의 실험을 실시해 보았다. 그 한 예가 이스라엘, 일본, 미국, 슬로베니아에서 실험한 결과를 비교해 보는 연구였다.[39] 아주 큰 문화적 차이를 갖고 있는 나라들을 비교 대상으로 삼고 있는 것이다. 과연 이 나라들 사이의 문화적 차이가 실험 결과를 다르게 만들 것인지의 여부를 테스트해 보자는 의도가 그 밑에 깔려 있다.

이 연구 결과를 보면 나라마다 약간의 정도 차이는 있지만 기본적인 점에서는 아무 차이가 없는 것으로 나타났다. 즉 사람들이 근시안적으로 자신의 이익에만 관심을 갖는 것은 아니라는 실험 결과가 상당한 보편성을 갖는다는 것이 확인된 셈이다. 이는 어떤 사회의 특정한 문화적 영향 때문에 그와 같은 태도가 나온 것은 아니라는 것을 뜻한다. 그런 태도는 모든 사람들의 공통된 특징이라고 볼 수 있다는 말이다.

한 가지 흥미로운 점은 원시 부족에서 상대적으로 더 이기적인 태도가 관찰되었다는 사실이다. 아마존 강 연안에 살고 있는 마치구엔가Machiguenga 부족을 대상으로 한 실험에서 이 사실이 관찰된 바 있다.[40] 이 실험에서 A의 역할을 하는 사람이 상대방의 몫으로 제시한 금액은 상당히 작았다. 앞에서 말한 것처럼, 다른 실험에서는 상대방에게 평균적으로 40% 이상의 몫을 제시하는 것을 볼 수 있었다. 그런데 마치구엔가 부족의 경우에는 상대방에게 제시하는 몫의 평균적 크기가 26%밖에 되지 않는 것으로 나타났다. 제안을 하는 사람이 상대적으로 더 이기적인 태도를 보였다는 뜻이다.

더욱 흥미로운 점은 이렇게 적은 금액이 제시되는데도 이를 거부하는 경우가 아주 드물었다는 사실이다. 다른 실험의 경우에는 자신에게 돌아오는 몫이 20% 내외인 경우 B의 역할을 하는 사람이 제안을 거부하는 것이 일반적이었다. 그런데 마치구엔가 부족의 경우에는 상당히 박한 제안도 거부하지 않고 그대로 받아들이는 색다른 태도를 보였다.

상식적으로 생각할 때, 마치구엔가 부족의 사회는 산업화된 사회에 비해 공동체적 삶의 성격이 강할 것이 분명하다. 공동체적 삶에서는 이기적인 태도를 부정적으로 본다는 것도 상식에 속하는 일이다. 그런데 실험 결과를 보면, 산업화된 사회에 비해 오히려 이기적인 태도가 상대적으로 더 강한 것으로 나타난 것이다.

그러나 그들이 더욱 이기적인 태도를 갖고 있다는 식으로 실험 결과를 해석하는 것은 옳지 않은 일이다. 그들이 가진 독특한 문화적 배경이 그런 행동을 하게 만들었을 것이라고 보아야 한다. 구체적으로 말해 그들이 갖고 있는 공정성의 개념이 다른 사회와 다를 수 있다. 그렇기 때문에 상대방에게 적은 몫을 제안하면서도 아무런 죄책감을 느끼지 않았을 가능성이 크다.

어찌 되었든, 마치구엔가 부족을 대상으로 한 실험 결과가 다른 사회에서의 실험 결과와 상반된 것은 아니다. 다만 정도의 차이가 있는 것으로 드러났을 뿐이다. 그들의 사회에서도 A의 역할을 하는 사람이 상대방에게 0보다는 훨씬 더 큰 금액을 제시했다는 점이 중요하다. 완벽하게 합리적이며 이기적으로 행동한다면 0에 가까운 금액만 제시했을 것인데, 그게 아니었다는 말이다. 결론적으로 말해 사람들이 근시안적으로 자신의 이익만을 추구하지 않는다는 것은 인간의 보편적인 행동 양식이라는 점이 다시 한 번 확인된 셈이다.

또 하나 생각해 보아야 할 점이 있다. A의 역할을 하는 사람이 상대방에게 상당히 많은 금액을 제시하는 진정한 이유가 과연 무엇일까? 앞에서 말한 것처럼, 둘 사이에서 공평하게 나누자는 생각이 있었기 때문일 수 있다. 그러나 이것 이외의 다른 이유도 있을 가능성이 있다. 예컨대 너무 적은 금액을 제시하면 상대방이 이를 거부할지 모른다는 생각에서 비교적 많은 금액을 제시한 것일 수도 있다. 즉 상대방의 보복이 두렵기 때문이라는 말인데, 상당히 그럴듯한 짐작이 아닐 수 없다.

만약 이런 이유 때문에 상대방에게 많은 금액을 제시한 것이라면 실험 결과의 해석이 달라져야 한다. 왜냐하면 상대방에게 많은 금액을 제시한 배경에 이기적 동기가 깔려 있는 것으로 보아야 하기 때문이다. 상대방으로 하여금 자신의 제안을 받아들이도록 달래기 위한 목적이라면 그것을 이타적인 행동이라고 볼 수 없다. 이타적 동기가 아닌 전략적 동기에서 그런 행동을 한 것으로 보아야 옳다.

행태경제학자들은 이 점을 분명히 하기 위해 최후통첩게임을 약간 수정한 다른 게임을 고안해 냈다. '독재자게임dictator game'이라고 부르는 게임이 바로 그것인데, 여기서 A의 역할을 하는 사람은 말 그대로 독재자처럼 행동할 수 있다. 그는 상대방에게 주어진 돈을 어떻게 나누자고 제안하는데, 말이 제안이지 실제로는 일방적인 통보의 성격을 갖는다. B의 역할을 하는 사람은 그 제안을 거부할 수 없고 그대로 받아들일 수밖에 없도록 되어 있기 때문이다.

이 독재자게임에서 제안을 하는 사람은 상대방이 어떤 태도를 취할 것인지에 대해 전혀 신경을 쓸 필요가 없다. 앞에서 본 최후통첩

게임에서는 너무 작은 몫을 제안하면 상대방이 이를 거부할 것이라는 생각을 해야만 했다. 그러나 지금은 그런 걱정을 할 필요 없이 자신이 원하는 대로 행동하면 된다. 자신이 원래 갖고 있던 태도를 그대로 드러내도 좋은 상황이 조성된 셈이다.

놀라운 점은 이 게임의 실험에서 독재자의 역할을 하는 사람이 상대방에게 그리 인색하게 굴지 않는다는 것이다. 최후통첩게임의 경우보다는 상대적으로 더 적은 몫을 제시하지만, 그렇다고 해서 0에 가까운 아주 적은 금액은 아니었다. 이를 보면 최후통첩게임 실험에서 상대방의 보복이 두렵다는 한 가지 이유만으로 상당히 큰 금액을 제안한 것은 아님을 알 수 있다. 보복을 전혀 두려워할 필요가 없는 상황에서도 인색하게 굴지 않는 것은 공정성을 중요하게 생각한다는 좋은 증거가 될 수 있다.

4
모두가
무임승차를 하려 들까?

　도로나 공원처럼 여러 사람이 공동으로 소비하는 것을 공공재public good라고 부른다. 공공재의 또 다른 예로는 국방 서비스나 경찰 서비스 같은 것을 들 수 있다. 그런데 이 공공재에는 독특한 성격이 있어 시장이 공공재를 생산해 공급하는 일을 제대로 감당하지 못한다. 국방 서비스를 생산, 공급하는 민간부문의 기업이 존재할 수 없다는 것이 그 좋은 예다. 그렇기 때문에 공공재의 경우에는 대부분 정부가 그것을 생산, 공급하는 일을 맡고 있다.

　그렇다면 공공재가 갖는 독특한 성격이 과연 무엇일까? 국방 서비스를 예로 들어 설명하면 이해가 쉬울 것이다. 어떤 기업이 국방 서비스를 생산, 공급함으로써 이윤을 얻으려 한다고 하자. 그 기업은 막대한 비용을 들여 국방력을 갖춘 다음 국민에게 국방 서비스를 팔기 시작했다. 한 사람당 연간 500만원을 내면 철통 방위를 약속한다는 신문 광고까지 냈다. 이 기업이 과연 얼마 동안 문을 닫지 않고 버틸 수 있을까? 한 달도 제대로 버티지 못하고 문을 닫을 것이 뻔하다.

그 기업은 국방 서비스를 팔려고 하지만, 이를 살 사람은 아무도 없다. 다른 사람들이 국방 서비스를 사면 자기도 따라서 그 혜택을 받을 수 있기 때문이다. 국방 서비스를 산 사람만 골라서 외적의 침입으로부터 지켜줄 수 있는 방법은 없다. 국방 서비스뿐 아니라 다른 공공재도 비슷한 상황이다. 어떤 사람이 비용을 들여 공공재를 생산하면 아무 비용을 지불하지 않은 사람도 함께 그 혜택을 누릴 수 있게 되는 것이다. 바로 이것 이 공공재가 갖는 독특한 성격이다.

이기적인 사람은 어떤 공공재가 실제로는 필요하다고 느끼면서도 "난 필요 없어."라고 말한다. 그렇게 함으로써 공공재 생산에 드는 비용 부담에서 벗어날 수 있기 때문이다. 그런 다음 다른 사람들이 비용을 들여 공공재를 생산하면 여기에 편승해 그 혜택을 누린다. 공공재가 가진 성격으로 인해 그렇게 해도 된다는 것을 알기 때문이다.

개발도상국에서 찍은 사진을 보면 버스에 사람들이 주렁주렁 매달려 가는 모습을 볼 수 있다. 돈을 내지 않고 매달려 무임승차를 하고 있는 사람들이다. 공공재의 경우에도 그와 같은 무임승차자free-rider 들이 생길 가능성이 크다. 바로 이 무임승차자들 때문에 시장이 공공재를 생산, 공급하는 일을 제대로 감당하지 못하는 것이다. 앞에서 예로 든 국방 서비스 회사가 이윤을 내지 못하고 곧 문을 닫는 이유가 바로 여기에 있다.

그렇다면 공공재가 관련된 일에서 사람들은 언제나 무임승차를 하려고 드는 것일까? 무임승차를 한다는 것은 자기가 속한 공동체의 이익을 무시하고 개인적 이익만 취하려는 행동을 한다는 뜻이다. 완벽하게 합리적이고 이기적인 사람이라면 당연히 이런 이기적 행동을 하게 된다. 그러나 무임승차를 할 수 있는 상황이라 해서 사람들이 정말로 그렇게 할 것이라고 단정하기는 힘들다.

이 의문에 대한 답을 얻기 위해 다음과 같은 게임을 실험해 볼 수 있다. 우선 일정한 수의 사람들로 하나의 집단을 만든다. 그런 다음 그 집단의 각 사람에게 일정한 수의 표를 배분한다. 예를 들어 10명으로 하나의 집단을 만든 다음, 각 사람에게 50장씩의 표를 배정한다고 하자. 각자 이 표를 어떻게 사용하는지 보는 것이 이 실험의 내용이다.

각각은 자신에게 배정된 50장의 표를 '개인'이라고 쓰인 흰색 상자와 '공공'이라고 쓰인 푸른색 상자에 나눠 넣게 된다. 어떤 사람이 표 1장을 흰색 상자(개인)에 넣으면 실험이 끝난 후 1,000원을 받게 된다. 반면에 표 1장을 푸른색 상자(공공)에 넣으면 그 집단에 속하는 모든 사람이 500원씩 받게 된다.

만약 내가 가진 표 50장 전부를 흰색 상자에 넣으면 나는 실험이 끝난 후 5만원을 주머니에 넣을 수 있다. 그러나 나로 인해 다른 사람들이 얻을 수 있는 금액은 0이다. 그런데 내가 50장 전부를 푸른색 상자에 넣으면 내가 얻게 되는 돈은 2만 5,000원으로 줄어든다, 반면에 다른 구성원들도 나로 인해 모두 2만 5,000원씩의 돈을 얻게 된다. 다른 사람이 푸른색 상자에 표를 1장씩 넣을 때마다 나에게 500원이 생긴다는 것은 두말할 나위가 없다.

흰색 상자와 푸른색 상자에 넣은 표는 각각 어떤 의미를 갖는 것일까? 흰색 상자에 표를 넣는 것은 자신만 1,000원의 이득을 얻으려 한다는 이기적 행위를 뜻한다. 반면에 푸른색 상자에 넣는 데는 모두가 함께 이득을 얻자는 의도가 내포되어 있다. 이런 의미에서 본다면 푸른색 상자에 표를 넣는 행위는 공공재를 생산하는 데 드는 비용을 부담하는 것으로 해석할 수 있다. 공공재 생산에 드는 비용을 내가 부담하면 그 혜택을 모두가 고루 나누어 가질 수 있기 때문이다.

문제는 사람들이 자기가 가진 표를 각 상자에 얼마만큼씩 나눠서 넣을 것인지에 있다. 이를 보면 사람들이 공공재에 대해 어떤 태도를 갖는지 알 수 있게 된다. 이기적인 사람이라면 50장을 전부 흰색 상자에 넣을 것이 분명하다. 여기서 일단 5만원을 얻고, 남들이 푸른색 상자에 표를 넣으면 거기서도 얼마간의 돈을 얻을 수 있다. 남들이 푸른색 상자에 표를 넣는 것은 환영하지만 내가 넣을 필요는 없다고 생각한다.

만약 모든 사람이 각자 가진 표를 전부 흰색 상자에 넣으면 1인당 5만원씩 얻는 것으로 실험이 끝난다, 이때 그 집단 전체가 얻는 돈은 50만원이 된다. 반면에 모든 사람이 가진 표를 전부 푸른색 상자에 넣으면 각자 25만원씩 얻을 수 있고, 집단 전체가 얻는 돈은 무려 250만원이나 된다. 모든 사람이 공공재 생산비용을 자발적으로 부담함으로써 이들이 얻는 이득이 무려 다섯 배로 늘어난 것이다.

집단 전체의 관점에서 볼 때 가장 바람직한 결과는 모든 사람이 갖고 있는 50표를 전부 푸른색 상자에 넣는 것이다. 그러나 개인적 관점에서 볼 때 그것은 결코 바람직한 일이 아니다. 푸른색 상자에 넣은 1표가 내게 500원의 이득을 가져다주지만, 흰색 상자에 넣은 1표는 그 두 배인 1,000원의 이득을 가져다주기 때문이다. 그렇기 때문에 개인적 관점에서 보면 흰색 상자에 넣는 것이 바람직한 일이 된다.

이기적인 사람이 이 상황에서 어떤 행동을 할 것인지는 의문의 여지가 없다. 자기가 가진 표는 전부 흰색 상자에 넣고 다른 사람이 푸른색 상자에 표를 넣기를 기대하는 태도를 보일 것이 분명하다. 이것은 다른 사람이 비용을 부담해 공공재를 생산하면 이에 무임승차를 하려고 드는 태도와 다를 바 없다. 이 실험의 목적은 사람들이 현실의 상황에서 무임승차를 하려는 경향을 어느 정도로 보이는지를 테스트해 보려는 데 있다.

그런데 실험의 결과는 무임승차를 하려는 경향이 의외로 약한 것으로 드러났다. 조건을 조금씩 달리해 여러 번의 실험을 거듭해 보았지만, 사람들이 가진 표를 전부 흰색 상자에 넣는 경우는 거의 눈에 띄지 않았다. 평균적으로 자신이 갖고 있는 표의 40%에서 60%에 이르는 부분을 푸른색 상자에 넣는 것으로 드러났다. 무임승차를 할 수 있는 상황임을 알면서도 갖고 있는 표의 거의 절반을 공공재 생산비용에 자발적으로 기여한 셈이다.

지금까지 설명한 여러 가지 실험을 통해 거듭 확인된 한 가지 사실은 사람들이 언제나 이기적으로 행동하지는 않는다는 점이다. 현실의 인간은 경제학 교과서에 등장하는 호모 이코노미쿠스와 전혀 다르다. 이는 경제이론이 현실을 설명하는 능력에 한계가 있을 수밖에 없음을 뜻한다. 또한 이 경제이론에 기초를 두고 있는 경제정책이 기대한 효과를 내지 못할 가능성이 있다는 뜻도 된다. 이제는 경제이론과 경제정책을 새로운 시각에서 다시 검토해 볼 필요가 있지 않을까?

자선활동의 역사

이름난 부자가 상속세 몇 푼을 덜 내려고 별짓 다하는 세태지만, 어려운 이웃을 위해 엄청나게 큰돈을 선뜻 내놓는 사람도 적지 않다. 어떤 동기에서 그렇게 큰돈을 내놓게 되었는지 몰라도, 자기 이득 챙기기에만 열심인 사람이라면 도저히 꿈도 꿀 수 없는 일이다. 이런 사람들의 예가 그리 드물지 않다는 것은 인간 사회가 '이기적 동물'로 가득 차 있는 것이 아님을 말해 준다.

미국은 부자들의 자선활동이 특히 활발한 나라로 알려져 있다. 비슷한 경제수준의 다른 나라들에 비해 기부금의 규모도 엄청나게 크다. 유럽 여러 나라들에 비해 미국의 사회안전망이 상대적으로 더 부실해서 그렇다고 해석하는 사람도 있다. 개인 차원에서 어려운 사람을 도와주어야 할 필요가 더 커지기 때문이라는 것이다. 상당히 일리가 있는 해석이라고 생각한다.

하지만 나는 미국의 독특한 전통과 문화가 중요한 역할을 한다고 본다. 미국 사회에서 부자들의 자선활동이 본격적으로 시작된 것은 19세기 말 산업자본주의가 찬란한 꽃을 피우고 있을 때였다. 엄청난 부를 축적한 자본가들은 유럽의 귀족사회를 모방해 거대한 저택을 짓고 온갖 사치품들로 집 안팎을 장식하기 시작했다. 그러나 한편으로 자신의 사회적 책임을 인식하고 자선활동에도 남다른 열성을 보였다.

그 대표적 사례가 당대를 주름잡던 석유재벌 록펠러John Rockefeller였다. 그는 교육, 기초과학, 예술, 공중보건 등의 영역에서 활발한 기부활동을 펼쳤다. 그는 거액의 돈을 기부해 흑인 여성 교육을 위한 스펠만대학 설립에 큰 도움을 주었다. 시카고대학이 세계 최고의 명문 대학으로 발돋움하는 데도 그의 기부가 결정적 역할을 했다. 당시로는 천문학적 금액인 8천만 달러를 기부해 소규모 신학교를 종합대학으로 재편할 수 있게 만들어 주었던 것이다.

'강철왕'으로 알려져 있는 카네기Andrew Carnegie도 록펠러 못지않게 활발한 자선활동을 벌였다. 그가 제공한 기부금에 의해 미국, 영국, 캐나다 등에 수많은 공공도서관이 지어졌다. 또한 그는 카네기공과대학 설립자금을 기부하는 등 교육부문에서도 활발한 기부활동을 했다. 후커망원경Hooker telescope이라고 부르는 직경 2.5미터나 되는 거대한 망원경을 만드는 데도 거액의 돈을 기부했다고 한다.

내가 다녔던 프린스턴대학에도 그의 발자취가 남아 있는 것을 볼 수 있다. 캠퍼스 한쪽에 그가 기부한 돈으로 만든 카네기호수Carnegie Lake라는 인공호수가 있다. 대학 측은 그가 도서관을 만드는 자금을 기부해 주기를 바랐다고 한다. 그런데 그는 엉뚱하게 조정경기를 할 수 있는 호수가 필요하다고 고집해 대학 측을 실망시켰다는 이야기가 전해진다. 신사가 되려면 조정 경기 같은 점잖은 스포츠를 즐길 줄 알아야 한다는 이유에서였다고 한다. 미국 대학 곳곳에 붙여져 있는 카네기라는 이름이 그의 폭넓은 자선활동을 잘 말해 주고 있다.

자선활동에 남다른 열정을 보였던 록펠러나 카네기 같은 자본가에게 '강도귀족robber baron'이라는 별명이 붙여졌다는 것은 매우 흥미로운 일이다. 이 별명은 그들이 부를 축적하는 과정이 상당히 거칠고 잔인했다는 데서 나왔다. 그들이 특히 부도덕한 사람이어서가 아니라 당시의 분위기가 그런 행동을 하게 만들었을 가능성이 크다. 자본주의 발전 초기에는 어디에서든 그런 비인간적인 행태가 보편적으로 나타났다.

부의 축적과정이 어찌 되었든, 그들의 열성적인 자선활동은 사람들의 감동을 불러일으켰다. 미국 사회에서 록펠러나 카네기 같은 이름은 가장 큰 존경의 대상이 된 지 오래다. 우리말에 "개처럼 벌어 정승처럼 쓴다."라는 말이 있다. 이들이야 말로 정승처럼 돈을 쓴 대표적인 사례라고 말할 수 있다. 노블레스 오블리주noblesse oblige를 몸소 실천에 옮긴 그들 덕분에 미국의 자본주의가 건강한 발전을 이룩할 수 있었다.

그들이 만든 아름다운 전통은 현재 미국 1, 2위의 부자인 게이츠Bill Gates와 버핏Warren Buffet으로 이어지고 있다. 게이츠는 기부금의 규모에서도 단연 1위를 차지해, 지금까지 기부한 금액이 약 300억 달러에 이른다. 게이츠 부부가 만든 게이츠재단은 미국 사회사업계의 '큰손'으로 꼽힌다. 교육과 공공보건 부문에 집중적인 노력을 기울이고 있는 게이츠재단 덕분에 세계의 많은 사람들이 좀 더 나은 삶을 꿈꿀 수 있게 되었다.

버핏은 전 재산의 85%에 이르는 370억 달러를 기부하겠다는 의사를 밝혀 전 세계를 놀라게 한 바 있다. 더욱 흥미로운 것은 그 돈을 자신의 재단이 아니라 게이츠재단에 맡기겠다고 밝힌 대목이다. 게이츠재단에 맡기면 그 돈을 더 효과적으로 쓸 것 같다는 이유에서라는데, 정말로 멋진 사나이라는 생각이 든다. 최근에는 페이스북 최고경영자인 저커버그Mark Zuckerberg가 자신과 아내가 가진 페이스북 총 주식의 99%를 기부하기로 해 또 한 번 사람들을 놀라게 했다. 불과 31세밖에 되지 않은 젊은이가 487억 달러에 해당하는 큰돈을 통 크게 기부했다는 사실이 놀랍다.

게이츠와 버핏은 부시 대통령의 상속세 폐지 방침에 앞장서 반대한 것으로도 유명하다. 그들은 상속세 폐지가 사회에 해로운 결과를 가져오는 것은 물론 자식들에게도 나쁜 영향을 준다는 이유를 들어 반대운동의 선봉에 섰다. 상속세 폐지를 가장 간절하게 바랄 것 같은 사람들이 앞장서 반대하는 모습이 신선한 충격을 준다. "인간은 이기적 동물이다."라는 말이 언제나 맞는 것은 아니다.

돈이 전부는 아니다

앞 장에서 우리는 사람들이 언제나 근시안적으로 자신의 이익만을 추구하지는 않는다는 것을 보여 주는 여러 사례들을 보았다. 사람들은 물질적 이익뿐 아니라 공정성도 아주 중요하게 생각하는 것이 분명하다. 그런데 경제학 교과서에 등장하는 호모 이코노미쿠스는 오직 물질적 이익만이 중요할 뿐 공정성이란 개념에는 별 관심이 없는 것처럼 보인다.

현실의 사람들이 보이는 행태는 경제학 교과서가 말하는 것과 크게 다를 수 있다. 이와 동시에 시장에서 관찰할 수 있는 경제현상도 교과서에서 묘사하는 것과 다를 가능성이 크다. 이 장에서는 공정성에 대한 관심이 사람들의 행동, 그리고 시장에서 나타나는 경제현상에 어떤 영향을 주는지 살펴보려고 한다.

1
호의에는 호의로, 악의에는 악의로

　나에게 친절히 대해 주는 사람에게는 똑같은 친절로 보답하는 것이 보통이다. 상대방의 호의에 보답하기 위해 내 물질적 이익을 흔쾌히 버리는 경우까지 있다. 반면에 친절하지 않은 사람에게는 나도 불친절한 태도를 보임으로써 보복을 하게 된다. 내 물질적 이익을 포기하는 것까지 감수하면서 보복을 하는 경우도 있다. 앞에서 본 바 있는 최후통첩게임에서 A의 역할을 하는 사람이 인색한 제안을 하면 B의 역할을 하는 사람이 그 제안을 거부함으로써 자신의 몫까지 포기해 버리는 것이 그 좋은 예다.

　이런 행동의 근저에는 호의에 호의로 그리고 악의에는 악의로 대응하는 것이 공정하다는 생각이 깔려 있다. 바로 이것이 경제학 교과서에서는 찾아볼 수 없는 인간의 진솔한 모습이다. 경제학 교과서에는 자신에게 조금의 물질적 이익이라도 생길 것 같으면 서슴없이 그것을 챙기는 사람들만 눈에 띌 뿐이다. 그리고 그 이익이 공정한 과정을 거쳐 발생한 것인지의 여부는 아무런 상관도 없다. 그러나 우리가 현실에서 보는 인간, 즉 휴먼은 결과만이 중요한 것이 아니라 과정도 중요하고 특히 과정에서의 공정성이 매우 중요하다고 생각한다.

어떤 직원이 평소 회사를 위해 아주 열성적인 태도로 일해 왔고 경영자도 이 사실을 잘 알고 있다 하자. 그런데 그 기업이 갑자기 경영난에 처하게 되어 대폭 감원을 해야 할 상황이 되었다고 한다. 이런 급박한 상황에서도 경영자는 무슨 수를 써서라도 그 사람만은 자르지 않으려고 노력한다. 그 직원의 열성적인 태도에 보답해 주는 것이 공정하다고 느끼기 때문이다. 그 직원을 해고하지 않아 큰 손실이 생긴다면 모를까, 그렇지 않다면 그대로 끌어안고 가려는 태도를 보이기 십상이다.

거꾸로 기업이 평소 직원들에게 어떤 대접을 해주었는지가 직원들의 행동에 영향을 미칠 수도 있다. 이윤 추구에만 혈안이 되어 직원들에 대한 배려가 부족했던 기업의 경우에는 어려운 상황에 처했을 때 직원들의 자발적 협조를 얻기 힘들다. 반면에 평소부터 직원들의 복지에 많은 신경을 써온 기업이라면 직원들이 스스로 알아서 회사를 도와주려고 노력한다. 인원을 감축하든가 임금을 깎아야 할 부득이한 사정이 생겼을 때 직원들이 크게 반발하지 않고 이를 수용하는 자세를 보일 가능성이 높다.

요약하자면, 기업과 피고용인 사이의 관계에서 공정성에 대한 인식이 그들의 행동에 영향을 준다는 것이다. 이와 비슷한 상황은 기업과 소비자들 사이의 관계에서도 발견할 수 있다. 만약 어떤 기업이 가격을 부당하게 올려 이윤을 취했다는 인식이 확산되면 소비자들의 보이콧에 직면할 수 있다. 부당하게 가격을 높인 기업에 벌을 준다는 의미에서 그 기업의 상품을 보이콧하려는 소비자가 나타나게 되기 때문이다. 상품을 사지 않음으로써 소비자가 불편을 겪을 수도 있다. 그렇지만 기업에 벌을 주어야 한다는 생각이 강하면 그만한 불편쯤은 참아도 좋다고 생각한다.

그렇기 때문에 가격을 올리면 이윤을 더 크게 만들 수 있는 상황에서도 가격 올리는 것을 주저할 가능성이 있다. 예를 들어 어떤 기업의 상품이 갑작스레 인기가 높아져 모두가 그것을 사려고 아우성을 친다고 하자. 너무 많은 사람이 몰리는 바람에 며칠씩 줄을 서야 간신히 살 수 있는 상황에까지 이르렀다. 이때 그 상품의 가격을 올리면 문제가 간단하게 해결될 수 있다. 긴 줄이 하루아침에 없어질 것은 물론, 기업의 이윤도 크게 늘어나게 된다. 가격을 올리는 것은 누이 좋고 매부 좋은 해결책이 아닐 수 없다.

그러나 현실의 기업은 이런 상황에서도 가격 올리기를 주저하는 모습을 보인다. 이와 같은 기업의 행위를 공정하지 않다고 생각하는 소비자들이 반발할 것을 두려워하기 때문이다. 만약 화가 난 소비자들이 그 상품을 외면하게 된다면, 가격을 올리는 것은 장기적으로 보아 이득이 되지 못한다. 그렇기 때문에 가격을 올려 큰 이윤을 얻을 수 있는 상황인데도 자제하는 모습을 보이는 것이다.

이와 비슷한 예는 여기저기서 수없이 많이 발견할 수 있다. 인기 절정의 연예인이 공연을 할 때면 늘 보게 되는 익숙한 모습이 있다. 표를 사려는 사람들이 긴 줄을 만들고 있는 모습이다. 애당초 공연 입장료를 충분히 높게 책정했다면 긴 줄이 만들어질 리 없다. 그 사실을 뻔히 예측하면서도 공연을 하는 측에서는 입장료를 높이 책정할 의사를 보이지 않는다. 물론 입장료를 싸게 해서 인기를 더 끌려는 의도도 있겠지만, 너무 높게 책정하면 팬들의 비난을 받을까봐 두려운 점이 더 크다.

이보다 더 좋은 예로 다음과 같은 운동경기 입장료의 경우를 들 수 있다. 야구 한국시리즈 입장권의 가격은 2만원이라고 한다. 그런데 한국시리즈 6차전까지 3승 3패로 동률이어서 최종 7차전에서 우승컵의 주인이 결정되는 상황이다. 이 경우라면 7차전의 입장권을 5만원 정도로 높여도 관중 동원은 누워서 식은 죽 먹기처럼 쉬운 일이다. 그 정도로 가격을 높여도 입장권을 팔기 시작하자마자 두 팀의 열성 팬들이 구름같이 몰려들 것이니 말이다.

입장권 가격을 5만원으로 올려 프로야구협회 수입을 늘리면 이것으로 할 수 있는 일이 한두 가지가 아니다. 그 동안 수고가 많았던 직원들에게 보너스를 줄 수도 있고, 돈이 없어 미뤄 왔던 숙원사업을 시작할 수 있는 기회도 가질 수 있다. 상황을 정확하게 파악해 최대한의 수입을 올리는 것이 바로 '창조적인 경영'이라고 말할 수 있다. 그런데도 2만원을 그대로 받아 이 좋은 기회를 날려 버리는 것은 아주 멍청한 일이다. 그렇지 않은가?

그러나 지금까지 이와 같은 창조적 경영을 실천에 옮긴 사례는 한 번도 없다. 협회 사람들이 정말로 멍청해서 그런 것일까? 독자들이 그 답을 너무나 잘 알고 있으리라 믿는다. 야구팬들이 7차전 입장권의 가격을 갑자기 올리는 데 대해 어떤 인식을 갖게 될지는 너무나도 뻔한 일이다. 그들이 공정하다고 생각하는 가격이 분명 있을 것이고, 프로야구협회는 이를 결코 무시할 수 없다. 프로야구협회가 올 한국시리즈를 끝으로 문을 닫을 계획을 갖지 않는 한 7차전의 입장권 가격을 올리는 무모한 짓을 하지 못한다.

지금까지 설명한 예들은 사람들이 자신에게 돌아오는 물질적 이익에만 연연하는 것이 아니라 공정성에도 많은 관심을 갖고 있음을 생생하게 보여주고 있다. 공정성에 대한 인식이 사람들의 행동에 영향을 준다는 사실은 우리가 현실에서 보는 경제현상과도 밀접한 관련을 갖는다. 현실 경제가 이론이 예측하는 바와 다르게 움직여 가는 이유를 바로 이 점에서 찾을 수 있다는 말이다.

경제학 교과서를 보면 어떤 상품에 대한 수요와 공급이 맞아떨어지지 않는 상황은 오래 계속되지 않는다고 설명한다. 가격이 오르고 내려 수요량과 공급량을 조절해 서로 맞아떨어지는 상황으로 이끌어 가기 때문이란다. 예를 들어 어떤 상품의 공급이 딸려 품귀현상이 나타났다고 하자. 이때는 가격이 큰 폭으로 오르고 그 결과 수요량이 줄어드는 동시에 공급량이 늘어난다는 설명이 나와 있다. 그렇기 때문에 품귀현상은 곧 사라지고 만다는 것이다.

정말로 그럴까? 반드시 그렇지는 않다. 현실을 보면 어떤 상품의 품귀상태가 상당히 오랫동안 지속되는 경우가 종종 나타난다. 시장은 교과서의 설명처럼 항상 매끄럽게 움직이지 않는다. 여기에는 여러 가지 이유가 있을 수 있다. 가장 중요한 것 중 하나가 바로 위에서 설명한 것, 즉 가격을 올릴 수 있는데도 기업이 가격 올리기를 주저한다는 것이다. 일시적 품귀상태를 빌미로 가격을 올리면 소비자들의 반발을 불러일으킬 게 두렵기 때문이다.

2

우리는 무엇을
공정하다고 느끼는가?

    2016년 1월 제주도에는 유례없이 큰 눈이 내려 이틀 동안 모든 항공기 운항이 취소되는 사태가 벌어졌다. 그 바람에 수만 명의 관광객들이 공항에서 발이 묶여 발을 동동 구르고 있었다. 초만원의 공항에서는 몸을 누일 공간마저 찾기 힘들 정도였다. 하는 수 없이 제주 시내로 들어가 숙박할 곳을 찾으려고 결심한 사람은 바가지요금 때문에 또 한 번 극심한 마음고생을 해야만 했다. 공항에서 고작 4킬로미터를 가는데 5만원이나 되는 요금을 요구하기도 했고, 평소 1박에 5만원을 받던 숙박업소가 15만원을 요구하는 일이 벌어졌기 때문이다.

    어떤 관광객은 렌터카가 눈길에 빠져 견인차를 불렀는데 10킬로미터를 가는 데 수십만원의 요금을 내야 했다고 분통을 터트렸다. 렌

터카 사용을 연장하려 했더니 평소의 두 배나 되는 요금을 요구했고, 무료였던 스노체인 대여에 2만원의 요금을 요구하는 등 어느 것이든 부르는 게 값인 양상이 연출되었다. 주머니를 털어 모처럼 제주 관광길에 오른 사람들이 얼마나 당혹스런 상황에 처하게 되었을지는 굳이 말할 필요조차 없다.

제주도의 숙박업자나 택시 운전자들의 이와 같은 행태에 대해 사람들은 어떤 느낌을 받았을까? 경제학의 관점에서 보면 공급량이 고정되어 있는 상황에서 갑자기 수요가 크게 늘면 가격은 당연히 올라가게 된다. 숙박업자 입장에서 볼 때 잠자리를 찾는 관광객들이 물밀듯이 밀어닥치는 상황에서 예전의 숙박료를 그대로 받는다는 건 말이 되지 않는다. 너도나도 택시를 잡으려고 아우성치고 있는데, 이럴 때는 요금을 높이 불러야 절실하게 타야 할 필요가 있는 사람만 타게 된다. 더군다나 다른 운전자들은 눈길 운전하기를 꺼려 집에 머물고 있는 상황에서 나만 위험을 무릅쓰고 나왔다면 당연히 높은 요금을 받아야 한다.

그러나 사람들은 그와 같은 숙박업자나 택시 운전자의 행태를 정당하지 못하다고 느낀다. 상대방의 궁색한 처지를 이용해 자기 배를 불리려 하는 부당한 행동으로 보는 것이다. 이콘의 머리로 생각할 때는 수요가 폭증할 때 당연히 가격이 오를 것이라고 예상하지만, 휴먼의 가슴으로는 그것을 선뜻 받아들이지 못한다는 말이다. 우리가 사는 세상에서는 경제적 논리에 따른 행동이라 할지라도 공정성의 관점에서 그것을 부당한 행위로 규정하는 경우가 얼마든지 있을 수 있다.

그런데 사람들의 공정성에 대한 인식은 상당히 미묘한 데가 있어 약간의 상황 변화에도 공정성의 판단이 크게 달라질 수 있다. 다음과 같은 예는 이 점을 잘 설명하고 있다.[41] 오래 전 미국 아동들 사이에서 양배추밭 인형Cabbage Patch doll이 크게 유행한 적이 있다. 모든 아이들이 이걸 갖고 싶어 하니 크리스마스에 즈음해서는 이 인형이 동이 나게 마련이었다. 그런데 어떤 가게 한 구석에서 이 인형이 하나 발견되었고, 가게 매니저는 그것을 경매에 붙이기로 결정했다.

이와 같은 결정이 공정한 것이냐에 대해 사람들의 생각을 물어봤더니 74%의 응답자들이 부당하다는 의견을 내놓았다. 매니저의 그런 결정이 마치 큰 눈이 내린 후의 제주도 숙박업자나 택시 운전자의 행동과 비슷한 성격의 것으로 인식한다는 뜻이다. 사랑하는 자식에게 줄 크리스마스 선물을 구하려는 부모의 절박한 심정을 이용해 자신의 배를 불리려 하는 행위는 결코 정당화될 수 없다고 생각하는 사람이 압도적 다수를 차지하고 있는 것이다.

그런데 설문을 약간 바꿔 그 경매에서 얻은 돈을 전액 유니세프UNICEF에 기증할 것이라는 단서를 달았다. 그랬더니 이번에는 압도적 다수인 79%의 응답자가 '괜찮다'는 의견을 내놓은 것으로 드러났다. 똑같이 경매에 붙인다 하더라도 경매 수입이 어떻게 쓰이느냐에 따라 정당성의 평가가 달라졌던 것이다. 흥미로운 점은 경매에서 얻은 수입을 자선단체에 기부한다는 단서가 달린 경우에도 경매의 대상이 되는 물건이 무엇이냐에 따라 정당성의 평가가 달라질 수 있다는 사실이다.

이번에는 어떤 작은 마을에 유행병이 돌고 있는데 치료약이 너무 부족한 상황을 예로 들어 보기로 하자. 재고가 거의 바닥이 난 것을 발견한 마을 유일의 약국은 그 약품을 경매에 의해 처분하기로 결정했다고 한다. 그런데 약품 부족사태를 빌미로 이득을 취하려 한다는 비난이 나올 것을 두려워 해 경매 수입을 전액 자선단체에 기부하겠다고 약속했다. 이렇게 자선단체에 기부한다는 단서가 달렸는데도 대다수의 사람들이 그와 같은 결정은 부당한 것이라는 의견을 제시했다.

경매수입을 자선단체에 기부한다는 단서가 똑같이 달렸는데, 왜 양배추밭 인형은 괜찮고 유행병 치료약은 부당하다는 것일까? 이 둘 사이에 무슨 결정적 차이가 있기에 비슷한 상황에 대한 판단이 이렇게 정면으로 엇갈리고 있을까? 양배추밭 인형을 크리스마스 선물로 받지 못한다 해서 어떤 아이가 목숨을 잃는 것은 아니다. 그러나 유행병 치료약을 못 구해 목숨을 잃는 사람은 얼마든 생길 수 있다. 바로 이 차이가 그와 같은 판단의 차이로 이어진 것이라고 볼 수 있다.

사람들은 유행병 치료약처럼 생명과 관계된 중요한 물건은 부유하건 가난하건 간에 모든 사람이 동등한 권리를 갖는다고 믿는다. 그런데 이것을 경매에 붙이면 부자들이 그 약을 모두 차지하게 될 가능성이 있다. 바로 그런 가능성 때문에 유행병 치료약을 경매에 붙이는 것은 부당하다고 인식하게 되는 것이다. 이 예에서는 경매를 주최하는 측이 이득을 자신의 주머니에 챙기는지의 여부가 공정성을 판단하는 핵심 요인이 아니다. 모든 사람이 동등한 권리를 갖아야 마땅한 물건을 경매에 붙여 부자들이 독점하도록 만드는 것은 부당하다는 인식이 문제의 핵심이다.

베커G. Becker라는 경제학자는 장기이식술의 발달에 힘입어 많은 생명을 구할 수 있게 되었지만 장기 공급의 부족으로 인해 매년 수만 명의 환자들이 죽어간다는 사실에 주목했다. 그는 이 문제의 해결을 위해 인간의 장기를 시장에서 자유로이 거래할 수 있도록 허용하자고 제안했다. 얼핏 보아 매우 합리적인 제안 같지만 이를 채택하는 나라는 거의 없다. 이 사실은 과연 무엇을 말해 주고 있을까? 장기 거래를 합법화한 결과로 부유층들이 장기를 독점하는 사태에 대한 우려가 가장 큰 걸림돌이 되고 있을 것이 분명하다. 공정성을 중시하는 휴먼에게는 장기 거래의 합법화가 정당성을 결여한 해결책으로 비춰질 가능성이 크다.

3

아 다르고 어 다르다

바로 앞에서 본 것처럼 약간의 상황 변화에 대해서도 공정성의 판단이 엇갈릴 정도로 공정성에 대한 인식에는 상당히 미묘한 측면이 있다. 또한 상대방이 나에게 이기적인 행동을 했다고 해서 언제나, 그리고 무조건적으로 보복에 나서지는 않는다. 그런 행동을 해야 할 부득이한 상황이 있었음을 인정하면 너그럽게 받아들이는 경우가 많다. 상황을 고려하지 않고 무조건 상대방 행동의 공정성 여부를 판단하고 그에 대한 대응에 나서는 것은 아니라는 말이다.

또한 그동안의 관계가 어땠느냐에 대한 인식이 행동에 영향을 주기도 한다. 그동안 좋은 관계를 유지해 왔던 상대방이 갑자기 이기적인 태도를 보일 때, 일단은 상대방을 이해해 주려는 자세를 취할 가능성이 크다. 예를 들어 오랫동안 거래해 오던 가게인데 오늘은 어쩐지 바가지를 씌우려는 듯한 인상을 받았다고 하자. 그동안의 거래에서 늘 양심적이었던 가게라면 바가지를 씌우려는 것은 아닐 거라고 생각한다. 반면에 가끔 바가지를 씌우는 가게라면 이번에도 틀림없이 바가지를 씌우려고 한다는 생각이 든다. 우리가 생각하는 공정성이란 이처럼 미묘한 측면을 갖고 있다.

공정성에 이와 같이 미묘한 측면이 있음을 좀 더 분명하게 밝혀내기 위해 행태경제학자들은 여러 가지 다른 상황을 실험해 보았다.[42] 우선 사람들에게 다음과 같은 상황을 제시하고 그들이 이에 대해 어떻게 생각하는지 물었다.

상황 1 어떤 편의점에서 일하고 있는 김씨는 150만원의 월급을 받고 있다. 이 편의점은 장사가 그런대로 잘 되고 있는데, 경제의 전반적 사정이 좋지 않아 실업자가 많이 생기기 시작했다. 그 결과 주변의 편의점들에서 일하는 사람들은 120만원의 월급을 받고 일하는 상황이 되었다. 이 사실을 알아챈 편의점 주인은 김씨의 월급을 120만원으로 깎았다.

그 편의점 주인의 행동이 공정한 것인지의 여부를 묻는 질문에 83%의 응답자들이 공정하지 못하다고 대답한 것으로 드러났다. 압도적인 다수가 그 행위를 부당한 것이라고 본다는 말이다. 사람들이 이런 반응을 보인 것은 현재 김씨에게 지급하고 있는 월급을 기준점reference point으로 삼아 공정성에 대한 판단을 한 것이라고 해석할 수 있다. 사람들은 어떤 기준점을 미리 설정해 놓고 현실을 이와 비교해 공정성 여부를 판단하는 경향을 갖고 있다.

지금 보는 상황에서 사람들이 기준점으로 삼고 있는 것은 김씨가 현재 받고 있는 월급, 즉 150만원이다. 따라서 편의점 주인이 김씨의 월급을 그 이하로 깎는 것은 부당한 일이라고 보는 것이다. 물론 상황이 바뀌면 기준점도 달라질 수 있고, 그 결과 공평성에 대한 평가도 달라지게 된다. 다음과 같은 상황에 대한 사람들의 응답을 보면 그 사실을 잘 알 수 있다.

상황 2 어떤 편의점에서 일하고 있는 김씨는 150만원의 월급을 받고 있다. 얼마 후 그 사람이 그만두고 정씨가 새로 고용되었는데, 편의점 주인은 그에게 120만원의 월급을 주기로 결정했다.

이 상황과 관련해서는 응답자의 73%가 편의점 주인의 결정이 정당하다는 대답을 하고 있다. 김씨가 받던 150만원의 월급이 더 이상 기준점으로 여겨지지 않기 때문에 이런 태도가 나온 것으로 볼 수 있다. 새로 고용된 정씨에게 적용되어야 할 기준점은 다르다고 생각하는 사람들이 그런 태도를 보였을 가능성이 크다. 김씨라면 그 월급을 계속 받는 것이 공정하지만, 그렇다고 해서 새로 고용된 정씨까지 그 월급을 받는 것이 공정하다고 생각하지는 않는다는 말이다.

다음과 같은 제3의 상황에 대한 사람들의 반응은 더욱 흥미롭다. 이것을 보면 공정성에 대한 인식에 매우 미묘한 측면이 있음을 잘 알 수 있다. 이 상황은 앞에서 본 상황 1과 거의 차이가 없는데도 공정성 여부에 대한 평가는 상당히 다른 것을 볼 수 있다. 아주 작은 상황의 차이가 공정성에 대한 인식에 중대한 영향을 미치고 있는 것이다.

상황3 와인 바에서 일하는 최씨는 150만원의 월급을 받고 있다. 얼마 후 와인 바 주인은 그것을 정리하고 국수 가게를 차렸는데, 최씨도 함께 옮겨가 일하게 되었다. 그런데 국수 가게에서 일하는 사람들이 일반적으로 받는 월급은 와인 바보다 낮아 120만원이라고 한다. 그래서 최씨에게도 이제부터는 120만원의 월급을 주기로 결정했다.

국수 가게로 전업하면서 최씨의 월급을 120만원으로 깎기로 한 결정에 대해 63%의 응답자들이 그것은 공정하다고 대답한 것으로 나타났다. 이는 상당히 흥미로운 결과인데, 자세히 살펴보면 상황 1과 별로 사정이 다르지 않은데도 응답자들의 반응은 서로 반대되는 것을 볼 수 있다. 김씨와 최씨를 계속 고용하면서 어떤 시점에 월급을 120만원으로 깎는 결정을 내렸다. 그런데도 김씨의 경우는 부당한 반면 최씨의 경우는 공정하다고 대답한 사람이 많은 것이다.

그 두 사람 사이에 한 가지 차이가 있다면 중간에 고용주의 직종이 바뀌었는지의 여부다. 바로 이 차이가 그와 같은 상반된 평가를 가져오게 만든 것을 보면 사람들이 이 사실을 중시하고 있다는 것을 알 수 있다. 어찌 되었든 이 세 가지 예를 보면 공정성에 대한 인식에 매우 미묘한 측면이 있다는 사실을 실감할 수 있다. 그렇다면 어느 것이 공정한지를 두고 사람들 사이에서 견해차를 보이는 경우도 상당히 많을 것임을 짐작할 수 있다.

살다 보면 내 생각은 분명히 이런데 상대방은 그와 다르게 생각하는 것을 발견할 때가 많다. 나는 공정하게 행동하려고 하는데도 상대방은 공정하지 못하다고 아우성을 치는 경우를 흔하게 경험한다. 지금까지 설명한 세 가지 상황에 대한 사람들의 반응을 종합해 생각해보면 그런 견해차가 자주 발생하는 이유를 쉽게 짐작할 수 있다. 둘도 없이 친한 친구들 사이에서도 이런 견해차가 생길 수 있다. 뿐만아니라 물건을 파는 사람과 사는 사람, 고용하고 있는 사람과 고용되어 있는 사람, 집 주인과 세입자, 그리고 정부와 국민 사이의 관계 등수많은 맥락에서 이와 같은 견해차를 발견할 수 있다.

그런데도 경제학 교과서는 이 사실을 전혀 고려하지 않는다. 경제주체들 사이의 관계에서 공정성에 대한 고려가 중요한 역할을 하고있다는 사실을 무시하고 있는 것이다. 경제이론을 보면 깨끗하게 정리되어 있다는 느낌을 받는다. 어떤 문제든 경제적 논리에 의해 말끔하게 갈피가 잡혀 있는 것처럼 보인다는 말이다. 그렇지만 공정성이란 문제가 개입되면 단 두 사람만 존재하는 경제라 해도 그렇게 깨끗하게 정리되기 어렵다. 현실 경제가 교과서의 예측대로 흘러가지 않는 이유가 바로 여기에 있다.

4

중앙은행이 인플레이션을
원하고 있다?

　요즈음 신문을 보면 각국의 중앙은행들이 인플레이션을 일으키지 못해 안달을 한다는 기사를 접할 때가 많다. 아니, 우리가 경제학원론 강의에서 인플레이션은 실업과 더불어 국민경제의 '두 가지 악의 축'이라고 배우지 않았던가? 독일의 바이마르 공화국 사람들이 인플레이션 때문에 얼마나 많은 고생을 했으며, 최근에는 짐바브웨에서의 살인적 인플레이션으로 인해 경제가 얼마나 엉망이 되어 버렸는가? 우리만 해도 나날이 치솟는 물가 때문에 한숨 쉬던 게 바로 어제였다. 그런데 이제는 인플레이션이 일어나기를 고대하고 있다니 무언가 말이 되지 않는다.

　또 하나 우리가 궁금하게 생각하는 점은 경기가 극도로 나빠 대량 실업이 발생하는데도 왜 임금은 별로 떨어지지 않느냐는 것이다. 불황이 일어나면 노동의 공급에 비해 노동에 대한 수요가 부족해지기 때문에 실업이 발생하게 된다. 경제학의 기본원리에 따르면 어떤 상품의 공급에 비해 수요가 적으면 그 상품의 가격이 떨어지게 마련이다. 그리고 이렇게 가격이 떨어지면 수요량이 늘고 공급량이 줄어들기 때문에 공급과잉의 상황이 자연히 해소된다.

그러니까 불황으로 인해 실업이 발생하면 노동의 가격인 임금이 당연히 떨어져야 한다. 그리고 임금이 떨어지면 노동의 공급과잉 상황이 자연히 해소되어 실업이 정상적인 수준으로 줄어들게 된다. 다시 말해 경제학 교과서의 논리대로 경제가 움직인다면 불황으로 인해 발생한 실업 문제는 임금의 하락을 통해 저절로 해소될 것이라는 뜻이다. 그런데 현실에서는 이런 일이 일어나기를 기대하기 힘들다. 극심한 불황으로 인해 대량실업이 발생하고 있는 상황에서도 임금은 좀체로 떨어질 기색을 보이지 않는다.

이것은 경기가 극도로 나빠 임금을 깎아야만 하는 상황인데도 근로자들의 반발을 두려워하는 기업이 엉거주춤한 자세를 보이기 때문이라고 해석할 수 있다. 임금을 깎으면 근로자들의 거센 반발에 부딪쳐 더 어려운 상황이 될 수 있을지 모른다고 걱정하는 기업은 근로자를 일시해고_{layoff} 하는 대안을 추구할 가능성이 크다. 생산 현장에서 일하는 근로자들로서는 시장의 전반적 상황을 파악하기 어렵기 때문에 기업의 불가피한 임금 삭감에 대해서도 불공정하다고 반발할 가능성이 있기 때문이다.

경제가 어느 상황에 있든 기업으로서는 임금 삭감이라는 카드를 꺼내들기가 어렵다. 그러나 예외적으로 기업이 근로자들의 반발을 받지 않고 실질임금real wage을 떨어뜨릴 수 있는 경우가 하나 있다. 실질임금은 물가를 감안한 임금으로, 기업은 이를 보고 고용에 대한 결정을 내린다. 예를 들어 명목임금이 현 수준에 그대로 머물러 있는데 물가가 5% 상승했다면 실질임금은 5% 떨어진 셈이다. 실질임금 상승률은 명목임금 상승률에서 물가상승률을 빼서 구해진다. 이렇게 실질임금이 떨어지면 기업으로서는 그만큼 인건비가 절약된다고 보기 때문에 고용을 늘리는 결정을 내리게 된다.

기업이 근로자들의 반발을 걱정하지 않고 실질임금을 떨어뜨릴 수 있는 기회는 인플레이션의 발생과 함께 찾아온다. 인플레이션이 발생했을 때 기업이 물가상승률보다 더 작은 폭으로 임금을 올려줘도 근로자들은 이에 반발하지 않는 경향을 보이기 때문이다. 다음과 같은 상황에 대한 사람들의 응답을 보면 실제로 이런 일이 일어날 수 있다는 사실을 잘 알 수 있다.[43]

상황 1 현재 아주 작은 이윤을 얻고 있는 한 기업이 있다. 이 기업이 자리 잡고 있는 지역에서는 불황이 발생해 실업이 광범하게 발생하고 있지만 인플레이션은 발생하지 않고 있다. 따라서 많은 사람들이 이 기업에서 일자리를 찾고 있다. 사정이 어렵다고 느낀 기업은 올해 근로자 임금을 7% 삭감하기로 결정했다.

그 기업의 임금 삭감 결정이 공정한 것인지의 여부를 묻는 질문에

62%의 응답자들이 공정하지 못하다고 대답한 것으로 드러났다. 이들은 불황 때문에 경영이 어렵다고 해도 그것이 임금을 삭감하는 정당한 이유는 될 수 없다고 느끼고 있는 것이다. 그러나 상황을 다음과 같이 조금 바꿔 설문조사를 실시한 결과를 보면 앞서와 대조적인 결과를 얻게 된다.

상황 2 현재 아주 작은 크기의 이윤을 얻고 있는 어떤 기업이 있다. 이 기업이 자리 잡고 있는 지역에서는 불황이 발생해 실업이 광범하게 발생하고 있으며 인플레이션이 발생해 물가가 연 12%의 비율로 상승하고 있다. 사정이 어렵다고 느낀 기업은 올해 근로자 임금을 5%만 올려주기로 결정했다.

곰곰이 생각해 보면 이 두 상황에서 근로자의 실질구매력은 똑같은 폭으로 조정된다. 즉 두 상황에서 모두 근로자들이 받는 실질임금은 7%의 폭으로 줄어드는 것이다. 그런데도 불구하고 두 번째 상황에서의 설문조사 결과를 보면 78%라는 압도적 다수의 응답자들이 기업의 결정을 정당하다고 평가하는 것으로 나타난다. 이처럼 똑같은 실질적 결과를 가져오는 기업의 결정에 대해 사람들은 상반된 평가를 내리고 있는 것이다. 도대체 왜 이런 결과가 나타나는 것일까?

첫 번째 상황에서 많은 사람들이 부당하다고 대답한 것은 명목임금 그 자체가 깎이는 것을 받아들일 수 없었기 때문이다. 사람들은 명목임금의 삭감을 손실loss로 인식하기 때문에 도저히 받아들일 수 없는 것이다. 앞에서 말한 바 있지만 손실기피성향은 휴먼의 전형적 특성 중 하나다. 아무리 기업의 사정이 어렵다고 하더라도 임금을 깎아서 지급하는 것은 너무 심한 처사라고 본다는 말이다.

이에 비해 두 번째 상황에서는 비록 임금상승률이 물가상승률에 미치지는 못한다 해도 명목임금 그 자체는 더 커진다는 차이가 있다. 그렇기 때문에 사람들은 근로자가 손실을 입지는 않는다고 인식하고 이를 수용할 자세를 보이는 것이다. 경제학에서는 사람들이 화폐를 실질적인 가치로 인식하지 않고 명목적인 가치로 인식하는 현상을 보이는 것을 가리켜 화폐환상money illusion이라고 부른다. 지금 보는 예에서도 사람들이 실질임금이 떨어져도 명목임금이 오르기만 하면 아무 문제없다는 인식을 보이고 있는 셈이다. 이 사례는 휴먼이 종종 화폐환상에 휘둘린다는 사실을 잘 보여주고 있다.

바로 여기에서 각국의 중앙은행들이 인플레이션을 일으키지 못해 안달을 하는 이유를 찾을 수 있다. 예를 들어 물가가 3% 상승하는 상황에서 기업들이 임금을 1%만 올려도 근로자들은 별 이의 없이 이 결정을 수용한다. 이 상황에서 실질임금은 2% 떨어진 셈이므로, 싼 인건비에 끌려 기업들은 고용을 늘린다. 그렇기 때문에 불황국면에서 2%에서 3% 정도의 가벼운 물가상승은 무리 없이 실업을 줄일 수 있는 좋은 기회를 제공하게 된다.

2008년의 글로벌 금융위기와 유로 재정위기의 후유증으로 세계 경제는 극심한 불황에 허덕이고 있다. 과거에는 인플레이션이 심각한 문제였으나 이제는 오히려 디플레이션이 더 문제되는 상황으로 바뀌었다. 물가가 하락하는 상황에서 근로자의 명목임금을 더 큰 폭으로 깎는 것은 현실적으로 불가능한 일이다. 따라서 디플레이션의 상황에서는 실질임금의 하락을 기대할 수 없고 고용을 늘릴 기회를 잡을 수도 없다. 각국의 중앙은행이 인플레이션을 못 일으켜 안달하고 있는 현실의 배경에는 바로 이와 같은 사정이 있다.

5
받은 만큼 일한다

서비스업은 친절이 생명인데, 서비스업에 종사하면서도 친절이 몸에 배지 않은 사람이 많다. 백화점에서 물건을 사려고 하다 직원의 불친절한 태도에 화가 나 그냥 돌아서 나온 경험이 있는 사람이 꽤 있으리라고 생각한다. 음식 나르는 사람이 이유 없이 불친절하게 행동해 모처럼의 외식이 괴롭게 느껴졌던 경험을 가진 사람도 많을 것이다.

이렇게 불친절한 태도를 보이는 데 여러 이유가 있을 테지만, 좋은 보수를 받지 못하는 것이 가장 중요한 이유가 아닐까 생각한다. 만약 그 사람들 생각으로 분에 넘치는 보수를 받고 있다면 손님들에게 감히 불친절하게 대할 수 없을 것이다. 누가 시키지 않아도 고객을 왕처럼 모실 것이 분명하다. 형편없는 보수를 받는다고 느끼기 때문에

"까짓 것 잘리면 그만이지."라는 배짱이 나오게 된다.

심리학자나 사회학자들의 연구 결과를 보면 사람들은 저마다 어느 수준이 공정한 임금인지에 대한 생각을 갖고 있다고 한다. 그리고 자신이 받는 임금이 이 수준에 미치지 못한다고 생각하면 바로 그만큼 덜 열심히 일하려는 태도가 나온다고 한다. 쥐꼬리만한 봉급에 불만을 갖고 있는 사람이 "제기랄, 받은 만큼만 일하면 되지 뭐."라는 혼잣말을 하는 게 바로 이런 태도를 반영한다고 볼 수 있다.

앞에서 설명한 것처럼 사람은 모두 공정성에 대한 나름대로의 인식을 갖고 있다. 그리고 공정성에는 자기가 받은 만큼 돌려준다는 측면이 내포되어 있다. 예를 들어 회사가 자신을 공정하게 대접했다는 인식을 가진 사람은 자신도 열심히 일해 회사에 보답해야 한다는 생각을 갖는다. 반면에 회사가 공정하지 못한 대접을 했다는 인식을 가진 사람은 게을리 일함으로써 보복을 하려는 태도를 보이게 된다.

그렇다면 사람들이 공정하다고 생각하는 임금은 무엇에 의해 결정되는 것일까? 많은 요인이 영향을 미치고 있을 테지만, 가장 중요한 것은 자기와 비슷한 처지에 있는 사람들이 받는 임금이다. 나와 비슷한 학력을 가진 사람들이 월 300만원을 받는다면 나도 당연히 그 정도는 받아야 된다는 생각을 하게 마련이다. 혹은 나와 같은 직장에서 일하는 사람들이 월 500만원을 받는다면 나도 그 정도 받는 것이 당연한 일이라는 생각을 하게 된다.

직장 동료라 할지라도 아주 친한 사람이 아니면 자신이 얼마의 봉급을 받는지 정확하게 말해 주지 않는다. 왜 그럴까? 또한 회사 측에서도 누구에게 얼마를 주는지를 정확하게 공개하지 않는다. 이것은 또 어떤 이유에서 그러는 것일까? 이런 현상의 주요한 이유는 공정하다고 인식되는 임금이 옆 사람의 임금과의 상대적 맥락에서 결정된다는 데 있다.

내가 받는 봉급을 직장 동료에게 솔직히 밝힌다고 해보자. 그리고 내 봉급이 그 사람의 봉급보다 훨씬 더 높은 것으로 드러났다고 하자. 그 동료는 내 봉급이 얼마인지 아는 순간 회사측에 상당한 배반감을 느낄 것이 분명하다. "왜 내 봉급만 그렇게 낮은 거야? 이건 너무 불공평한 일인데."라는 볼멘소리가 터져 나온다. 자칫하면 그 불똥이 아무 잘못이 없는 나에게까지 튈 수 있다. 그 이후부터 그 동료가 별 이유 없이 나에게 냉랭한 태도를 보일 가능성이 있는 것이다. 그렇기 때문에 나는 내 봉급이 얼마인지를 솔직히 털어놓지 않는다.

회사측이 각 직원의 봉급을 세세하게 공개하는 경우에도 큰 소란이 빚어질 가능성이 크다. 누구는 얼마를 받는데 나는 뭐냐는 불만이 여기저기서 터져 나오게 된다. 심지어 회사가 자기에게 부당한 대접을 한다고 격렬한 항의를 하는 사람까지 생긴다. 그 결과 직원들의 사기는 땅에 떨어지고 협동심 같은 것은 찾아보기 힘들게 된다. 회사는 바로 이런 결과가 두렵기 때문에 봉급에 대한 정확한 자료를 공개하지 않는 것이다.

공정성에 대한 고려는 직원들 사이의 임금 격차를 줄이는 요인으로 작용하기도 한다. 예를 들어 IT산업이 잘 나가고 있어 거기에서 일하는 기술자들이 좋은 보수를 받는다고 하자. 그것은 당연한 일이지만, 거기서 일하는 일반 사무직들도 비교적 좋은 보수를 받는 경향이 있다. 다른 산업에서 일하는 비슷한 학력과 경력의 사람들에 비해 상대적으로 더 높은 보수를 받는 현상을 관찰할 수 있는 것이다. 왜 비슷한 자질을 가진 사람들이 어느 산업에서 일하느냐에 따라 다른 임금을 받아야 할까?

공정하다고 생각되는 임금이 주변 사람의 임금수준에 영향을 받는다는 데서 이 의문에 대한 답을 얻을 수 있다. 똑같은 직장에서 일하는데 기술자만 높은 임금을 받고 사무직 종사자들은 낮은 임금을 받는다고 하자. 사무직 종사자들은 이에 대해 큰 불만을 가질 게 분명하다. 기술자들이 받는 봉급을 기준으로 공정하다고 생각하는 봉급을 생각하게 되기 때문이다. 그렇기 때문에 회사측 입장에서 볼 때 두 직종 사이에 어느 정도의 격차는 몰라도 아주 큰 격차를 벌리기는 힘든 것이다.

내가 미국 대학에서 가르칠 때 정말 쥐꼬리만한 봉급으로 인해 고생이 많았다. 한국 대학도 그리 높은 봉급을 주는 것은 아니지만, 그때 내가 받고 있던 봉급은 정말로 보잘것없었다. 그런데 나와 똑같은 경제학 박사인데도 경영대학원이나 법과대학원에서 가르치는 사람은 나보다 훨씬 더 높은 봉급을 받고 있었다. 왜 경제학과에서 가르치는 경제학자에 비해 경영대학원이나 법과대학원에서 가르치는 경제학자가 더 높은 보수를 받을까?

이 의문에 대한 해답도 경영대학원이나 법과대학원 교수의 평균적인 봉급이 경제학과보다 더 높다는 데서 찾을 수 있다. 독자들도 잘 알겠지만, 미국 대학 교수들의 봉급은 분야마다 큰 차이가 난다. 일반적으로 경영대학원, 법과대학원, 의과대학원처럼 전문직 양성을 위주로 하는 대학원 교수들의 봉급이 훨씬 더 높은 편이다. 그런 데서 가르치는 경제학자들만 낮은 봉급을 주는 것이 곤란하기 때문에 그들에게도 높은 봉급을 준다고 볼 수 있다.

근로자들이 공정하다고 생각하는 임금은 이윤과의 상대적인 관점에서 결정되기도 한다. 많은 이윤을 남기면서도 임금은 짜게 준다고 느낄 때 근로자들은 공정성에 문제가 있다고 생각한다. 앞에서 말한 것처럼, 자기가 받는 임금이 공정하지 않다고 느끼는 사람들이 열심히 일할 리 없다. 그렇기 때문에 장기적 관점에서 보면 근로자들에게도 적당히 나눠주는 방식의 노사관계를 유지하는 것이 기업에게도 유리한 전략이다.

우리 사회에서 오너 혹은 경영진이 많은 문제를 일으키는 기업일수록 노사관계가 복잡한 것도 이와 같은 맥락에서 이해할 수 있다. 기업이 공정하게 운영되지 않는다고 느끼는 근로자들은 협조적인 태도를 취할 필요를 느끼지 않는다. 공정성이 결여된 상황에서는 누구든 자신의 이익을 고집스럽게 챙기는 태도를 취한다. 그렇기 때문에 협조적인 노사관계를 구축하기 위해서는 무엇보다 먼저 공정하고 투명한 경영 풍토를 확립해야 한다.

6

소비자의 분노를 사지 않고 가격을 올리는 방법

사람들은 어떤 거래가 공정한지의 여부를 평가할 때 누가 이익을 보고 누가 손해를 보는지를 중요하게 여긴다. 당연한 말이지만 공정성에 대한 시비는 손해를 보는 측이 제기하게 마련이다. 흥미로운 점은 사람들이 어떤 종류의 손해를 보느냐에 따라 공정성에 대한 평가가 달라진다는 사실이다. 똑같은 크기라 할지라도 어떤 종류의 손해를 보느냐에 따라 그 평가에 영향이 올 수 있다는 말이다. 예컨대 자기 주머니에 있던 돈을 잃어버리는 형태로 손해를 보는 경우와 받을 돈을 못 받게 된 형태로 손해를 보는 경우를 달리 인식한다는 말이다.

이해를 돕기 위해 좀 더 구체적인 예를 들어 보기로 하자. 진성이는 인터넷을 통해 10만원짜리 옷을 주문했는데 막상 배송되어 온 것을 보니 거의 입을 수 없는 수준이었다. 판매업체에게 항의를 했으나 일단 배송된 것은 환불이 불가능하다는 답변만 되풀이할 뿐이었다. 이때 진성이가 그 판매업체의 부당한 행동에 대해 느낄 분노의 정도를 짐작해 보기 바란다.

진성이는 또 다른 상황에서 앞서와 똑같은 금액의 손해를 보게 되었는데 이번에는 그 성격이 조금 다르다. 그동안 어떤 업체의 카드를 사용해온 결과 50만원의 적립금이 쌓이게 되었다. 그런데 그 업체의 사무 착오로 인해 그중 10만원이 날아가 버리게 되었다. 그 조치의 부당함에 대해 항의했으나 번복할 수 없다는 답변을 들었다. 이 경우에는 진성이가 그 업체의 부당한 행동에 대해 얼마나 큰 분노를 느낄까?

행태경제학자들의 말에 따르면, 첫 번째 상황에서 진성이가 느끼는 분노가 상대적으로 더 크다고 한다. 두 번째 상황에서는 "에이, 그 적립금 없었던 것으로 쳐버리지."라는 체념이 가능한 반면, 첫 번째 상황에서는 잃어버린 10만원이 너무나도 아깝게 느껴질 것이기 때문이다. 따라서 진성이는 첫 번째 상황에서 상대방이 상대적으로 더 부당한 행동을 한 것으로 인식하게 된다. 우리 자신이 이와 비슷한 상황에서 어떤 느낌을 갖게 될지 생각해 보자. 이 설명에 고개를 끄덕일 수 있지 않을까?

또한 비용을 지불하는 형태로 손해를 보는 경우, 그 비용이 어떤 성격을 갖느냐에 따라 공정성에 대한 인식이 달라질 수 있다. 비용 중에는 자기 주머니에서 직접 지출되는 것이 있는 반면, 직접 지출되지 않았으나 실질적으로 지출된 것으로 볼 수 있는 기회비용이 있다. 대학 교육에 드는 비용의 예를 들어 이 두 가지 비용을 설명해 보기로 하자.

대학에 다니려면 등록금도 내야 하고 교과서들도 사 보아야 한다. 이런 성격의 비용을 주머니에서 직접 지출되는 비용이라고 부른다. 그런데 대학을 다니는 데 드는 비용이 이것 말고도 또 있을 수 있다. 대학을 다니지 않으면 일을 해서 돈을 벌 수 있는데, 그 기회를 놓친 것이므로 실질적으로는 이만큼의 비용을 지불한 셈이다. 이렇게 눈에 보이지 않는 암묵적 비용을 기회비용이라고 부르는 것이다.

경제학 교과서를 보면 어떤 비용이 자기 주머니에서 직접 지출된 것이든 아니면 암묵적 비용의 성격을 갖는 것이든 아무 차이가 없다고 설명한다. 등록금으로 낸 돈과 대학을 다님으로써 얻지 못한 수입은 본질적으로 똑같은 비용이라는 것이다. 경제학을 배워 본 사람은 잘 알겠지만, 암묵적 비용을 보통의 비용과 다르게 생각하는 사람은 거의 바보로 취급되는 게 현실이다.

그러나 현실은 교과서가 말하는 것과 상당히 다르게 돌아가고 있다. 암묵적 비용보다 주머니에서 직접 지출되는 비용에 대해 훨씬 더 민감한 반응을 보이는 경향이 있는 것이다. 예컨대 상대방이 자기 주머니에서 20만원이 나가게 만드는 경우에는 상당히 강하게 반발한다. 그러나 20만원어치에 해당하는 암묵적 비용을 지불하게 만드는 경우에는 그리 크게 반발하지 않는다는 것이다.

암묵적 비용에 대해 상대적으로 둔감한 반응을 보이는 이유는 그것이 눈에 띄지 않는 형태로 발생하기 때문이다. 이론적으로 보면 비용이 발생한 것이 분명하지만, 우리가 갖는 합리성의 수준으로는 그 사실을 명확하게 인식하기 힘들다. 그렇기 때문에 눈에 보이지 않는 비용은 대충 무시해 버리는 태도가 나타나는 것이다. 암묵적 비용을 지불하는 형태로 손해를 볼 때 크게 반발하지 않는 이유가 바로 여기에 있다.

이처럼 손해가 어떤 성격의 것이냐에 따라 사람들의 태도가 달라진다는 것은 공정성에 대한 인식이 틀짜기효과framing effect에 민감한 영향을 받는다는 것을 뜻한다. 앞에서 설명한 바 있지만, 사물을 어떤 틀에 의해 인식하느냐에 따라 사람들의 행태가 달라지는 것을 가리켜 틀짜기효과라고 부른다. 이 틀짜기효과 때문에 똑같은 손해인데도 어떤 성격의 손해로 포장하는지에 따라 공정성에 대한 평가가 달라질 수 있다. 다음과 같은 행태경제학자들의 실험 결과를 보면 이것이 무슨 뜻인지 바로 알 수 있다.[44]

상황 1 H자동차의 2017년도 신형 디럭스 세단이 인기를 끌어 자동차 키를 받으려면 몇 달을 기다려야 하는 상황이 발생했다. 종전까지 정가를 받고 팔고 있던 대리점은 이 틈을 타서 정가보다 200만원을 더 받기 시작했다.

이와 같은 자동차 대리점의 행동이 공정한 것이냐는 질문에 대해 71%나 되는 응답자들이 그렇지 않다는 대답을 했다. 그런데 이와 비슷한 다음의 상황에서는 응답자들의 태도가 달라진 것을 볼 수 있었다. 즉 실질적으로는 소비자에게 받는 가격을 똑같이 200만원 올렸는데도 공정하다고 대답하는 사람이 더 많은 것으로 드러난 것이다.

상황 2 H자동차의 2017년도 신형 디럭스 세단이 인기를 끌어 자동차 키를 받으려면 몇 달을 기다려야 하는 상황이 발생했다. 종전까지 정가에서 200만원을 깎아서 팔고 있던 대리점은 이 틈을 타서 정가 그대로 받기 시작했다.

종전에는 정가보다 깎아서 팔다가 이제부터는 정가로 팔기 시작하는 행위에 대해 응답자의 58%가 공정하다는 대답을 했다. 똑같이 200만원의 폭으로 가격을 올렸는데 사람들의 반응은 상반된 것으로 나타난 것이다. 정가에 팔던 것을 더 비싸게 팔면 안 되지만, 깎아서 팔던 것을 정가로 파는 것은 괜찮다는 말이다. 똑같은 가격 인상인데 상황에 따라 공정성에 대한 판단이 달라진 것인데, 이와 같은 변화를 어떻게 설명할 수 있을까?

상황 1의 경우에는 정가보다 200만원 더 받기 시작했기 때문에 사람들이 이만큼의 명백한 (추가적) 비용이 발생한 것으로 인식할 가능성이 크다. 그렇기 때문에 대리점의 행동에 강하게 반발하는 태도가 나타난 것이다. 반면에 상황 2에서처럼 정가보다 200만원을 깎아서 팔다가 정가대로 팔기 시작하면 그만큼의 이득을 얻지 못하는 형태의 손해가 발생한 것으로 인식하게 된다. 따라서 앞서의 경우에 비해 반발의 정도가 상대적으로 작아지는 것이다.

실질적인 측면에서 본다면 자동차를 사는 사람이 200만원의 추가적 비용을 지불해야 하는 점에서 이 두 상황은 아무 차이가 없다. 그런데 한 상황에서는 명백한 비용이 발생하는 것으로 틀짜기가 이루어진 반면, 다른 상황에서는 얻을 수 있는 이익을 못 얻게 된 것으로 틀짜기가 이루어졌다. 바로 이 틀짜기의 차이 때문에 상반된 반응이 나타나게 된 것이다.

현실에서 기업들은 가격을 내려야 할 상황이 발생했을 때 정가를 내리기보다 정가는 그대로 유지한 채 할인을 해주는 쪽을 선택하는 경우가 많다. 바로 앞에서 본 실험 결과를 생각해 보면 기업들이 왜 그런 전략을 쓰는지 바로 알 수 있다. 앞으로 가격을 다시 올릴 일이 있을 텐데, 가격 할인을 해주면 틀짜기효과로 인해 그때 가서 겪는 어려움이 훨씬 작아질 수 있다.

우리가 사회생활을 할 때도 이 틀짜기효과를 이용해 대인관계를 부드럽게 만들 수 있다. 부득이한 이유로 상대방에게 비용을 부담하게 만들 때가 있을 텐데, 앞에서 본 것처럼 상대방의 반발을 최소화하는 틀짜기의 기술을 발휘해야 한다. 즉 주머니에서 직접 돈이 나가게 만드는 대신 받을 돈이 줄어드는 방식으로 비용을 부담하게 만드는 지혜를 발휘해야 하는 것이다. 혹은 눈에 보이지 않는 암묵적 비용의 형태로 비용을 부담하게 만드는 방법도 좋은 대안이 될 수 있다. 이런 것이야말로 정말 쓸모 있는 생활의 지혜가 아닐까?

돈보다 더 중요한 것들이 있다

소비자 입장에서 보면 단 한 푼이라도 더 싸게 상품을 사는 것이 바람직하다. 그런데 최근 일부 소비자들이 상품을 일부러 더 비싼 가격에 사겠다고 나서는 일이 벌어지고 있다. 물론 아무 상품에 대해서나 그런다는 것은 아니고, 특별한 조건을 갖춘 상품에 대해서만 나타나는 현상이기는 하다. 그 특별한 조건이란 상품의 생산, 유통과정에서 일정한 윤리적 기준이 충족되었음을 뜻한다.

최근 전 세계적으로 불고 있는 공정무역 fair trade 운동이 바로 그것인데, 주로 개발도상국에서 수입해 오는 커피, 코코아, 면화 등의 원자재가 그 대상이 되고 있다. 선진국의 거대 기업들은 개발도상국에서 이런 원자재를 수입할 때 아주 박하게 구는 것이 보통이다. 형편없이 낮은 가격을 제시하면서 싫으면 그만두라는 식으로 압박하는 경우가 많다. 힘없는 개발도상국의 경작자들은 이 압력에 눌려 헐값 수출을 할 수밖에 없다.

사실 선진국의 소비자들은 바로 이런 구도 덕분에 생계비를 줄일 수 있는 혜택을 누려 왔다. 예컨대 자기네 기업들이 헐값에 커피 원두를 수입해 왔기 때문에 커피 마시는 데 드는 비용을 절약할 수 있었던 것이다. 그런데 그 구도가 결코 공정한 것이 아니라는 인식이 점차 확산되기 시작했다. 그런 불공정한 무역의 결과 개발도상국 사람들이 빈

곤의 늪에서 벗어나지 못한다는 사실에 눈뜨게 되었던 것이다.

공정무역 운동은 개발도상국에서 원자재를 수입할 때 공정한 가격을 지불할 것을 요구한다. 이 운동의 지지자들은 그렇게 수입한 원자재로 만든 상품이라면 더 높은 가격을 낼 용의가 있다고 말한다. 공정한 가격을 지불하는 것은 개발도상국의 가난한 사람에게 직접적 도움을 줄 뿐 아니라, 다른 점에서도 바람직한 결과를 가져온다고 생각하기 때문이다. 예컨대 근로조건의 개선뿐 아니라 친환경적인 경작의 촉진에도 도움이 된다는 것이 그들의 생각이다.

경영학자 트루델과 코트R. Trudel and J. Cotte는 사람들이 공정무역 커피에 대해 얼마나 더 높은 가격을 지불할 용의가 있는지 조사해 보았다.[45] 보통 커피 1파운드에 대해 8달러 31센트를 지불할 용의가 있다고 대답한 사람들이 공정무역 커피에 대해서는 9달러 81센트까지 지불할 용의가 있다고 대답한 것으로 드러났다. 공정성을 위해 17%나 더 높은 가격을 지불할 용의가 있음을 보인 것이다.

그들은 이와 더불어 또 한 가지 흥미로운 사실을 밝혀냈다. 공정하지 못한 무역에 의해 조달된 원두로 만든 커피에 대해서는 2달러 40센트나 깎은 가격을 지불하려 한다고 대답했다는 것이다. 그 폭은 29%나 되어 공정무역에 대해 지불할 용의가 있는 프리미엄 폭보다 훨씬 더 큰 것을 볼 수 있다. 이는 소비자들이 불공정성에 대해 매우 큰 반감을 갖고 있다는 뜻이다.

이 공정무역 운동의 선도자 역할을 한 것은 1942년 영국에서 창립된 옥스팜Oxfam이라는 시민단체다. 이 조직은 미국, 프랑스, 독일, 캐나다 등 13개국 지부를 포괄하는 국제조직으로 확장되었으며, 세계 100여 개국을 활동대상으로 삼고 있다. 전 세계적으로 빈곤과 불공정을 추방한다는 기치를 내걸고 있는 옥스팜은 공정무역의 확대에 커다란 기여를 해왔다.

국제무역 통계에 따르면, 2007년 공정무역으로 인정된 교역의 규모는 약 36억 달러 정도였다고 한다. 국제무역의 전체 규모에 비하면 정말로 작은 비중에 불과하지만, 전년도에 비해 47%나 증가한 규모로 급속한 성장세를 보이고 있다. 비록 공정무역의 규모 그 자체는 그리 크지 않지만, 이로 인해 개발도상국의 수많은 사람들이 직, 간접적 혜택을 받는 것으로 추정된다.

공정성을 추구하기 위해 스스로 더 높은 가격을 지불하겠다고 나선 소비자는 신선한 충격이 아닐 수 없다. 이런 사람들이 점차 늘어나고 있는 것을 보면 사람들 마음속에 공정성이란 것이 얼마나 중요한 의미를 갖는지 잘 알 수 있다. 한 푼이라도 더 깎아서 사려 드는 소비자의 마음 한 구석에 공정성에 대한 관심이 큰 자리를 차지하고 있다는 사실이 무척 흥미롭다.

공정성과 관련한 또 다른 예를 살펴보자. 이스라엘의 한 탁아소는 약속한 시간에 맡겨 놓은 아이들을 데려가지 않는 부모들 때문에 골치를 앓고 있었다. 생각 끝에 탁아소측은 늦게 나타나는 부모들에게 벌금을 부과하기로 결정했다. 그런데 벌금을 부과하기 시작하자 뜻밖의 일이 벌어졌다. 늦게 나타나는 부모가 줄어들 것으로 기대했는데, 실제로는 오히려 더 늘어났던 것이다. 탁아소측이 사람들의 심리를 잘

못 읽은 데서 빚어진 촌극이었다.

이 세상에 벌금 내기 좋아하는 사람은 아무도 없다. 그러니까 벌금이 부과되기 시작하면 가능한 한 일찍 탁아소로 와 아이를 데려갈 것이라고 예상할 수 있다. 전통적 경제이론의 관점에서 보면 매우 그럴듯한 추론이다. 사실 우리가 보는 거의 모든 정책이 이와 같은 논리에 그 기초를 두고 있다. 즉 경제적 유인을 제공해 사람들의 행동을 일정한 방향으로 몰아갈 수 있다는 생각이 기초를 이루고 있는 것이다.

그렇다면 그 부모들은 왜 벌금을 부과하기 시작한 후 오히려 예전보다 더 늦게 나타난 것일까? 그 배경을 알아내는 것은 그리 어렵지 않다. 벌금을 내기만 하면 얼마든지 늦어도 된다는 생각을 했기 때문임이 분명하다. 예전에는 늦게 나타날 때 탁아소 직원들에게 엄청나게 미안함을 느꼈을 것이다. 자기 때문에 퇴근하지 못하고 기다리는 그들에게 몇 번씩이나 허리를 굽혀 사죄하는 광경을 쉽게 상상할 수 있다.

그런데 벌금제도가 도입된 후에는 그런 죄책감을 느낄 필요가 없다. 자신의 잘못은 벌금으로 이미 그 대가가 치러진 셈이다. 그러므로 인간적인 차원에서 사과를 할 필요까지는 없다고 생각하게 된다. 벌금제도가 도입된 후에는 더욱 홀가분한 마음으로 탁아소에 늦게 나타날수 있는 것이다. 지금 보는 예처럼 경제적 유인이 엉뚱한 방향으로 작용하는 사례는 생각 외로 많다.

전통적 경제이론에서는 사람들이 단 한 푼의 돈에도 벌벌 떠는 것으로 상정한다. 그러나 앞 장에서 본 몫 나누기 게임에서 잘 드러났듯, 사람들의 심리는 그렇게 단순하지 않다. 금전적 이득이나 손해에만 연연하는 것이 아니라, 그 이외의 측면도 아주 중요하게 생각한다. 현실적으로 체면, 자존심 혹은 죄책감 같은 비경제적 측면이 그들의 행동에 훨씬 더 큰 영향을 줄 가능성이 있다.

이런 관점에서 지금 우리 사회의 화두가 되고 있는 신자유주의적 개혁을 재평가해 볼 필요가 있다. 앞에서 예로 든 탁아소의 벌금 부과 결정은 신자유주의적 개혁과 같은 맥락의 조처라고 볼 수 있다. 경제적 유인에 반응하는 인간의 속성을 이용해 그들의 행동을 일정한 방향으로 유도한다는 점에서 말이다. 게을리 일하는 사람을 벌주는 한편 열심히 일하는 사람에게 상을 주는 성과급제도가 그 좋은 예다.

그렇지만 성과급제도가 도입된 후 생산성이 반드시 향상된다는 보장은 없다. 서투른 방법으로 이를 실시하면 오히려 생산성 저하의 역풍을 맞을 수도 있다. 사람들로 하여금 신이 나서 일하게 만들어야 생산성이 높아질 수 있다. 그런데 열심히 일하면 더 많은 보수를 주겠다는 약속만으로 사람들을 신나게 만들 수는 없다. 오히려 성과급제도의 도입이 탁아소의 벌금 부과와 비슷한 효과를 만들어낼 가능성이 크다.

또한 성과급제도의 도입은 공정성의 문제를 일으켜 사기 저하의 원인이 될 수도 있다. 본문에서 자신이 공정하게 대접받고 있다고 생각해야 열심히 일하려는 태도가 나온다는 점을 설명한 바 있다. 그런데 사람들이 공정하다고 생각하는 임금은 자기와 비슷한 처지에 있는 사람들이 받는 임금이다. 입사 동기생이 받는 보수가 자신의 두 배나 된다는 사실을 알게 된 사람이 신나게 일할 리 만무하다.

행태경제학은 우리로 하여금 신자유주의적 개혁에 대해 많은 것을 생각하게 만든다. '사람은 경제적 동물'이라는 단순논리로 접근하는 것이 얼마나 위험한 일인가? 문제의 핵심은 어떻게 하면 자신이 하는 일에 보람을 느끼면서 신나게 일할 수 있도록 만들어 주느냐에 있다. 이 점에서 보면 몇 푼의 돈보다는 공정한 대접을 받고 있다는 느낌이 훨씬 더 중요하다. 또한 자존심을 가질 수 있도록 만들어 주는 것 역시 중요한 일이다.

Chapter

07

내일을 향해 쏴라

똑같은 금액의 돈이라도 그것이 언제 생기느냐에 따라 가치가 달라지게 마련이다. 우리는 오늘 받는 10만원이 1년 후 받는 10만원보다 가치가 더 크다고 인식한다. 그렇기 때문에 미래의 어느 시점에서 발생할 이득이나 비용을 현재의 관점에서 평가하려면 할인이라는 과정을 거쳐야 한다.

경제학에서는 사람들이 하나의 할인율을 선택하고 언제나 그것을 적용해 미래의 가치를 현재가치로 바꾼다고 설명한다. 상황에 따라 적용되는 할인율이 달라지는 일은 생기지 않는다고 보는 것이다. 그러나 심리학적 실험의 결과를 보면 할인율이 상황에 따라 달라지는 것으로 드러난다. 멀리 떨어져 있는 미래의 가치일수록, 그리고 금액이 클수록 더 낮은 할인율이 적용되는 것을 발견할 수 있는 것이다.

이 장에서는 현실의 인간이 적용하는 할인율이 경제학에서 설명하는 할인율과 얼마나 다른지에 대해 설명해 보려고 한다.

1
로또 상금을 20년 후에 받는다면?
_할인율의 개념

　어떤 사람이 로또에 당첨되어 5억원의 상금을 받게 되었다. 원래는 내년 1월 1일에 그 상금을 받기로 했는데 당국이 갑자기 태도를 바꿔 20년 후 1월 1일에 상금을 지급하겠다고 연락해 왔다. 이런 상황에서 "어차피 받을 돈인데 잃어버린 셈 치고 기다리지 뭐."라고 생각하는 사람이 있을까? 아마 한 사람도 없으리라고 생각한다. 모두가 "20년이나 기다리라고? 말도 안 돼."라고 아우성을 칠 게 너무나도 뻔하다.

　똑같은 금액의 돈이라도 그것이 언제 생기느냐에 따라 그 가치가 달라진다. 예컨대 지금 당장 손에 들어오는 5천만원의 돈이 20년 후 받을 5억원보다 더 큰 가치를 가질 수 있다. 미래에 받게 될 돈을 현재 시점의 가치로 계산해 보면 훨씬 더 줄어든 금액이 되기 때문이다. 그리고 그것을 받는 시점이 멀어질수록 현재 시점에서 평가한 가치는 더 큰 폭으로 줄어든다. 예컨대 똑같은 3,000만원이라 해도 15년 후에 받는 것은 3년 후에 받는 것보다 현재의 가치가 더 작다는 말이다.

미래에 받게 될 금액을 현재의 가치로 계산하는 것을 가리켜 '할인discounting'을 한다고 말한다. 변호사인 김태평 씨가 어떤 사건의 변론을 해주고 1년 후 3,300만원의 보수를 받기로 계약을 맺었다고 하자. 김씨가 그 보수의 가치를 현재 시점에서 평가해 보니 3,000만원이라는 결과가 나왔다면 김씨는 연간 10%의 비율로 할인해 현재의 가치를 평가한 셈이다.

어떻게 해서 김씨가 10%의 비율로 할인을 했다는 것을 알 수 있을까? 할인을 하는 과정은 이자가 붙는 과정을 거꾸로 뒤집은 것과 같다. 이 점을 정확하게 이해하고 있어야 한다. 예를 들어 연간 이자율이 10%라면 3,000만원을 예금했을 때 1년 후 3,300만원을 받는다. 이처럼 이자가 붙는다는 것은 현재에서 시작해 미래로 가는 과정에서 앞으로 받게 될 금액이 불어난다는 것을 뜻한다.

이와 반대로 미래에서 시작해 현재로 거슬러 온다고 하자. 친구가 10%의 이자를 붙여서 1년 후 3,300만원을 줄 테니 돈을 빌려 달라고 요청했다. 이때 얼마를 빌려 주어야 할까? 대부분의 사람들이 별생각을 해보지도 않고 3,000만원이라는 답을 낼 수 있다. 이처럼 1년 후에 받을 3,300만원이라는 금액으로부터 시작해 이자를 거꾸로 계산하면 현재 시점에서의 3,000만원이라는 금액이 계산되어 나온다. 바로 이것이 할인을 하는 과정이다.

그러므로 김씨가 1년 후에 받을 3,300만원의 보수는 현재 시점에서의 3,000만원과 똑같은 가치를 갖는다. 이는 이자율 10%를 적용한 계산 결과다. 그렇다면 1년 후에 받을 3,300만원을 10%의 비율로 할인을 해서 3,000만원이라는 현재 시점에서의 가치를 알아낸 셈이다. 이제는 할인을 한다는 것이 이자가 붙는 과정을 거꾸로 뒤집은 것과 같다는 말의 뜻이 분명해졌으리라고 믿는다.

이렇게 미래의 가치를 현재의 가치로 환산할 때 적용되는 비율을 할인율discount rate이라고 부른다. 그리고 현재 시점에서 평가한 가치를 현재가치present value라고 부른다. 바로 앞에서 본 예를 이 용어들로 바꾸어 정확하게 표현하면 다음과 같다. "김씨는 1년 후 받을 3,300만원의 보수에 10%의 할인율을 적용해 3,000만원이라는 현재가치를 계산해 냈다."

할인율discount rate

미래에 주고받을 금액을 현재의 가치로 계산하는 것을 가리켜 할인이라고 부르는데, 이 할인의 과정에서 적용되는 비율.

미래에 생길 돈을 현재의 가치로 바꿀 때 할인을 해야 하는 이유는 무엇일까? 사람들이 기다리기를 싫어하기 때문이다. 기다려야 얻을 수 있는 돈은 당장 얻는 돈보다 가치가 작다고 느끼므로 할인을 해서 현재 시점의 가치를 평가해야 하는 것이다. 돈이 언제 들어오든 상관이 없어 기다리는 데 아무 문제가 없다면 할인을 해서 평가할 필요가 전혀 없다. 그러나 이런 태도로 경제생활을 하는 사람은 이 세상에 단 한 명도 없다.

그렇다면 할인율이 10%라는 것과 100%라는 것 사이에는 어떤 차이가 있을까? 앞에서 본 김씨의 예에서 할인율이 10%일 때 1년 후 받을 3,300만원의 현재가치는 3천만원으로 계산되었다. 그런데 할인율이 100%라고 하면 현재가치는 1,650만원으로 크게 줄어든다. 이를 보면 할인율이 높아질수록 현재가치가 작아진다는 것을 알 수 있다.

할인율이 더 높다는 것은 기다리기를 더 싫어한다는 것을 뜻한다. 그만큼 참을성이 적다는 의미다. 기다리기를 싫어하기 때문에 미래에 생길 돈을 현재가치로 환산할 때 크게 깎아서 생각하는 태도가 나오게 된다. 할인율이 10%일 때의 현재가치가 3천만원인 반면, 할인율이 100%일 때의 현재가치는 1,650만원밖에 되지 않는 이유가 바로 여기에 있다.

참을성의 정도는 사람마다 크게 차이가 난다. 그렇기 때문에 미래와 관련된 선택을 할 때 각자 다른 할인율을 적용해 의사결정을 하게 된다. 참을성이 아주 작은 어떤 사람이 있다고 하자. 그 사람의 할인율은 아주 높을 것이어서 미래에 받게 될 돈은 현재 시점에서 매우 작은 가치를 갖는다고 느낀다. 따라서 적은 금액이라도 지금 받는 게 더 낫다는 생각을 한다. 우리가 근시안적으로 행동한다고 말하는 사람이 바로 이런 유형의 사람이다.

이와 반대로 참을성이 아주 큰 어떤 사람이 있다고 하자. 그의 할인율은 낮을 것이어서 미래에 받게 될 돈의 현재가치를 크게 깎아서 인식하지 않는다. 그렇기 때문에 서둘러서 돈을 받으려고 하는 게 아니라 느긋하게 기다리는 태도를 갖게 된다. 그는 멀리 내다보고 기다릴 줄 아는 사람이라고 말할 수 있다.

환경 보존의 문제도 사람들이 갖는 할인율과 밀접한 관계를 갖고 있다. 지금 우리들의 삶만큼 먼 후손의 삶도 중요하다는 생각에서 환경 보존이 필요하다는 인식이 나온다. 이렇게 먼 후손의 삶까지도 걱정하는 태도는 할인율이 아주 낮다는 것을 뜻한다. 낮은 할인율로 미래를 평가하는 사람이어야 환경 보존의 필요성에 공감하는 태도를 갖게 되는 것이다.

할인율이 높으면 조금이라도 먼 미래의 현재가치가 거의 0 수준으로 떨어진다. 그러니 먼 후손의 삶은 안중에도 없고, 우리 세대만 잘 살면 된다는 태도가 나오게 된다. "먹고 살기 힘든데 환경 보존이 무슨 뚱딴지같은 소리냐?"라는 말을 서슴지 않고 내뱉는 사람들은 대개 아주 높은 할인율을 갖고 있다. 환경 보존에 관한 사람들 사이의 견해차는 결국 각자가 갖고 있는 할인율의 차이와 직결되는 문제다.

사람들이 갖고 있는 할인율이 선택에 영향을 미치는 또 다른 예로 다음과 같은 것을 들 수 있다. 흉년이 들어 먹을 것이 없어지자 다음 해에 종자로 쓸 곡식이라도 먹어야 한다는 말이 나왔다. 어떤 사람이 그런 말을 한다는 것은 매우 높은 할인율을 갖고 있다는 뜻이다. 그렇기 때문에 다음 해에는 어떻게 되든 당장의 굶주림을 면하는 것이 더 중요하다고 생각하게 되는 것이다. 반면에 낮은 할인율을 갖고 있는 사람은 다음 해의 생활도 중요하기 때문에 종자로 쓸 곡식만은 손을 대서는 안 된다고 생각한다.

미래와 관련된 선택에서는 이처럼 할인율이 중요한 의미를 갖는다. 어떤 할인율이 적용되느냐에 따라 미래에 대한 선택이 크게 달라질 수 있다. 우리가 미래에 관련된 선택을 할 때는 반드시 어떤 특정한 할인율을 적용해 미래의 가치를 현재의 가치로 바꾸는 과정을 거친다. 그렇지 않고서는 합리적인 선택이 불가능하기 때문이다. 따라서 할인율이 우리 삶에서 차지하는 중요성도 그만큼 큰 것이다.

지금까지의 설명은 경제학 교과서를 그대로 따른 것이고, 새로울 것이라고는 하나도 없다. 사람들이 미래의 비용이나 이득을 평가할 때 할인의 과정을 거친다는 데 대해서는 행태경제학자들도 아무 이견이 없다. 다만 사람들이 현실에서 적용하는 구체적인 할인의 방식은 교과서의 설명과 다른 부분이 많다고 본다. 이 장에서 앞으로 역점을 두어 설명하려고 하는 것은 바로 이 점이다.

2
먼 미래의 일일수록
더 느긋해진다

    미래와 관련된 선택의 문제에 대한 지금까지의 설명에는 한 가지 중요한 전제가 깔려 있다. 의사결정을 하는 사람은 하나의 할인율을 선택하고 언제나 그것을 적용해 미래의 가치를 현재가치로 바꾼다는 전제다. 얼마나 참을성이 있느냐에 따라 사람마다 할인율이 다를 수 있다. 그러나 일단 하나의 할인율이 선택되면 일관되게 그것을 적용해 미래와 관련된 선택을 한다는 말이다. 이런 경우에는 이 할인율, 저런 경우에는 저 할인율이라는 식으로 들쑥날쑥한 할인율을 적용하는 일은 없다는 것이다.

    경제학 교과서를 보면 이 점에 관해 명백하게 설명해 놓지는 않고 있다. 그렇게 한 이유는 이 점이 중요하지 않아서가 아니라 너무나도 당연한 일이기 때문이다. 어떤 사람이 합리적이라는 것은 일관성을 갖는다는 것을 뜻한다. 합리적인 사람이라면 당연히 똑같은 할인율을 일관되게 적용할 것이기 때문에 구태여 설명해 놓지 않은 것이다. 그러나 행태경제학자들은 그와 같은 전제가 과연 현실과 부합되는 것인지에 대해 의문을 제기하고 있다.

현실에서 사람들이 미래의 가치를 현재가치로 바꾸는 과정을 관찰해보면 할인율이 상황에 따라 달라지는 것을 볼 수 있다. 즉 일관되게 하나의 할인율을 적용하는 것이 아니라 그때그때 다른 들쭉날쭉한 할인율을 적용하고 있다는 것이다. 그 한 예로 현재로부터 멀리 떨어져 있는 미래의 가치일수록 더 낮은 할인율이 적용된다는 사실을 들 수 있다. 다음과 같은 실험을 해보면 이 사실을 바로 확인할 수 있다.

그 실험의 내용은 사람들에게 다음과 같은 선택가능성을 주고 어느 쪽이 더 좋은지를 묻는 것이다.[46]

선택가능성 A 오늘 사과 한 개를 먹는다.
선택가능성 B 내일 사과 두 개를 먹는다.

즉 내일 먹게 되는 사과 두 개의 현재가치가 한 개보다 더 큰지 작은지를 묻고 있다. 이 물음에 대답하는 과정에서 응답자의 할인율이 드러나게 되어 있다.

이 상황에서 참을성이 없는 사람은 A가 더 좋다고 대답할 것이다. 참을성이 없다는 것은 미래의 일에 대해 그만큼 더 높은 할인율을 적용해 판단한다는 뜻이다. 할인율이 아주 높은 사람이라면 내일 먹는 사과 두 개의 현재가치가 한 개도 되지 못한다고 생각한다. 그렇기 때문에 A가 더 좋다고 대답하는 것이다. 참을성이 적을수록 할인율이 더 높아지고, 이에 따라 현재의 소비를 상대적으로 더 좋아하는 태도가 두드러지게 된다.

이번에는 다음과 같은 두 가지 선택가능성을 주고 사람들이 어느 쪽을 더 좋아하는지 묻는다고 하자.

선택가능성 C 1년 후 사과 한 개를 먹는다.
선택가능성 D 1년 1일 후 사과 두 개를 먹는다.

고려 대상이 되는 두 선택가능성이 하루 차이를 갖는다는 점에서는 앞에서 본 상황과 똑같다. 그러나 1년 후의 하루 차이에 대해 묻고 있다는 점에서 그 상황과 다르다. 우리의 관심은 바로 이 1년 후라는 상황 때문에 할인율이 달라지는지의 여부다.

흥미로운 점은 이 상황에서 응답자의 거의 모두가 D가 더 좋다고 대답하는 것으로 나타난다는 사실이다. 앞서의 상황에서 A가 더 좋다고 대답한 사람까지 D가 더 좋다고 대답한다는 말이다. 첫 번째 상황에서 A를 선택한 사람은 하루를 못 기다려 한 개의 사과를 더 먹을 수 있는 기회를 날려 버렸다. 그렇다면 두 번째 상황에서도 C를 선택해야 일관성을 유지할 수 있다. 그런데 왜 두 번째 상황에서는 갑자기 참을성이 많아져 D가 더 좋다고 말하는 것일까?

만약 어느 상황에서든 똑같은 할인율이 적용된다면 이와 같은 결과는 나올 수 없다. 첫 번째 상황이나 두 번째 상황에서 모두 하루씩의 차이를 만들어 놓고 어느 쪽을 더 좋아하는지 물었다. 만약 하루 동안의 할인율이 어느 경우에서나 똑같다면 참을성이 없어 첫 번째 상황에서 A를 선택하는 사람은 두 번째 상황에서 C를 선택해야 마땅하다. 반면에 참을성이 많아 B를 선택하는 사람은 D를 선택해야 마땅하다.

첫 번째 상황에서 A를 선택하고도 두 번째 상황에서는 D를 선택하는 사람이 많은데, 이 사람들의 경우에는 할인율이 서로 다른 셈이다. 구체적으로 말해 1년 후의 하루에 적용되는 할인율이 더 낮기 때문에 이런 결과가 나왔다. A를 선택한다는 것은 지금은 하루를 기다리지 못하겠다는 것이고, 이는 할인율이 상대적으로 높다는 뜻이다. 그런데 D를 선택한다는 것은 1년 후라면 하루를 더 기다릴 수 있다는 것이고, 이는 할인율이 상대적으로 낮다는 뜻이다.

지금 보는 것처럼 똑같은 사람인데도 1년 후의 가치를 평가할 때는 상대적으로 더 낮은 할인율을 적용하고 있다. 모든 경우에 하나의 할인율을 일관되게 적용하는 것이 아니라 상황에 따라 다른 할인율을 적용하는 것이다. 사람은 합리적이며 따라서 일관성을 갖고 있다는 교과서의 설명과는 다른 행태를 보이고 있는 점이 흥미롭다.

오리건Oregon대학 학생들을 대상으로 직접 실험을 실시해 본 결과도 이와 비슷한 양상을 보인다. 이들에게 3개월 후, 1년 후, 3년 후에 각각 어떤 금액을 받는다면 지금 당장 15달러를 받는 것과 아무 차이가 없다고 느끼는지 물어보았다. 학생들의 응답 중 대표성이 있는 것 하나를 보면, 그 금액이 각각 30달러, 60달러, 100달러인 것으로 드러났다. 예컨대 지금 15달러를 받지 않은 대신 3개월, 1년, 3년을 기다려 각각 30달러, 60달러, 100달러를 받을 용의가 있다고 대답했다는 말이다.

이 응답에 기초해 연간 할인율을 계산해 보면 각 경우에서 277%, 139%, 63%라는 결과가 나온다. 이를 보면 3개월 후에 받을 금액에 적용되는 할인율에 비해 3년 후에 받을 금액에 적용되는 할인율은 4분의 1 수준에도 미치지 못한다는 것을 알 수 있다. 이와 같은 실험 결과는 단 한 번에 그치는 것이 아니라 여러 번 거듭 확인된 바 있다.

현재	3개월 후	1년 후	3년 후
15달러	30달러	60달러	100달러
연간 할인율	277%	139%	63%

3개월을 기다려야 하는 경우의 할인율보다 1년을 기다려야 하는 경우의 할인율이 더 낮다. 이에서 한 걸음 더 나아가 3년을 기다려야 하는 경우에는 할인율이 한층 더 낮아진다. 이는 사람들이 일반적으로 더 먼 미래에 일어나는 일일수록 상대적으로 더 느긋한 태도를 취한다는 뜻이다. 앞에서 본 사과의 예에서 지금 당장은 하루를 기다리는 것이 싫다고 대답한 사람이 1년 후에는 하루를 더 기다릴 용의가 있다고 대답한 것과 똑같은 맥락의 결과라고 말할 수 있다.

또 하나 흥미로운 점은 고려 대상이 되는 금액이 클수록 적용되는 할인율이 낮아진다는 사실이다. 바로 앞에서 말한 것처럼 지금 당장 15달러를 받는 것과 아무 차이가 없는 3개월 후의 금액은 30달러로 나타나 이때의 연간 할인율은 277%였다. 그런데 지금 당장 받는 250달러, 3,000달러와 아무 차이가 없는 3개월 후의 금액이 얼마인지 물어보았더니 각각 300달러, 3,500달러라는 대답이 나왔다.

이 경우의 연간 할인율을 계산해 보면 각각 73%, 62%로 금액이 커질수록 적용되는 할인율이 낮아지는 추세를 보이고 있다. 이와 같은 추세는 다른 실험에서도 비슷하게 나타나고 있다. 결론적으로 말해 고려대상이 되는 금액이 얼마나 큰지도 적용되는 할인율의 높낮이에 영향을 주고 있는 것이다.

이와 같은 실험 결과를 통해 미래와 관련된 선택 상황에서 하나의 할인율을 일관되게 적용한다는 믿음은 현실과 매우 동떨어진 것이라는 사실이 명백하게 밝혀졌다. 현실에서 사람들은 상황에 따라 들쑥날쑥한 할인율을 적용해 미래의 이득과 비용을 평가하고 있다는 말이다. 주변 상황에 큰 영향을 받는 휴먼으로서 모든 일에 일관성을 유지한다는 것이 말처럼 쉬운 일은 아닌 것이다.

3

스타와의 데이트,
날짜를 언제로 잡으시겠습니까?

독자가 가장 좋아하는 연예인은 과연 누구일지 궁금하다. 그 사람을 정말로 만나게 해준다면 어떤 기분이 될까? 뛰어오를 듯 기쁠 게 틀림없다. 더군다나 그냥 만나기만 하는 게 아니라 분위기 있는 레스토랑에서 저녁 식사를 함께 할 수 있게 해준다고 한다. 그리고 헤어질 때는 자신의 사인이 들어 있는 큰 전신사진 한 장을 선물로 주기까지 한단다. 이거 정말로 멋진 일 아닌가? 그 이벤트를 언제로 잡을지는 내 마음대로 선택하란다.

지금까지 본 할인의 논리에 따르면 그 날짜를 언제로 잡을지 생각할 필요조차 없다. 바로 내일로 잡아야 하는 게 분명하기 때문이다. 똑같은 금액의 돈이라도 먼 미래에 받을수록 그 가치가 떨어진다. 그 이벤트로 인해 얻는 기쁨도 이와 똑같은 법칙의 적용을 받는다면 먼 미래에 그것이 실현될수록 현재 시점에서 평가한 가치가 작아진다. 돈을 하루라도 빨리 챙겨야 하는 것처럼 그 이벤트를 하루라도 빨리 해달라고 졸라야 한다.

그런데 사람들에게 그 이벤트의 날짜를 언제로 잡을지 물어본 결과는 예상과 크게 달랐다. 즉 우리의 예상은 거의 모든 사람이 아주 빠른 시일 안에 그 날짜를 잡으리라는 것인데, 이 예상은 틀린 것으로 드러났다. 많은 사람들이 상당히 먼 미래의 날짜를 선택했고, 가장 많은 사람들이 선택한 것은 약 2주 후였다. 당장 그 이벤트를 갖겠다고 서두르는 태도를 보인 사람은 거의 없었다.

경제학자들에게 이 현상을 논리적으로 설명해 보라고 하면 머리를 긁적거릴 것이다. 경제이론 어디를 보아도 이것을 설득력 있게 설명할 근거를 발견할 수 없기 때문이다. 그 답은 심리학자들에게서 구해야 한다. 심리학자들은 이 현상이 무언가 좋은 것이 있을 때 바로 소비하지 않고 두고두고 천천히 음미하면서 소비하는 것과 같은 현상이라고 해석했다. 그 이벤트에 대한 기대로 마음이 설레는 상태로 두 주일 정도를 보내고 싶다는 희망이 작용한 결과라는 것이다.

나도 어렸을 때 이와 비슷한 행동을 한 적이 있다. 맛있는 반찬이 있으면 금방 먹어치우지 않고 옆에 놓아두었다가 맨 마지막에 먹었다. 그것을 먹을 때의 즐거움에 대한 기대 때문에 식사하는 내내 즐거웠던 기억이 난다. 맛없는 반찬을 먹으면서도 곧 맛있는 것을 먹게 된다는 기대가 있어 즐거웠던 것이다. 독자들도 그와 비슷한 경험을 갖고 있으리라고 믿는다. 이 점에서 사람들은 비슷한 습성을 갖고 있는 것처럼 보인다.

지금까지와는 반대의 상황을 실험해 본 적도 있다. 아주 고통스러운 경험과 관련이 있다는 점에서 반대의 상황이라고 말하는 것이다. 그 구체적인 내용은 이렇다. 죽기 전까지 언젠가 한 번은 전기충격을 받아야 하는데, 그로 인해 죽을 정도는 아니지만 무척 고통스럽다고 한다. 사람들에게 과연 그 전기충격을 언제 받을지 마음대로 선택하라고 했다.

이 경우도 할인의 논리를 적용하면 간단히 답이 나온다. 가능한 한 미뤄 두었다가 죽기 직전에 받는다고 대답하는 것이 정답이다. 고통의 경우에도 미래로 갈수록 할인이 되어 현재의 시점에서 평가한 고통이 더 작아질 것이기 때문이다. 이득이든 비용이든 미래로 가면 갈수록 현재가치가 작아진다는 점을 생각해 보면 바로 이해할 수 있는 일이다.

그러나 실제로 사람들에게 물어본 결과는 이 경우에도 우리의 예상을 정면으로 뒤엎었다. 예상과 달리 대부분의 사람들이 당장 그 전기충격을 받겠노라고 대답했던 것이다. 할인의 논리에 따른 정답, 즉 죽기 직전에 전기충격을 받겠다고 대답한 사람은 거의 없었다. 사람들이 이런 태도를 보인 것은 두려움을 계속 안고 살기 싫다는 의지가 작용한 것으로 해석 할 수 있다. 이왕 맞을 매 한시라도 빨리 맞자는 심정에서 그런다는 말이다.

어찌 되었든 사람들의 응답을 종합해 보면 그들은 경제학 교과서가 말하는 것과 반대방향으로 미래의 일을 평가하고 있는 셈이다. 좋은 것은 가능한 한 빨리, 그리고 나쁜 일은 가능한 한 늦게 실현되는 것이 바람직하다는 태도를 보일 것이라는 예상이 보기 좋게 빗나간 셈이다. 말하자면 할인율이 보통처럼 양(+)의 값을 갖는 것이 아니라 음(-)의 값을 갖는 이상한 일이 일어나고 있는 것이다.

이렇게 두고두고 즐기겠다거나 두려움을 계속 안고 살기는 싫다는 식의 태도는 완벽하게 합리적인 호모 이코노미쿠스에 어울리지 않는 행태다. 경제학 교과서 어디를 찾아보아도 그런 설명이 나와 있는 것을 전혀 볼 수 없다. 그러나 이것이 인간의 진솔한 모습인데 어찌 하랴? 현실이 교과서와 다르게 돌아간다고 현실을 탓할 수는 없다. 교과서가 현실을 제대로 설명하지 못하면 교과서를 바꿔 쓰는 것이 순리가 아닐까?

4
생활수준은 점차
높아지는 것이 좋다

독자가 다음과 같은 두 가지 직업 중 하나를 고르는 상황을 가정해 보자. 하나는 은행에 취직하는 것인데, 은행의 경우는 일하기 시작한 단계의 사람들에게 아주 박한 봉급을 준다고 한다. 반면에 경력이 쌓이면서 봉급이 상당히 빠른 속도로 증가하는 특성을 보인다. 따라서 독자가 은행에 취직하게 되면 젊은 시절에는 비교적 살림이 어려울 테지만, 나이가 들어가면서 살림이 점차 윤택해지는 느낌을 받게 될 것이다.

또 다른 선택가능성은 부동산 중개업에 뛰어드는 것인데, 이 경우에는 시간이 지남에 따라 소득이 늘어난다는 보장이 없다. 그 대신 시작 단계에서도 꽤 좋은 소득을 얻을 수 있는 장점이 있다고 한다. 독자가 부동산중개업에 종사하게 될 경우 젊은 시절에는 은행에 취직한 것보다 살림에 여유가 있다고 느낄 것이다. 반면에 나이가 들면 은행에 간 사람의 수입이 더 많아진다는 것을 발견하게 된다.

이 두 가지 직업에서 일생 동안 얻을 수 있는 소득의 흐름이 있을 것이다. 지금까지 설명한 할인율의 개념을 이용해 이 흐름을 현재가치로 환산할 수 있다. 계산 결과 두 직업에서 얻는 소득의 흐름은 똑같은 현재가치를 갖는 것으로 판명되었다고 하자. 그리고 일의 만족도라든가 안정성 같은 수입 이외의 측면에서 한쪽이 다른 쪽보다 더 낫다고 말하기 힘들 정도로 비슷하다고 한다. 이런 상황에서 독자는 과연 어떤 직업을 선택하려고 할까?

경제학 교과서는 두 직업에서 얻는 소득 흐름의 현재가치가 똑같으면 사람들은 이 둘 사이에서 아무런 차이를 느끼지 못한다고 설명한다. 다시 말해 두 직업 중에서 하나를 고르라고 하면 무척 난처해 할 것이라는 뜻이다. 그러나 독자도 그와 같이 생각할까? 아닐 것이라고 본다. 독자가 일반 사람들과 똑같은 취향을 갖는다면 은행 쪽이 더 낫다고 생각할 가능성이 크다.

지금 예로 들고 있는 두 직업 사이의 유일한 차이는 소득 흐름의 모양이 다르다는 것이다. 부동산 중개업의 경우에는 처음부터 끝까지 소득의 흐름이 평평한 모양을 갖는다. 시작 단계와 은퇴 직전의 소득에 별 차이가 없어 평평한 모양을 보이는 것이다. 반면에 은행의 경우에는 매우 낮은 소득으로 시작해 빠르게 올라가는 모양을 갖는다. 사람들에게 설문조사를 해보면 바로 이 차이가 중요한 의미를 갖는 것으로 나타난다.

대부분의 사람들은 부동산 중개업의 평평한 모양의 소득 흐름보다 은행의 위로 올라가는 모양의 소득 흐름이 더 좋다고 대답한다. 코넬Cornell대학교 학생들을 대상으로 이와 비슷한 상황을 제시하고 선호를 물었더니 응답자의 78%가 은행과 같은 방식으로 보수를 지급하는 직업을 더 좋아한다고 대답했다.[47] 압도적 다수가 시간이 흐름에 따라 소득이 빠르게 커지는 보수 지급 방식을 더 좋아하는 것으로 나타난 것이다.

사람들이 왜 이런 보수 지급 방식을 더 좋아하는 것일까? 그 이유는 시간이 흐를수록 생활수준이 높아지기를 원한다는 데서 찾을 수 있다. 부동산 중개업을 선택할 경우 생활수준이 늘 제자리에 머물러 있게 되는데, 사람들은 이 점을 그리 좋아하지 않는다. 반면에 은행에 취직하면 처음에는 조금 고생을 하지만 시간이 흐름에 따라 생활수준이 높아질 수 있다. 바로 이 점을 좋아하는 사람이 많다는 말이다.

바로 여기에서 기업의 임금 지급 방식과 관련한 하나의 의문을 푸는 중요한 단서를 찾을 수 있다. 경제학 교과서의 설명에 따르면 임금은 근로자가 생산에 기여한 바, 즉 그의 생산성에 의해 결정된다고 한다. 그렇다면 근무한 햇수에 따라 생산성이 커지는 것과 같은 속도로 임금이 높아져야 한다. 그런데 실제의 임금 지급 방식을 보면 이와 다른 경우를 많이 발견할 수 있다.

현실에서 많은 기업들이 생산성이 커지는 속도보다 임금을 더 빠른 속도로 올려주는 것을 볼 수 있다. 즉 처음에는 비교적 낮은 임금을 주다가 빠른 속도로 임금을 올려주는 방식을 채택하는 경우가 많다는 뜻이다. 우리의 의문은 기업이 왜 교과서에 설명된 임금 지급 방식을 선택하지 않느냐에 있다. 그렇게 해야 이윤이 극대화될 수 있는데 일부러 다른 임금 지급 방식을 선택한 이유가 궁금한 것이다.

이 의문에 대한 여러 가지 설명이 제시되어 있는데, 그 중 가장 흥미로운 것은 근로자들이 이런 임금 지급방식을 좋아한다는 설명이다. 바로 앞에서 말한 것처럼 사람들은 경력이 쌓이면서 봉급이 상당히 빠른 속도로 증가하는 것을 원한다. 이 사실을 알아차린 기업이 생산성이 커지는 속도보다 더 빠른 속도로 봉급을 올려주는 방식을 채택한다는 것이다.[48] 사람들이 소득 흐름의 모양을 중요하게 생각한다는 점을 고려해 그와 같은 임금 지급 방식을 선택한다는 설명이다.

임금을 지급하는 방식에 소위 '연공서열'이라는 것이 있다. 회사에서 일한 경력이 쌓이면 무조건 봉급을 올려주는 방식을 가리키는 말이다. 최근 우리 사회에 효율성을 높이자는 바람이 불면서 이 연공서열 방식은 마치 공공의 적과도 같은 대접을 받고 있다. 생산성과 전혀 관련 없이 경력만 쌓이면 봉급이 많아지는 체제하에서는 열심히 일하려는 의욕이 없어진다는 이유에서다. 연공서열 방식을 폐지해야 비로소 효율성이 높아질 수 있다는 시각이 득세하고 있다.

물론 이 시각에 일리가 있다는 점은 부정하지 못한다. 그러나 지금까지 살펴온 우리 인간의 행태에 비춰 보면 연공서열 방식의 폐지가 뜻밖의 부작용을 가져올 수 있음을 깨닫게 된다. 연공서열 방식 하에서는 시간이 흐름에 따라 생활수준이 향상되기를 바라는 사람들의 희망이 자동적으로 충족될 수 있다. 그러나 이것을 폐지하면 어떤 사람은 생활수준이 더 낮아지는 고통을 느끼게 된다. 바로 이 점이 근로자들의 사기를 떨어뜨리는 원인으로 작용할 수 있는 것이다.

어떤 사람은 이렇게 말할지 모른다. "열심히 일하지 않으면 생활수준이 떨어진다는 두려움이 중요한 것 아닌가? 그게 바로 효율성을 높일 수 있는 비결인데." 감정이 없는 기계라면 정확하게 맞는 말이다. 그러나 사람은 감정의 동물이다. 열심히 일하라고 매몰차게 밀어붙인다고 열심히 일하지는 않는 역설적 측면을 갖고 있는 것이 바로 사람이다.

앞에서 이미 설명한 바 있지만, 사람들은 회사가 자신에게 잘해준다고 느끼면 스스로 알아서 열심히 일하는 태도를 갖고 있다. 엄격한 성과급제도로 열심히 일하지 않으면 도태되는 분위기를 만드는 것만이 능사는 아닌 것이다. 사기가 떨어진 사람들이 아무리 열심히 일한다고 해보았자 좋은 성과가 나올 수 없다. 장기적 관점에서 보면 오히려 연공서열 방식의 기본 틀을 유지하는 것이 효율성을 높이는 데 더 큰 도움이 될지도 모른다.

마시멜로 이야기

호아킴 데 포사다와 앨런 싱어가 지은《마시멜로 이야기*Don't Eat the Marshmallow... Yet*》는 2005년 처음 번역되어 나온 이후 수십만 권 이상이 팔렸다고 한다. 이 베스트셀러의 주인공 조나단은 40세의 젊은 나이에 억만장자의 반열에 오른 성공적인 사업가다. 어느 날 그는 운전수 찰리에게 자신이 어린 시절 받았던 '마시멜로 실험'에 대해 이야기해 주었다.

스탠포드대학교의 심리학과에서 실시한 이 실험은 어린이들의 참을성을 테스트하는 데 주목적이 있었다. 실험 대상이 된 어린이 앞에 마시멜로를 한 개 놓아 주고 그것을 먹고 싶은 충동을 참아 낼 수 있는지를 테스트해 보았다. 만약 그 충동을 15분 동안 잘 참아 내면 상으로 마시멜로를 하나 더 주겠다는 약속을 하고, 과연 어린이가 그것을 먹지 않고 견뎌 낼 수 있는지를 관찰하는 실험이다.

이 실험에 관한 설명을 들은 찰리는 이렇게 외친다. "오호라, 그건 100% 수익을 보장 받는 투자네요." 맞는 말이다. 15분만 참으면 마시멜로를 두 개나 먹을 수 있으니 그동안의 수익률이 100%인 셈이다. 이것은 15분 동안을 참는 것과 관련된 할인율이 100%임을 뜻한다. 본문에서 수익률은 현재에서 미래로 가는 과정에 적용되는 한편, 할인율은 미래에서 현재로 거슬러 오는 과정에 적용된다는 것을 설명한 바 있다.

조나단의 설명에 따르면 그 15분을 참지 못해 마시멜로를 먹어 버린 어린이가 꽤 많았다고 한다. 그런 어린이의 경우에는 15분 동안의 할인율이 100%를 넘는다는 것을 뜻한다. 할인율이 높을수록 기다림을 참지 못하는 태도가 나온다. 그렇기 때문에 100%를 넘는 높은 할인율을 갖고 있는 어린이는 마시멜로 한 개를 먹어치워 버리는 결정을 하게 된다. 반면에 할인율이 100%보다 더 낮은 어린이는 참고 기다려 15분 후 마시멜로 두 개를 먹는 쪽을 선택한다.

10년 후 마시멜로를 먹어 버린 어린이의 집단과 참고 기다린 어린이의 집단을 비교해 본 결과는 상당히 흥미로웠다. 참고 기다린 어린이의 집단이 상대적으로 더 뛰어난 학업성적을 보였을 뿐 아니라, 친구들과의 관계도 더 원만한 것으로 드러났던 것이다. 또한 스트레스를 효과적으로 관리한다는 측면에서도 참고 기다린 어린이의 집단이 더 우월한 것으로 나타났다.

이 실험 결과를 보면 한순간의 유혹을 참을 수 있는지의 여부가 인생의 성패에 큰 영향을 미친다는 것을 잘 알 수 있다. "세 살 버릇 여든 살까지 간다."라는 말이 있듯, 어린이 때 그런 참을성을 발휘할 수 있는 사람은 커서도 참고 견디는 일에 능숙할 가능성이 크다. 참고 견디는 능력이 사회적 성공의 열쇠가 된다는 것은 상식에 속하는 일이다. 이것이 바로 조나단이 찰리에게 가르쳐 주고 싶었던 삶의 지혜였다.

이 책의 주인공 조나단은 자기 앞에 놓인 마시멜로를 먹지 않기 위해 얼마나 큰 고통을 겪었는지를 다음과 같이 회상한다.

"…… 마시멜로를 혀로 핥아 보기까지 했다네. 그 맛있는 걸 눈앞에 두고 참자니, 정말이지 죽을 맛이더군. 노래를 부르며 방 안을 뛰어다니기도 하고, 마시멜로가 놓인 탁자를 등진 채 눈을 감고 하나, 둘, 셋 숫자를 헤아리기도 하면서 나름대로 최선을 다해 마시멜로를 외면하고자 애를 썼지, 하하. 내 생애에 그렇게 긴 기다림의 시간이 있었을까."

실험 당시 조나단이 네 살배기 어린이였기 때문에 충동을 참기가 더욱 힘들었던 점이 있다. 어른이라면 아무리 좋아하는 것을 앞에 놓아둔다 해도 15분 정도 참는 것은 누워서 식은 죽 먹기처럼 쉬웠을 텐데 말이다. 이 에피소드에서 우리는 할인율과 관련된 또 하나의 행태적 특성을 찾아낼 수 있다. 그것은 사람이 성숙해짐에 따라 할인율이 점차 낮아지는 경향을 보인다는 사실이다.

우리가 '성숙'이라고 부르는 과정은 좀 더 먼 데까지 볼 수 있는 능력을 길러 나간다는 것을 뜻한다. 성숙한 사람만이 앞날의 더 큰 이득을 위해 눈앞의 이득을 선뜻 포기할 수 있다. 그런 행동을 할 수 있으려면 낮은 할인율을 가져야만 하는데, 이는 할인율이 성숙도를 나타내는 한 지표가 될 수 있다는 뜻이다. 할인율의 개념이 인간의 성숙성과도 깊은 관련을 갖는다는 것이 매우 흥미롭다.

Chapter

08

금융시장에서 생긴 일

주위에서 주식 투자로 대박을 터뜨리는 사람을 종종 본다. 누구나 한 번 대박을 터뜨려 보고 싶지만, 문제는 어떻게 하면 되는지를 모른다는 데 있다. 그 사람은 정말로 대박 터뜨리는 방법을 아는 것일까? 단지 운이 좋아 어떻게 하다 보니 대박을 터뜨린 것은 아닐까? 경제학자들이 연구한 결과를 보아도 대박을 터뜨릴 수 있는 방법은 없다고 한다.

그러나 현실에서 대박을 터뜨릴 수 있는 방법이 전혀 없는 것은 아니다. 효율시장이론은 하나의 중요한 전제를 깔고 있는데, 그것은 모든 주식 투자자가 합리적으로 행동한다는 가정이다. 만약 비합리적으로 행동하는 투자자가 있다면 대박을 터뜨리는 방법이 존재할 수 있다. 행태경제학은 사람들이 언제나 합리적으로 행동하는 것은 아님을 밝혀냈다. 이는 현실에서 대박을 터뜨리는 방법이 존재할 수도 있다는 것을 뜻한다.

1
대박 터뜨리는 방법은 없다
_효율시장이론

어느 누구든 일단 주식시장에 발을 들여 놓으면 극도의 합리성을 발휘해야 한다. 사용할 수 있는 정보를 모두 활용해 좋은 투자 대상을 골라야 하기 때문이다. 자칫 투자 대상을 잘못 골랐다가는 아까운 돈을 순식간에 날려 버릴 수 있다. 따라서 사람들이 합리적이라는 가정은 주식시장의 경우 매우 적절한 것이라고 생각할 수 있다. 다른 상황에서는 그리 합리적이 아닌 사람이라 할지라도 주식시장에서만은 극도로 합리적인 태도를 유지하려고 노력할 것이 분명하다.

모든 투자자들이 합리적으로 행동한다고 할 때 주식의 가격은 어떤 특정한 수준 주위를 맴돌게 된다. 이 말의 뜻을 이해하기 위해서는 우선 주식의 가치가 어떻게 결정되는지부터 알아야 한다. 원칙적으로 말해 어떤 기업 주식 1주의 가치는 그것을 갖고 있음으로써 미래에 얻을 수 있는 배당금의 흐름에 의해 결정된다. 배당금이 한 해에만 지급되는 것이 아니라 여러 해에 걸쳐 지급되기 때문에 배당금의 '흐름'이란 표현을 쓰고 있다.

예를 들어 어떤 기업 주식 1주에서 나오는 배당금의 흐름이 50만원의 현재 가치를 갖는다고 하자. 즉 그것을 보유함으로써 앞으로 50만원의 가치에 해당하는 수익을 올릴 수 있다고 가정하자는 말이다. 이는 자산으로서 그 주식이 갖는 가치가 바로 50만원이라는 뜻이다. 경제학의 용어를 빌어 표현하면 그 주식의 기초가치fundamental value가 50만원이라고 말할 수 있다.

그렇다면 주식시장에서 실제로 거래되는 주식의 가격은 이 기초가치와 어떤 관계를 갖고 있을까? 주식은 여느 상품과 마찬가지로 수요와 공급의 상호작용에 의해 그 가격이 결정된다. 이렇게 결정된 가격이 그것의 기초가치와 같으리라는 보장은 없다. 예를 들어 알지 못하는 이유로 어떤 주식에 대한 수요가 폭발적으로 커지면 그 주식의 가격은 기초가치 보다 훨씬 더 높은 수준으로 뛰어오를 수 있다.

우리가 거품bubble이라고 부르는 현상이 그 좋은 예다. 그 가치로 보면 양파와 별로 다를 바 없는 튤립 한 뿌리의 가격이 요즈음 돈으로 몇백 달러에 이르는 수준까지 뛰어오른 적이 있다. 이와 마찬가지로 어떤 주식의 가격이 이유를 알 수 없는 바람을 타 상상하기 힘든 수준까지 뛰어 오르는 일이 종종 벌어진다. 주식의 기초가치는 하나의 이론상 기준일 뿐 실제의 주식 가격은 이와 관계없이 오르고 내리게 된다.

그러나 주식시장에 참여하는 모든 투자자들이 완벽한 합리성을 갖는다면 그런 현상은 오래 지속될 수 없다. 합리적인 투자자는 가격이 기초 가치보다 훨씬 더 높은 수준으로 뛰어오른 주식을 살 필요가 없다고 느낀다. 또한 그 주식을 갖고 있는 투자자는 그것을 한시라도 빨리 팔아 버리는 것이 유리하다고 생각한다. 이는 그 주식에 대한 수요가 줄고 공급이 늘어난다는 것을 뜻하는데, 이와 같은 변화의 결과 가격은 기초가치 수준으로 내려가게 된다. 주식 가격이 기초가치보다 더 낮은 경우에는 수요와 공급에 그 반대의 변화가 일어나 기초가치 수준으로 올라가게 된다.

따라서 주식의 가격은 그것의 기초가치 수준에서 맴돌게 될 것이라고 예측할 수 있다. 그렇다면 어떤 투자자가 특정한 회사의 주식을 사들여 대박을 터뜨리는 것은 불가능해진다. 대박을 터뜨리려면 가격이 기초가치보다 훨씬 더 낮은 주식이 존재해야 할 텐데, 그것은 불가능한 일이기 때문이다. 바로 이것이 경제학 교과서에 등장하는 효율시장이론efficient market hypothesis이라고 불리는 이론의 내용이다. 이 이론은 모든 투자자들이 완벽하게 합리적이라는 가정에서 얻은 결론을 반영하고 있다.

효율시장이론efficient market hypothesis

모든 투자자들이 합리적으로 행동한다고 할 때 주식의 가격은 그것의 기초가치 수준에서 맴돌게 되기 때문에 어떤 투자자가 특정한 회사의 주식을 사들여 대박을 터뜨리는 것은 불가능하다는 이론.

그렇다고 현실에서 대박을 터뜨릴 수 있는 방법이 아주 없는 것은 아니다. 어떤 기업에 관해 다른 사람들이 전혀 알지 못하는 정보를 갖고 있으면 대박을 터뜨릴 수 있다. 예를 들어 어떤 제약회사가 신약 개발에 성공해 엄청난 이윤을 얻을 수 있게 되었는데, 나만 그 사실을 알고 다른 사람들은 전혀 모른다고 하자. 이 사실이 알려지는 순간 주식 가격이 뛰어 오를 것이 분명하기 때문에 그 주식을 미리 사놓고 있으면 대박을 터뜨릴 수 있다.

이런 성격의 정보를 내부자 정보라고 부르는데, 이것을 이용해 이득을 챙기는 것은 불법행위다. 내부자 정보를 이용해 마음대로 이득을 챙겨도 되게 만든다면 어떤 일이 벌어질지 상상해 보라. 기업을 경영하는 사람들이 모두 떼돈을 벌 수 있는 것은 물론, 그 친척과 친구들도 모두 부자가 될 것이 틀림없다. 그 와중에서 아무것도 모르는 채 투자한 사람들만 큰 손해를 보게 된다.

모범적인 시민이라면 내부자 정보를 이용해서 대박을 터뜨린다는 것을 꿈조차 꾸지 말아야 한다. 그렇게 해서 부자가 된다는 것은 도둑질을 해서 부자가 되는 것이나 다를 바 없다. 우리 주위를 보면 그런 방법으로 운 좋게 감옥에도 가지 않고 부자가 된 사람이 종종 눈에 띈다. 그러나 그런 비천한 방법으로 돈을 벌어 보았자 무슨 쓸모가 있겠는가?

우리는 아주 합법적인 방법으로 대박을 터뜨릴 수 있는 방법을 찾아보기로 하자. 주식시장에 참여하는 투자자 중 비합리적인 사람이 많이 섞여 있다면 합법적으로 대박을 터뜨리는 길이 열릴 수 있다.

대박을 터뜨리는 것이 불가능하다는 효율시장이론의 결론은 모든 투자자들이 완벽하게 합리적이라는 가정하에서 얻은 결론이다. 그런데 현실의 투자자들이 이런 정도의 합리성을 갖는 것은 결코 아니다. 그렇기 때문에 효율시장이론의 비관적인 결론에 사로잡힐 필요가 없는 것이다.

만약 행태경제학이 말하는 것처럼 비합리적인 투자자들이 많이 존재한다면 주식 가격은 그것의 기초가치와 크게 차이가 날 수 있다. 이런 때는 기초가치보다 가격이 아주 싼 주식을 사들이고, 그 반대인 주식을 파는 전략을 적극적으로 활용해야 한다. 이것이 바로 합법적인 방법으로 대박을 터뜨리는 요령이다. 곧 보게 되겠지만 대박을 터뜨릴 수 있는 기회는 의외로 많다.

2
오마하의 마술사
워런 버핏을 보라

주식시장에서 합법적인 방법으로 대박을 터트릴 수 없다고 믿는 효율시장이론의 신봉자들이 많다. 이들은 '오마하의 마술사Wizard of Omaha'라고 불리는 버핏Warren Buffet이 일구어낸 찬란한 성공의 역사에 대해 무슨 말을 할 수 있을까? 주식투자로 세계에서 가장 부유한 사람의 반열에 들어간 그가 이루어낸 놀라운 성과는 '대박'이라는 말로도 부족할 정도다. 그는 내부자 정보를 이용하지도 않았고 다른 불법적 수단을 사용한 적도 없다. 탁월한 동물적 감각으로 장래 큰 수익을 안겨줄 주식을 사 모으는 전략을 구사해 그렇게 큰돈을 손에 쥐게 되었던 것이다.

그의 투자전략 중에서 핵심적인 위치를 차지하는 것은 가치주전략value strategy, 즉 가치주라고 부르는 주식에 집중적으로 투자하는 전략으로 알려져 있다. 가치주라는 것은 과거의 주식 가격, 수익, 배당금, 장부가치 등에 비추어 볼 때 그 가격이 낮은 수준에 형성되어 있다고 말할 수 있는 주식을 뜻한다. 즉 그것의 가격이 기초가치보다 상당히 더 낮은 수준에 있는 주식을 가리키는 말이다.

가치주전략value strategy

과거의 주식 가격, 수익, 배당금, 장부가치 등에 비추어 볼 때 그 가격이 낮은 수준에 형성되어 있다고 말할 수 있는 주식을 가치주라고 부르는데, 이런 주식에 집중적으로 투자하는 전략.

가치주전략이 좋은 성과를 거둘 수 있다는 것을 입증한 사람은 컬럼비아 경영대학원에서 버핏을 가르친 그래험Benjamin Graham 교수였다. 투자 실무에서도 뛰어난 능력을 발휘했던 그는 '가치투자의 아버지'라는 별명을 갖고 있다. 버핏은 경영대학원 재학시절 배운 바로 이 가치주전략을 효과적으로 구사함으로써 세계를 놀라게 한 뛰어난 성과를 일구어 낸 것이다. 그는 가치주전략이 좋은 성과를 거둘 수 있음을 입증해 보임으로써 효율시장이론의 도그마에 반기를 들었다.

그렇다면 어떤 주식이 가치주인지의 여부는 어떻게 알아낼 수 있을까? 그래험은 아주 간단한 방법으로 가치주를 골라낼 수 있다고 말한다. 주식의 가격을 그것이 가져다주는 연간 수익으로 나눈 비율, 즉 주가-수익비율price/earnings ratio이 낮은 주식이 바로 가치주라는 것이다. 그는 이를 증명하기 위해 30개 회사의 주식을 선정해 그들을 주가-수익비율이 큰 순으로 배열했다.[49] 그리고 가장 높은 비율을 가진 주식들로 구성된 포트폴리오(A)를 하나 만들고, 가장 낮은 비율을 가진 주식들로 구성된 포트폴리오(B)를 또 하나 만들었다. 이 두 포트폴리오의 수익률을 비교해본 결과는 놀라웠다.

1937년 포트폴리오 A에 투자한 1만 달러는 1969년에 2만 5,300달러로 불어난 반면, 포트폴리오 B에 투자한 1만 달러는 무려 6만 6,900달러로 늘어났다. 이를 통해 수익에 비해 가격이 상대적으로 싼 주식들을 사 모으는 전략이 비싼 주식을 사 모으는 전략보다 몇 배나 더 큰 수익을 가져왔다는 사실이 밝혀졌다. 이 결과를 제시하며 그래험은 주가-수익비율이 낮은 주식은 사람들에게 인기가 없는 주식일 텐데, 이와 같은 사람들의 일반적 평가와 반대되는 방향으로 베팅을 함으로써 높은 수익을 올릴 수 있다고 말했다.

원칙적으로 말해 주식의 가격은 그것이 가져다주는 수익에 따라 조정되기 마련이다. 만약 어떤 주식이 가져다주는 수익이 빠르게 커질 것이라는 예상이 지배적이면 그 주식의 가격은 바로 올라간다. 반면에 수익이 커지지 않거나 오히려 줄어들 것이라는 예상이 지배적이면 그 주식의 가격은 떨어진다. 만약 모든 투자자들이 합리적이어서 이와 같은 예상이 그대로 들어맞는다면 낮은 주가-수익비율의 주식들을 사 모음으로써 별 재미를 볼 수 없다. 실제로 적은 수익밖에 나지 않는 주식을 싼 가격에 산다 해서 이득을 볼 수 없기 때문이다.

따라서 가치주전략이 성공을 거둘 수 있는 이유를 설득력 있게 제시하려면 투자자의 비합리성을 끌어들이지 않을 수 없다.[50] 행태경제학자들은 주가–수익비율이 높은 주식의 경우에는 투자자들의 과잉반응overreaction 때문에 가격이 너무 높은 수준으로 올라간 것이라고 설명한다. 반면에 주가–수익비율이 낮은 주식의 경우에는 투자자들의 과잉반응 때문에 가격이 너무 낮은 수준으로 떨어졌다고 본다. 수익률이 오르고 내림에 따라 주식가격도 함께 오르고 내리기는 하지만, 투자자들의 과잉반응 때문에 너무나 큰 폭으로 오르고 내린다는 데 문제의 핵심이 있다.

이런 과잉반응은 사람들이 과거의 일에 비추어 미래를 예측하는 경향을 보인다는 사실과 밀접한 관련을 갖고 있다. 지난 얼마 동안의 기간에 어떤 주식의 수익성이 좋았다면 그 주식의 가격은 이를 반영해 오를 것이다. 물론 이와 같은 좋은 수익성이 미래에도 계속된다는 보장은 없다. 그러나 이 좋은 수익성이 미래에도 계속될 것으로 생각하는 투자자들은 경쟁적으로 이 주식을 사들이고 그 결과 주식 가격은 미래의 수익성이 정당화할 수 있는 수준 이상으로 뛰어오른다. 바로 여기에서 투자자들의 과잉반응이 나오는 이유를 찾아볼 수 있다. 수익성이 나쁜 주식의 가격이 떨어지는 과정에서도 이와 비슷한 이유로 과잉반응이 나타날 수 있다.

투자자들의 과잉반응 때문에 가격이 너무 높은 수준으로 뛰어오른 주식이라면 언젠가는 결국 가격이 떨어지게 된다. 반면에 가격이 너무 낮은 수준으로 떨어진 주식이라면 언젠가는 가격이 결국 올라가게 된다. 행태경제학자들은 이와 같은 현상을 '평균회귀regression toward the mean'로 설명한다. 앞에서 설명한 바 있는 평균회귀의 경향은 주식시장에서도 나타날 수 있는 것이다.

만약 효율시장가설이 맞다면 투자자들의 과잉반응은 나타날 수 없고 가치주전략은 좋은 성과를 거둘 수 없다. 주식가격은 주식의 기본가치를 충실하게 반영하고 있기 때문에 어떤 주식의 주가-수익비율이 낮다면 그럴 만한 이유가 있어서 그렇게 되었을 뿐이다. 이런 주식을 사 모은다고 해서 대박을 치게 될 하등의 이유가 없다. 그러나 행태경제학자들의 실험 결과를 보면 주가-수익비율이 낮은 주식으로 구성된 포트폴리오의 수익이 더 좋을 가능성이 크다. 가치주전략을 효율적으로 구사해 큰 성공을 거둔 버핏의 사례는 효율시장가설의 현실설명력에 한계가 있음을 분명하게 보여주고 있다.

3
쌍둥이 주식의 가격 차이를 이용하는 방법도 있다

　현실의 주식시장을 관찰해 보면 모든 투자자들이 완벽하게 합리적이라면 일어날 수 없는 현상들이 자주 눈에 띈다. 이런 특이현상anomaly의 존재는 모든 투자자가 합리적임을 전제로 하는 효율시장이론이 현실을 제대로 설명하지 못한다는 증거가 될 수 있다. 이런 특이현상들을 수익 창출의 기회로 적극 활용하면 대박까지는 몰라도 짭짤한 이익 정도는 충분히 챙길 수 있다.

　우선 들 수 있는 특이현상의 한 예는 실질적으로 똑같다고 볼 수 있는 두 가지 주식, 즉 쌍둥이 주식의 가격이 제멋대로 변화하는 현상이다. 어떤 두 회사가 겉으로는 각각 다른 회사지만, 소유구조의 특성 등으로 인해 실질적으로는 똑같은 회사라고 볼 수 있는 경우가 있다. 그 좋은 예가 주식이 네덜란드에서 주로 거래되는 로열 더치Royal

Dutch사와 영국에서 주로 거래되는 셸Shell사의 경우다.

이 두 회사는 각각 독립된 실체로 운영되지만 이윤을 통합해 60% 대 40%의 비율로 나누기로 합의해 놓고 있다. 이렇게 이윤이 통합되어 일정한 비율로 나뉘기 때문에 이 두 회사는 실질적으로 똑같은 회사나 다름없다. 겉으로만 두 개의 독립적인 기업이 존재하고 있는 것으로 보일 뿐, 내용에서는 하나의 통합된 기업의 성격을 갖는다는 말이다.

예를 들어 2008년에 로열 더치사가 7억 달러, 그리고 셸사가 3억 달러의 이윤을 냈다고 하자. 이 경우 각 회사가 자신의 이윤을 가져가는 것이 아니라, 미리 합의된 대로 로열 더치사가 6억 달러, 그리고 셸사가 4억 달러씩의 이윤을 가져가게 된다. 이렇게 나누어진 이윤에서 로열 더치사와 셸사의 주주에게 배당금이 지급된다는 것은 두말할 나위도 없다.

앞에서 설명한 것처럼, 주식의 기초가치는 그것이 가져다주는 배당금 흐름에 의해서 결정된다. 따라서 두 기업 사이에서 이윤이 60% 대 40%의 비율로 나누어진다면 로열 더치사 주식 1주를 갖고 있는 사람에게 지급되는 배당금 흐름은 셸사 주식 1주를 갖고 있는 사람에게 지급되는 배당금 흐름의 1.5배가 될 것이 분명하다.

효율시장이론에 말하는 것처럼, 현실의 주식 가격이 그것의 기초가치와 같다면 두 회사 주식의 시장가격 사이에는 1.5 : 1의 비율이 계속 유지되어야 한다. 로얄 더치사의 주식 1주와 셸사의 주식 1.5주는 서로 똑같은 일란성 쌍둥이라고 보아야 한다는 뜻이다. 일란성 쌍둥이의 얼굴이 똑같은 것처럼, 쌍둥이 주식의 가격은 똑같아야 한다.
그러나 이것은 이론적으로 그렇다는 것일 뿐, 현실은 이와 얼마든지
다를 수 있다.

현실의 주식 가격 추이를 분석한 결과를 보면, 이론과 크게 다른
것으로 나타난다.[51] 1980년에서 1995년에 이르는 기간 동안 두 회사
주식 가격 사이의 비율이 1.5:1의 비율을 유지한 때가 아주 드물었
던 것을 볼 수 있다. 아래 그림에서 보듯, 양자 사이의 비율이
1.5:1보다 10% 정도 더 높았던 때도 있었던 한편 40% 정도 더 낮았
던 때도 있었다. 양자 사이의 비율이 정확하게 1.5:1일때 꺾은금의
높이는 0이 된다. 실질적으로 똑같은 상품인데 어디서 거래되느냐에
따라 가격에 큰 차이가 나는 현상이 관찰되었다는 말이다.

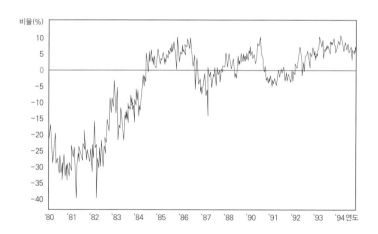

로열 더치사와 셸사의 주식 가격 추이를 보면 쌍둥이 주식인데도 어디서 거래되
느냐에 따라 가격 차이가 난다.

쌍둥이 주식인데도 어디서 거래되느냐에 따라 가격에 차이가 나는 특이현상은 지금 보는 예 말고도 여러 쌍의 주식에서 발견할 수 있다. 눈치 빠른 투자자라면 이를 이용해 큰돈을 벌 수 있다. 예컨대 로열 더치사 주식의 가격이 셸사 주식의 가격보다 2배나 더 높은 수준에 형성되었다고 하자. 이론적으로 보면 1.5배가 되어야 하는데 어떤 이유에서인지 2배나 되는 수준에서 가격이 형성되었다는 말이다.

아예 좀 더 구체적으로 예를 들어 보기로 하자. 현재 로열 더치사의 주식 1주의 가격이 200달러, 셸사의 주식 1주의 가격이 100달러라고 한다. 그리고 올해의 로열 더치사 주식 1주당의 배당금이 30달러인데, 셸사의 경우는 20달러라고 한다. 두 회사가 이윤을 60% 대 40%의 비율로 나눠 갖기로 합의했기 때문에 배당금도 이 비율대로 지급된다는 점을 잊지 말기 바란다. 주식 가격은 이 비율과 관계없이 움직이지만, 배당금의 흐름은 언제나 이 비율대로 움직이게 된다.

이 상황에서 어떤 투자자가 로열 더치사의 주식 1주를 팔고 그 돈으로 셸사의 주식 2주를 샀다고 하자. 그 결과 배당금 수익은 30달러에서 40달러로 늘어나게 된다. 단순히 한 주식을 팔고 다른 주식을 삼으로써 배당금 수익을 33%나 더 크게 만들 수 있었던 것이다. 투자자들은 로열 더치사의 주식을 내던지고 셸사 주식으로 갈아타려고 할 것이 분명하다. 이 과정에서 로열 더치사의 주식 가격이 떨어지고 셸사의 주식 가격이 오를 것임은 두말할 나위도 없다.

이처럼 쌍둥이 주식의 가격이 서로 다른 현상이 발견되면 셸사처럼 상대적으로 가격이 낮게 형성된 주식을 대량으로 사들이는 것이

유리한 투자전략이다. 똑같은 상품을 더 싸게 살수록 이득이라는 것과 똑같은 이치다. 머지않아 셀사의 주식 가격은 오를 것이 분명하고, 따라서 그것을 사 둔 사람은 앉아서 돈을 벌게 된다.

이런 시나리오대로 일이 진행된다면 쌍둥이 주식의 가격이 서로 다른 현상은 금방 사라질 것이 분명하다. 그런데 실제로는 상당히 오랜 기간 동안 그와 같은 격차가 유지되고 있는 것을 볼 수 있다. 이를 보면 투자자들이 완벽한 합리성을 갖고 있다는 가정에 의심을 가질 수밖에 없다. 실제의 투자자들은 경제학 교과서에서 가정하는 것과 큰 차이를 갖고 있는 것이다. 어찌 되었든 발 빠른 투자자라면 이 상황을 수익 창출의 좋은 기회로 활용할 수 있다.

4

모멘텀전략이라는
것도 있다

주식 투자로 재미를 볼 수 있는 방법의 또 다른 예로 모멘텀전략 momentum strategy이라는 투자전략을 들 수 있다. 이것은 최근 얼마동안 수익률이 좋았던 주식들을 사는 한편, 수익률이 나빴던 주식을 파는 전략을 뜻한다. 최근 얼마 동안 수익률이 좋았던 주식들은 앞으로도 당분간 수익률이 좋은 경향을 보인다는 뜻에서 모멘텀이 존재한다고 말할 수 있다. 이 사실을 활용해 평균 이상의 높은 수익률을 올릴 수 있다는 말이다. 투자의 귀재로 널리 이름이 난 소로스George Soros도 이 모멘텀전략을 종종 활용하는 것으로 알려져 있다.

모멘텀전략이 미국뿐 아니라 다른 나라들에서도 좋은 성과를 올렸다는 것은 여러 연구를 통해 확인된 바 있다.[52] 모멘텀전략이 높은 수익을 가져다주는 이유는 주식 가격이 사용할 수 있는 모든 정보를 적절하게 반영하지 못하는 데서 찾을 수 있다. 앞에서 설명한 것처럼 사용할 수 있는 모든 정보를 적절하게 반영한 주식 가격은 그것의 기초가치와 같아진다. 만약 주식 가격이 관련 정보를 적절하게 반영하지 못하면 기초가치와 달라져 평균보다 더 높은 수익률을 가져다주는 투자전략을 만들 수 있게 된다.

주식시장의 동향을 분석한 결과에 따르면 1개월에서 12개월에 이르는 짧은 기간 동안에는 주식 가격이 관련 정보를 제대로 반영하지 못한다고 한다.[53] 예컨대 어떤 기업의 수익성이 좋아졌다는 뉴스가 나왔다 해도 단기적으로는 주식 가격이 별로 오르지 않는다는 것이다. 반면에 3년에서 5년에 이르는 긴 기간 동안에는 정보에 대해 과잉반응을 하는 경향을 보인다고 한다. 어떤 기업의 수익성이 좋아졌다는 뉴스가 반복되어 나오면 장기적으로는 주식 가격이 과도하게 오르는 경향이 있다는 것이다. 앞에서 설명한 바 있는 가치주전략은 바로 이와 같은 주식가격의 장기동향을 이용한 전략인데 비해, 이 모멘텀전략은 단기동향을 이용한 전략이라는 차이를 갖는다.

따라서 최근 얼마 동안 수익률이 좋았던 주식이라면 당분간 수익률이 좋을 가능성이 크다. 그 주식의 현재 가격이 수익성 호전의 정보를 충분히 반영하고 있지 못해 앞으로 더 오를 가능성이 크기 때문이다. 반면에 수익률이 나쁜 주식의 경우에는 주식 가격이 계속 떨어질 수 있다. 모멘텀전략은 바로 이를 이용해 평균 이상의 수익률을 올릴 수 있게 해준다고 볼 수 있다. 모멘텀을 받아 어떤 방향으로 굴러가고 있는 공은 당분간 그 방향으로 계속 굴러가는 것과 마찬가지로 수익률이 좋았던 주식은 당분간 수익률이 계속 좋은 경향을 보일 것이라는 말이다.

모멘텀전략momentum strategy

최근 얼마 동안 수익률이 좋았던 주식들을 사는 한편 수익률이 나빴던 주식을 파는 전략. 수익률이 좋았던 주식들은 앞으로도 당분간 수익률이 좋은 경향을 보인다는 뜻에서 모멘텀이 존재한다는 사실을 활용한다는 의도.

그렇다면 단기에서 주식가격이 관련 정보를 제대로 반영하지 못하는 현상, 즉 주식가격의 과소반응underreaction이 일어나는 이유는 무엇일까? 이에 대해서는 여러 가지의 다양한 해석이 제시되고 있는 것을 볼 수 있다. 그중 가장 설득력이 있는 것은 투자자들의 보수편향conservatism bias 때문에 주식가격이 관련 정보를 충분히 반영하지 못한다는 해석이다. 새로운 정보가 나타나 기존에 자신이 갖고 있던 생각을 수정해야 할 상황에서 사람들은 그 새 정보를 충분히 반영하지 못하는 보수성을 보인다는 뜻이다. 사람들이 그와 같은 보수편향을 갖는다는 것은 심리학적 실험을 통해 잘 밝혀져 있다.

지금까지 설명한 대박 터뜨리는 방법의 공통점은 상당히 많은 비합리적인 투자자가 존재한다는 것을 전제하고 있다는 사실이다. 예를 들어 투자자들의 군집행위herd behavior라든가 과잉반응 혹은 과소반응 같은 현상은 합리성의 관점에서 보면 이해하기 힘든 투자자들의 비합리적 행위에 그 뿌리를 두고 있다. 그런 투자자들이 존재하기 때문에 주식시장에서 여러 가지 특이현상들이 나타나고, 이를 이용해 평균 이상의 수익을 올릴 수 있게 되는 것이다.

만약 경제학 교과서에서 가정하는 것처럼 모든 투자자가 완벽하게 합리적이라면 그런 기회는 존재할 수 없다. 주식가격은 언제나 관련 정보를 정확하게 반영하고 있을 것이고, 따라서 비합법적 방법을 동원하지 않는 이상 평균 이상의 수익을 올릴 수 없을 것이기 때문이다. 주식시장에서 대박을 터뜨리는 사람을 종종 볼 수 있는데, 그들은 이 세상의 모든 비합리적 투자자들에게 깊은 감사를 드려야 한다.

5
주식프리미엄의
수수께끼

1889년부터 1978년에 이르는 기간 동안 미국 금융시장에서 주식과 채권 사이의 수익률을 비교해 본 결과 한 가지 독특한 현상을 관찰했다.[54] 주식들의 평균적인 연간 수익률을 계산해 보았더니 7%나 되는 것으로 나타난 데 비해, 단기채권의 수익률은 1%에도 채 못 미치는 것으로 나타났던 것이다. 다음 페이지의 그림에서 볼 수 있듯 지난 100여 년의 기간 동안 주식의 실질수익률은 채권의 실질수익률보다 훨씬 높은 수준을 유지해 왔다.

당연한 말이지만 금융 투자를 하는 사람들은 수익률이 높은 쪽으로 투자 대상을 선택한다. 어떤 때는 주식의 수익률이 더 높고 어떤 때는 채권의 수익률이 더 높다면 주식도 사고 채권도 사는 것이 자연스러운 일이다. 그러나 채권 수익률이 그 정도로 엄청나게 떨어지는

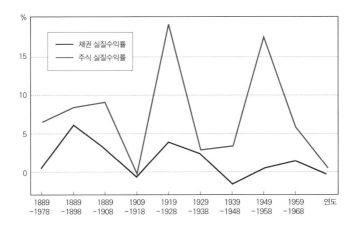

%

채권 실질수익률
주식 실질수익률

15

10

5

0

1889 1889 1889 1909 1919 1929 1939 1949 1959 연도
~1978 ~1898 ~1908 ~1918 ~1928 ~1938 ~1948 ~1958 ~1968

주식의 수익률은 채권의 수익률보다 항상 더 높았다.

데도 채권에 투자하는 사람이 있다는 것은 납득하기 어렵다. 돈을 벌려는 생각이 없는 사람이 아니고서야 구태여 채권에 투자할 리 없기 때문이다.

주식을 갖고 있는 사람에게 높은 수익률이라는 형태의 프리미엄이 제공된다는 뜻에서 주식프리미엄이 존재한다고 말할 수 있다. 이와 같은 주식프리미엄은 비단 미국뿐 아니라, 일본, 독일, 프랑스 같은 나라에서도 발견되었다. 주식프리미엄의 존재는 거의 모든 나라의 금융시장에서 관찰할 수 있는 보편적인 성격을 갖는다는 사실이 확인된 셈이다.

우리의 의문은 왜 주식프리미엄이 없어지지 않고 남아 있느냐에 있다. 주식과 채권이 모두 투자 대상이 될 수 있으려면 그와 같은 현저한 수익률 격차가 존재해서는 안 된다. 일관되게 한쪽의 수익률이 더 높으면 모든 투자가 그쪽으로 몰리게 되어 있기 때문이다. 채권에 투자하는 사람이 분명 있는데도 장기간에 걸쳐 주식의 수익률이 훨씬 더 높은 수준에 머물러 있다는 것은 의문이 아닐 수 없다.

한 가지 쉽게 생각해 볼 수 있는 것은 주식 투자가 더 큰 위험성을 갖고 있기 때문에 프리미엄이 필요하다는 설명이다. 투자 대상으로 주식이 채권에 비해 더 큰 위험성을 갖고 있는 것은 사실이다. 그렇기 때문에 주식에 어느 정도의 위험 프리미엄이 제공되는 것은 당연한 일이다. 위험 프리미엄이라는 것은 위험을 부담하는 대가로 받는 더 높은 수익률을 뜻한다. 이런 위험 프리미엄이 주어지지 않는다면 모두가 채권을 사려 할 것이고 위험이 따르는 주식은 사려 들지 않을 게 분명하다.

그러나 현실적인 위험성의 정도를 감안할 때 이렇게 큰 수익률 격차가 모두 위험 프리미엄의 성격을 갖는다고 보기는 힘들다. 주식을 사는 사람에게 위험 부담에 대한 보상을 해준다고 할 때 그 정도로 높은 수익률이 필요한 것은 아니라는 말이다. 그렇다면 위험 프리미엄으로 설명될 수 있는 부분을 뺀 나머지 수익률의 격차는 어떻게 설명할 수 있을까? 바로 이 의문을 가리켜 '주식프리미엄의 수수께끼equity premium puzzle'라고 부른다.

이 주식프리미엄의 수수께끼에 대해 수없이 많은 해석이 제시된 바 있다. 그러나 그 어떤 것도 우리의 의문을 속 시원하게 풀어 주지는 못하고 있다. 그중 가장 흥미롭다고 생각되는 해석은 행태경제학자들이 제시한 것이다. 이들은 사람들이 보이는 행태의 특성에서 이 수수께끼를 푸는 열쇠를 찾아야 한다고 말한다.

주식프리미엄의 수수께끼equity premium puzzle

장기간에 걸쳐 주식의 수익률이 채권의 수익률에 비해 현저히 더 높은 추세가 계속되어 왔는데, 주식이 상대적으로 더 위험한 자산이라는 사실 하나만으로는 그와 같은 격차를 만족스럽게 설명할 수 없음을 뜻하는 말.

이들은 투자자들이 손해 보는 것을 매우 꺼려하는 속성을 갖는다는 점에 주목했다. 똑같은 크기의 이익보다 손해에 더욱 민감한 반응을 보이는 특성을 갖는다는 사실 말이다. 사람들이 손해 보는 것을 특히 꺼려한다는 것은 이미 앞에서 설명한 바 있다. 그런데 주식을 산 투자자는 그것의 가격 변화에 따라 이익이나 손해를 자주 경험하게 된다. 그렇기 때문에 채권을 살 때에 비해 손해를 보았다고 평가하는 경우가 훨씬 더 잦아지게 된다.

또한 행태경제학자들은 투자자가 자신의 투자 실적을 얼마나 자주 평가하는지도 중요한 의미를 갖는다고 말한다. 일반적으로 투자 실적을 얼마나 자주 평가하는지는 사람에 따라 다르다. 예를 들어 주식을 산 다음 거의 잊고 지내다시피 하는 사람이 있다. 반면에 매일 시세표를 살펴보며 얼마나 이익을 보았는지 아니면 손실을 보았는지 따져 보는 투자자도 있다. 심지어 컴퓨터 모니터를 하루 종일 들여다

보면서 시시각각 수익을 따져 보는 사람까지 있다.

손해 보는 것을 특히 싫어하는데다가 매일 매일 투자 실적을 따지는 투자자가 있다고 하자. 그런 사람에게는 주식이 별로 바람직한 투자 대상이 되지 못한다. 왜냐하면 손해를 보았다고 생각하는 날이 꽤 많을 텐데 그때마다 엄청난 심리적 압박감에 시달릴 것이기 때문이다. 주식을 사놓고 마음 편한 날이 별로 없다면 공연히 주식에 투자했다는 생각이 들게 마련이다.

일반적으로 말해 손해 보는 것을 특히 싫어하는 투자자에게는 투자 실적을 평가하는 기간이 짧아질수록 주식이 상대적으로 덜 바람직한 투자 수단이 된다. 평가하는 기간이 짧을수록 손해를 보았다고 생각하는 때가 더 많아질 것이기 때문이다. 이는 투자 수단으로 채권을 더 선호하게 될 것이라는 뜻이다. 그런 투자자들에게 주식을 사게 하려면 높은 프리미엄을 주어야만 한다.

이제 우리는 주식프리미엄의 수수께끼를 푸는 실마리를 찾은 셈이다. 투자자들 중에는 손해 보기를 특히 싫어하는데다가 투자실적의 평가 기간이 아주 짧은 사람들이 많다. 이런 사람에게는 주식이 별로 매력 있는 투자 대상이 되지 못한다. 따라서 이들로 하여금 주식을 사게 하려면 높은 프리미엄을 주어야 한다.

행태경제학자들은 이런 방식으로 주식프리미엄의 수수께끼를 설명하는데, 상당히 그럴듯하다. 그러나 이 설명만으로 주식 프리미엄의 수수께끼가 완벽하게 풀렸다고 말하기는 힘들다. 앞으로 더 많은 연구가 이루어져야 비로소 만족스러운 해답을 찾을 수 있을 것이다.

6
주식투자는
타이밍이 생명이다

　어떤 사람을 주식 투자의 고수라고 부를 수 있을까? 앞으로 가격이 크게 오를 주식을 동물적 감각으로 찾아 낼 수 있는 사람이 바로 고수인 것이 틀림없다. 그런 사람이라면 주식 투자로 큰돈을 벌 게 너무나도 뻔하다. 그렇지만 타고난 점쟁이가 아니고서야 가격이 오르게 될 주식을 족집게처럼 집어내기는 힘들다. 아무리 수가 높다는 사람이라 해도 가격이 떨어질 주식을 사서 돈을 날리는 경우가 숱하게 많다.

　현실적으로 보아 주식 투자의 고수가 갖춰야 할 핵심 조건은 주식을 사고파는 시점을 적절하게 선택하는 능력이다. 앞으로 가격이 오를 전망이 없는 주식은 미련 없이 내던지는 용기를 발휘해야 고수가 될 수 있다. 설사 어떤 주식으로 인해 큰 손해를 입었다 할지라도 더 큰 손해를 피하기 위해서는 절대 꾸물대지 말아야 한다. 바로 이것이 진정한 주식 투자 고수의 면모다.

그런데 현실의 투자자들이 보이는 행태는 이런 고수의 행동 방식과 사뭇 다른 것을 볼 수 있다. 가격이 떨어져 손해를 본 주식은 앞으로의 전망과 관계없이 한사코 끌어안고 있는 것이 보통이다.[55] 반면에 가격이 올라 이득을 본 주식은 너무 빨리 팔아 치우는 경향이 있는 것도 관찰할 수 있다. 한 마디로 고수라면 하지 말아야 할 짓만 골라서 하고 있는 것이다.

보통 사람들도 주식 투자의 핵심이 사고파는 시점의 선택이라는 사실을 모를 리 없다. 그렇지만 엄청난 합리성의 소유자가 아니면 그 타이밍을 잘 맞출 수가 없다. 그들이 갖고 있는 능력으로는 언제가 사고파는 적절한 시점인지를 제대로 알 길이 없다. 그렇기 때문에 대부분의 투자자들이 팔아야 하는 적절한 시점을 못 찾고 너무 빨리 혹은 너무 늦게 파는 경향을 보인다.

손해를 본 주식을 너무 늦게 파는 한편 이익을 본 주식은 너무 빨리 파는 경향이 있다는 사실을 어떻게 알 수 있을까? 우선 쓸 수 있는 방법은 투자자들이 갖고 있는 주식들 중 파는, 즉 처분하는 비율이 주식마다 어떻게 다른지 비교해 보는 것이다. 가격이 내려 손해를 본 주식의 처분 비율이 낮다는 것은 그 주식을 계속 끌어안고 있다는 뜻이다. 반면에 이익을 본 주식의 처분 비율이 높다는 것은 그 주식을 재빨리 팔아 버린다는 뜻이다.

따라서 이익을 본 주식의 처분 비율과 손해를 본 주식의 처분 비율을 비교해 보면 주식을 파는 시점에 대한 평가를 할 수 있다. 실제의 주식 거래 자료를 분석해 보면 이익을 본 주식의 처분 비율이 손해를 본 주식의 처분 비율보다 거의 언제나 더 높은 것으로 나타난다. 이 비교 결과를 보면 이익을 본 주식은 재빨리 팔아 버리는 반면, 손해를 본 주식은 계속 끌어안고 있는 경향이 정말로 존재한다는 것을 알 수 있다.

그러나 잠깐만! 이익을 낸 주식을 재빨리 판다고 해서 이를 '너무' 빨리 판다고 말할 수는 없는 것 아닌가? 재빨리 판다는 것과 너무 빨리 판다는 것은 엄연히 다른 뜻이니 말이다. 마찬가지로 손해를 본 주식을 계속 끌어안고 있다고 해서 이를 너무 늦게 판다고 말할 수도 없다. 그러니까 이익을 본 주식의 처분 비율이 손해를 본 주식의 처분 비율보다 더 높다는 사실만으로는 주식을 파는 시점을 적절하게 선택하지 못했다는 점을 입증할 수 없다.

엄밀하게 말해 너무 빨리 판다는 것은 그것을 계속 갖고 있으면 좋았을 텐데 팔았다는 것을 뜻한다. 반면에 너무 늦게 판다는 것은 그것을 팔았으면 좋았을 텐데 끌어안고 있었음을 뜻한다. 그렇다면 어떤 주식을 계속 갖고 있는 것이 좋았을지 아니면 파는 것이 좋았을지는 어떻게 판단할 수 있을까? 그것은 선택을 하고 난 후 주식 가격이 어떻게 변화하는지를 관찰한 결과에 기초해 판단하면 된다.

구체적으로 말해 다음과 같은 방법을 통해 이 의문에 대한 답을 얻을 수 있다. 예를 들어 어떤 주식을 팔아 버렸는데 그 다음 해에 가격이 크게 올랐다고 하자. 이렇게 수익이 좋은 주식이라면 그것을 계속 갖고 있는 편이 좋았다고 말할 수 있다. 기다리면 높은 수익을 올렸을 텐데 팔아 버렸다는 것은 너무 빨리 팔았다는 뜻이다. 반면에 어떤 주식을 팔지 않았는데 그 다음 해에 가격이 크게 떨어졌다고 하자. 이렇게 수익이 나쁜 주식인데도 계속 끌어안고 있는 것은 너무 늦게 판 것이라는 뜻이다.

한 시점에서 어떤 주식은 팔고 어떤 주식은 팔지 않기로 결정했다고 하자. 그 결정이 적절했는지의 여부는 판 주식과 팔지 않은 주식의 그 다음 해 수익률을 비교해 봄으로써 판단할 수 있다. 우선 이익을 보았는데 팔아 버린 주식의 그 다음 해 수익률(A)을 알아본 결과 그 값이 큰 것으로 나타났다고 하자. 이는 그 주식을 계속 갖고 있는 것이 좋았을 텐데 너무 빨리 팔았다는 뜻이 된다.

그 다음에는 손해를 보았는데 팔지 않은 주식의 그 다음 해 수익률(B)을 알아보았는데, 그 값이 작은 것으로 나타났다고 하자. 이는 그 주식을 빨리 팔았어야 하는데 너무 늦게 팔았다는 뜻이 된다. 지금 보는 것처럼 이익을 본 주식을 너무 빨리 팔고 손해를 본 주식을 너무 늦게 파는 행태를 보인다는 것은 상대적으로 높은 A의 값과 상대적으로 낮은 B의 값으로 구체화되어 나타나게 된다. 따라서 A의 값이 B의 값보다 더 큰 것으로 판명되면 투자자들이 주식 파는 시점을 잘못 선택했다는 결론을 내릴 수 있다.

주식시장 자료를 이용해 이 두 값을 구해 보면 실제로 A의 값이 B의 값보다 상당히 더 큰 것으로 드러난다. 한 연구 결과에 따르면 A의 값이 B의 값보다 3.4% 포인트나 더 높다고 한다.[56] 이익을 본 주식을 좀 더 오래 갖고 있는 한편 손해를 본 주식을 좀 더 빨리 팔았더라면 더 큰 수익을 얻을 수 있었는데 그렇게 하지 못했다는 말이다. 실제로 투자자들이 이익을 본 주식을 너무 빨리 팔고 손해를 본 주식을 너무 오래 끌어안고 있는 행태를 보인다는 사실이 입증된 셈이다.

7

손해를 봤다는
사실은 숨기고 싶다

그렇다면 사람들이 손해를 본 주식을 빨리 팔아치우지 못하고 너무 오래 끌어안고 있는 이유는 무엇일까? 투자자들이 이런 비합리적 행태를 보이는 이유가 과연 무엇인지 궁금해지지 않을 수 없다. 한가지 그럴듯한 설명은 자존심 때문에 비합리적 선택을 하게 되었다는 것이다. 자기가 산 주식 가격이 떨어져 손해를 보았다 해도 주식을 팔기 전에는 그 손해가 실현되지 않는다. 손해를 보았다는 사실을 단지 알고 있기만 한 것과, 실제로 그 손해가 실현된 것 사이에는 큰 차이가 존재한다.

손해를 본 주식을 팔아 손해를 실현시키는 순간 투자자는 그 주식을 사기로 한 자신의 판단이 틀렸음을 실감하게 된다. 그리고 후회할일을 했다는 생각은 투자자의 자존심에 큰 상처를 준다. 그렇기 때문에 손해를 실현하지 않음으로써 그런 상황을 회피하려고 노력할 가능성이 크다. 바로 이런 생각에서 손해를 본 주식을 계속 끌어안고 있는 행태가 나온다고 해석할 수 있는 것이다.

경제학 교과서를 읽어 보면 손해가 발생했다는 사실 그 자체가 중요한 것처럼 설명되어 있다. 합리적인 투자자라면 설사 지금 당장 손해가 실현되지 않았다 하더라도 언젠가는 실현될 것임을 정확하게 예측할 수 있다. 그렇기 때문에 그가 중요하다고 생각하는 것은 손해가 발생했다는 사실뿐이며, 그것이 실현되었는지의 여부는 별 상관이 없다고 생각한다.

그러나 행태경제학의 관점에서 보면 손해가 실현되었는지의 여부는 매우 중요한 일이다. 비합리적인 투자자의 경우에는 손해가 정말로 실현되었는지의 여부에 따라 심리상태가 크게 달라질 수 있기 때문이다. 주식 가격이 폭락해 큰 손해를 보았어도 그것이 실현되지 않는 한 그는 덤덤한 태도를 가질 수 있다. 막상 그 주식을 팔아 손해가 실현되는 순간에야 "아이쿠, 주식을 잘못 사서 크게 손해를 봤구나."라고 부르짖으며 땅을 치게 된다. 독자라면 이와 다른 태도를 보일까? 곰곰이 생각해 보기 바란다.

그렇기 때문에 사람들은 돈이 필요해 보유 주식을 팔아야 할 상황이 생겼을 때 손해를 본 주식은 팔지 않고 이득을 본 주식을 파는 경향을 보인다. 예를 들어 어떤 사람이 자식의 결혼자금을 마련하기 위해 어디서 현금 1억원을 급히 구해야 한다고 하자. 그는 보유 주식을 팔아 현금을 마련하기로 했다. 그는 A전자회사와 B자동차회사 두 가지 주식을 보유하고 있는데 이 둘 중 하나를 처분하려고 한다. 그런 데 A전자회사 주식은 지금 팔면 이득을 실현할 수 있는 반면, B자동 차회사 주식은 손해를 봐야 한다고 한다.

이 상황에서 그는 어떤 주식을 우선적으로 처분해 현금을 마련하려고 할까? 대부분의 투자가들이 하는 대로 따라했다면 그는 A전자회사 주식을 우선적으로 처분할 것으로 예상할 수 있다. 그 주식을 처분함으로써 이득을 실현하고 자신이 투자를 잘했다는 기쁨을 누릴 수 있기 때문이다. 반면에 B자동차회사 주식을 처분하면 손실이 발생했음이 확인되고 자신의 실책을 후회하게 된다. '처분효과disposition effect'라고 불리는 이 현상은 금융관련 연구에서 광범하게 존재하는 것으로 확인된다.

만약 합리적인 투자자라면 그 두 가지 주식 중 어느 것을 우선적으로 처분할 것인지를 결정할 때 앞으로의 가격 동향에 더욱 신경을 쓴다. 즉 앞으로 가격 상승폭이 상대적으로 작거나 가격이 떨어질 것으로 예상되는 주식을 우선적으로 처분할 것이라는 말이다. 앞으로의 수익 전망이 중요하지, 이미 이득을 봤다거나 손실을 봤다는 사실은 별로 중요한 고려사항이 아니다. 그런데도 현실의 투자자들은 앞날의 전망보다 이미 발생한 이득이나 손실에 더 연연하는 태도를 보이는 것이다.

지금 예로 들고 있는 투자자가 미국인인 경우에는 세금을 적게 내기 위해서라도 손실이 발생한 B자동차 주식을 우선적으로 처분해야 한다. 그 주식을 처분해 손실을 실현시키면 세금 부담이 그만큼 가벼

워지기 때문이다. 반면에 이득을 본 A전자회사 주식을 처분하면 그 이득에 대해 세금을 내야 한다. 이득을 본 주식을 계속 보유하고 있는 것이 수익의 측면에서 유리할 뿐 아니라 세금의 측면에서도 유리하다는 말이다.

미국의 투자자들이 이 사실을 모를 리 없는데도, 실제로 그들이 우선적으로 처분하는 주식은 주로 이득을 본 것들이다. 세금을 의식해야 하는 12월에 가서야 예외적으로 손실을 본 주식을 우선적으로 처분하는 현상을 관찰할 수 있다고 한다. 나머지 11달 동안은 세금 부담이 무거워지는 것을 무릅쓰고 이득을 본 주식을 우선적으로 처분하는 비합리적 행동을 보인다는 말이다.

투자자들이 손실을 본 주식을 처분하기 싫어한다는 것은 주식 하나 하나를 다른 계정으로 처리하고 있음을 뜻한다. 앞에서 심적회계mental accounting라는 현상을 설명하면서 사람들은 마음속에서 돈을 그 성격에 따라 구분하는 성향을 보인다는 것을 설명한 바 있다. 돈이 어떤 과정을 거쳐 수중에 들어오게 되었느냐 혹은 어디에 쓸 돈이냐에 따라 칸막이를 쳐 놓고 구분하는 버릇을 갖고 있다는 말이다. 예를 들어 지금 주머니에 있는 돈 5만원 중 2만원은 노름에서 딴 것이고 나머지 3만원은 용돈으로 받은 것 중 일부라는 식으로 칸막이를 쳐서 각각 다른 계정으로 취급한다는 것이다.

심적회계의 논리에 따르면, 지금 예로 들고 있는 투자자는 A전자회사 주식과 B자동차회사 주식이라는 두 가지 독립된 계정을 갖고 있는 셈이다. 그는 손실기피성향을 갖고 있는데, 이 성향은 각 계정에 따로 적용된다. 즉 각각의 계정에서 손실을 보지 않으려고 노력하는 태도를 보인다는 뜻이다. 예를 들어 전체 투자에서 상당한 수익이 났다 해도 하나의 주식에서 손실이 나면 매우 기분 나빠하는 식이다. 결론적으로 말해 사람들이 손해를 본 주식을 빨리 팔아치우지 못하고 너무 오래 끌어안고 있는 비합리적 행동을 하는 이유는 손실기피 성향과 심적회계라는 두 가지 특성을 통해 설명할 수 있다.

8
고기를 맛있게 굽는 사람이
주식 투자에서 성공한다

　고기를 구울 때 너무 자주 뒤집으면 맛이 없어진다. 한쪽이 적절하게 익기를 기다려 뒤집어 주어야만 고기의 제 맛이 살아날 수 있다. 주식에 투자할 때도 주식을 너무 자주 사고파는 사람은 높은 수익을 얻을 수 없다. 시장의 상황을 관찰하면서 지긋이 기다렸다가 적절한 시점을 골라 주식을 사고파는 사람이 높은 수익을 올릴 수 있음은 두말할 나위도 없다. 합리적인 투자자라면 이런 방식으로 주식을 사고팔 것이라고 예상할 수 있다.

　어떤 주식을 일단 사고 나면 가격이 다소간 오르고 내려도 꿋꿋이 버티는 투자자들이 있다. 반면에 가격이 조금만 움직여도 이를 못 참고 성급하게 팔아 버리고 다른 주식으로 갈아타는 투자자들도 있다. 그리고 전반적으로 후자의 숫자가 훨씬 더 많다. 이처럼 비합리적으로 성급한 행태를 보이는 투자자들이 많다는 것은 또 하나의 특이현상이다.

만약 이렇게 성급한 투자자들이 많다면 주식시장에서 관찰된 거래규모가 이례적으로 커진다. 여기서 이례적이라는 말은 적절하다고 생각되는 거래규모보다 더 크다는 것을 뜻한다. 그렇다면 어떤 거래규모가 적절한 것이라고 말할 수 있을까? 사실 무엇이 적절한 주식거래규모인지 한 마디로 잘라 말하기는 어렵다. 그렇다고 해서 그것을 알아낼 방법이 전혀 없다는 말은 아니다.

현실의 주식 거래규모가 적절한 수준보다 더 큰지의 여부를 판단하는 방법으로 다음과 같은 것이 있다. 투자자들이 주식 거래를 한 번 더 했을 때 거기서 과연 이득을 보는지 아니면 손해를 보는지를 보는 방법이다. 만약 그 거래의 결과 자신이 갖고 있는 주식들의 평균 수익률이 떨어졌다고 하자. 그렇다면 예전 상태 그대로 주식을 갖고 있었던 것보다 더 나쁜 상태를 만들었고, 따라서 그 거래로 인해 손해를 본 셈이다. 이런 상황이라면 그 투자자는 너무 잦은 거래를 한 것이고, 이는 거래규모가 적절한 수준보다 더 컸다는 뜻이다.

주식시장에서 실제로 일어난 거래의 내용을 분석한 결과에 따르면, 추가적인 거래가 손해를 가져다준 경우가 압도적으로 많은 것으로 드러났다.[57] 그 거래가 일어난 후의 평균 수익률을 계산해 본 결과, 팔아 버린 주식의 수익률이 새로 산 주식의 수익률보다 일관되게, 그리고 상당히 큰 폭으로 더 높았다. 예를 들어 거래가 일어난 지 252일 후의 평균 수익률을 보면 팔아 버린 주식이 9.0%인데 비해 사들인 주식의 경우에는 5.7%밖에 되지 않아 양자 사이의 격차가 3.3%포인트나 되었다고 한다. 게다가 수수료까지 내야 하니 이런 거래를 통해 상당한 손해를 본 셈이다.

이처럼 성급하게 주식을 사고팔다가는 결국 투자한 돈을 다 날려버릴 수도 있다. 우리의 의문은 왜 사람들이 이런 성급한 태도를 보이느냐에 있다. 우선 생각할 수 있는 이유는 증권회사 직원이 더 많은 수수료를 챙기기 위해 투자종목을 바꾸라고 권하기 때문이라는 것이다. 투자자가 주식을 자주 사고팔수록 그들의 수수료 수입이 더 많아지게 마련이다. 그렇기 때문에 증권회사 직원은 은연중 주식 사고팔기를 부추기는 경향이 있다. 주식 투자를 해본 사람은 이것이 현실과 동떨어지지 않는 말이라는 것을 잘 알 것이다.

그런데 행태경제학자들이 보는 바에 따르면, 투자자들의 자신감 과잉overconfidence이 가장 중요한 이유라고 한다. 증권회사 직원의 권유와 관련 없이 순전히 자신의 판단에 의해 주식을 사고판 경우에도 추가적 거래에서 손해를 보았다는 분석 결과를 볼 수 있다. 이는 투자자들의 자신감 과잉이 더욱 중요한 이유라는 설명의 설득력을 높이는 증거가 될 수 있다.

심리학적 연구는 사람들이 일반적으로 자신의 능력이나 지식에 대해 너무 큰 자신감을 갖고 있음을 보여준다. 무슨 일이 일어났을 때, "그것 봐. 그렇게 될 줄 내가 미리 알았다니까."라고 말하는 사람이 많다. 자신은 그런 일이 일어날 것을 미리 짐작하고 있었다는 자신감의 표현이다. 그러나 정말로 그럴까? 세 살 먹은 어린애도 그렇지 않다는 것을 잘 안다. 사람은 언제나 일이 일어나고 나서야 현명해지는 법이다. 일이 일어나기 전에 미리 짐작할 수 있다는 것은 헛된 자신감에 지나지 않을 뿐이다.

이와 같은 자신감 과잉은 적절한 투자대상을 고르는 것 같은 어려운 일과 관련해 특히 현저하게 나타날 수 있다. 높은 수익을 가져다줄 투자 대상을 고르는 능력이 다른 사람들에 비해 우월하다는 믿음을 갖고 있는 투자자는 어떤 행태를 보이게 될까? 그는 틀림없이 투자종목을 자주 바꾸는 경향을 보일 것이다. 추가적인 거래에서 예상되는 이득에 대해 비현실적인 기대를 하고 있을 것이기 때문이다.

합리적인 투자자라면 추가적인 거래에서 예상되는 이득을 정확하게 예측하고 결정을 내린다. 그러나 자신의 능력을 과신해 비현실적인 예상을 하는 투자자라면 실제로는 손실을 가져오게 될 거래를 강행하게 된다. 이런 투자자들이 많을수록 현실에서 관찰되는 거래규모가 적절한 수준을 초과하는 폭이 더 커질 것이라고 짐작할 수 있다. 투자자의 자신감 과잉이 너무 많은 거래를 유발하고 그와 같은 거래의 결과 투자자의 재산이 줄어든다는 것은 여러 연구에서 거듭 확인된 바 있다.

자신감이 넘쳐도 탈이다

자신감 과잉으로 인해 현실에 대한 정확한 판단을 하지 못하는 것은 주식 투자를 하는 사람에 국한된 현상이 아니다. 심리학자들이 관찰한 바에 따르면, 사람들은 여러 가지 상황에서 미래를 너무 낙관적으로 전망하는 경향을 보인다. 미래를 낙관적으로 전망한다는 것은 그만큼 자신이 있다는 뜻이다. 예를 들어 학생들이 시험을 보기 전에 예상한 자신의 점수는 실제로 얻은 점수보다 더 높은 경우가 많다. 또한 MBA 과정 학생들 중 졸업 후의 전망에 대해 장밋빛 그림을 그리고 있는 사람이 많은 것으로 나타난다.

심지어 증권회사의 애널리스트 같은 전문가들조차 미래를 너무 낙관적으로 전망하는 경향을 보인다. 그들은 기업의 수익에 대해 객관적인 평가를 할 수 있으며, 또한 그렇게 해야만 하는 처지에 있다. 객관적인 평가를 하지 못하면 자리를 잃을 수 있기 때문이다. 그러나 그들이 제시하는 수익 전망은 현실에 비추어 볼 때 너무 낙관적인 것이 일반적 경향이다. 전문가인 그들도 아마추어 투자자와 크게 다를 바 없는 셈이다.

만약 어떤 사람이 모든 일에서 미래를 너무 낙관적으로 전망한다면 그의 삶은 실망의 연속일 것이다. 또한 자신감 과잉으로 인해 해서는 안 될 일을 한 나머지 시간, 노력, 돈을 낭비하는 경우도 많을 것이라고 짐작할 수 있다. 주식 투자로 그 동안 푼푼이 모은 돈을 한순간에 날려 버리는 것이 그 좋은 예다. 큰돈을 벌 수 있다는 자신이 없었다면 그 아까운 돈을 주식 사는 데 썼을 리 없다.

사람은 주변 환경에 끊임없이 적응해 가는 속성을 갖고 있다. 그렇게 적응해 가지 않으면 생존경쟁에서 살아남을 수 없기 때문이다. 그렇다면 이 자신감 과잉의 문제도 경험이 쌓여 감에 따라 점차 해소될 수 있는 여지가 있다. 미래를 너무 낙관적으로 전망한 나머지 실망을 맛본 경험이 여러 차례 쌓이면 보수적인 태도로 미래를 전망하는 습관을 갖게 될 가능성이 크다.

그런데 현실에서 이런 방식의 적응은 별로 일어나지 않는 것처럼 보인다. 위 세대보다 아래 세대가 상대적으로 덜 낙관적인 경향을 발견하기 힘들 뿐 아니라, 어떤 사람이 점차 덜 낙관적으로 변화해 가는 경향을 발견하기도 힘들다. 도박에서 큰돈을 날린 뼈저린 경험을 갖고 있는 사람이 또 도박에 손댄다는 것은 딸 수 있다는 자신감이 전혀 줄어들지 않았다는 것을 뜻한다.

자신감 과잉으로 인해 상당한 비용을 치르면서도 꿋꿋이 버티는 것은 상당히 흥미로운 현상이다. 심리학자들은 사람들이 실제로 이런 상황에 적응하는 방식이 우리가 예상하는 것과 다르다는 사실을 발견했다. 그 하나의 예가 실망스러운 결과가 나왔을 때 마음속으로 "그 정도면 괜찮았던 셈이야."라고 말하면서 스스로를 위로하는 방법이다. 즉 결과 그 자체를 낙관적으로 해석함으로써 자기정당화를 하는 방법으로 적응한다는 말이다.

또 하나의 적응방식은 실망스러운 결과가 나타난 데 대해 적절한 핑계거리를 찾는 것이다. 주식에 투자해서 큰돈을 날려 놓고 주식시장 상황이 전반적으로 나빴기 때문에 어쩔 수 없었다고 변명하는 것이 그 좋은 예다. 현명하게 투자 대상을 골랐다 하더라도 별 수 없었을 테니, 실패의 원인이 자신감 과잉에 있었던 것은 아니라는 논리다. 실패를 경험한 사람들이 그 원인을 자신의 잘못에서 찾는 경우는 아주 드물다. 반드시 그럴듯한 핑계거리를 찾아 놓고 있는 것이 보통이다.

한 가지 흥미로운 점은 미래에 대한 낙관적 전망이 부분적으로 자기실현적 예측self-fulfilling prophecy의 성격을 갖는다는 사실이다. 다시 말해 미래를 낙관적으로 전망하면 실제로 그런 결과가 나올 가능성이 있다는 뜻이다. 심리학자들의 연구에 따르면, 자신의 노력이 결과에 영향을 미칠 수 있는 상황에서 그런 현상이 나타날 가능성이 크다고 한다. 만약 이것이 사실이라면 사람들이 미래를 낙관적으로 전망하는 습관을 버리지 않는 또 하나의 좋은 이유가 있는 셈이다.

그러나 미래에 대한 낙관적 전망 하나만으로 좋은 결과를 얻을 수 있다는 환상은 버려야 한다. 사람에 따라 자신감 과잉이 게으름으로 이어지는 경우도 많은데, 이 경우에는 정반대의 결과가 빚어질 수 있다. 시험에서 좋은 점수를 얻을 수 있다는 자신감이 좀 더 노력하는 태도로 이어질 때에 한해 자기실현적 예측이 될 수 있다. 또한 낙관적 전망이 그대로 실현된다는 것이 아니고, 약간 더 좋은 결과를 가져오는 데 그친다는 점도 새겨들어야 한다.

심리학자들은 사람들이 모든 상황에서 무분별하게 낙관적 전망을 하는 것은 아니라고 말한다. 즉 터무니없게 낙관적인 전망으로 일관하는 것은 아니라는 말이다. 바로 이 점이 인간이 그런 심리적 특성을 버리지 않고서도 생존해 온 중요한 이유가 될 수 있다. 터무니없는 자신감에 차 있는 사람은 오래 살기 힘들다. 수영 강습 몇 번 받고 한강을 헤엄쳐 건너겠다고 뛰어드는 일 같은 것을 서슴지 않고 저지를 테니까 말이다.

자료: D. Armor and S. Taylor, "When Predictions Fail: The Dilemma of Unrealistic Optimism" in T. Gilovich *et al.* eds., *Heuristics and Biases*, 2002

'슬쩍 밀기'를 활용하자

행태경제학자들은 인간이 자신의 이익을 합리적으로
추구하는 존재라는 전통적 경제이론의 기본 가정이
비현실적이라는 사실을 밝혀냈다는 점에서 중요한
공헌을 했다. 그렇지만 아직도 행태경제학의 영향력
은 아주 제한되어 있는 것이 현실이다. 과거처럼 홀
대를 받지는 않고 있다 하더라도, 전통적 경제이론의
굳건한 아성에 도전하기에는 아직 역부족인 상태다.
나는 행태경제학의 영향력이 이론보다 정책의 측면
에서 훨씬 더 빠르게 확대되리라고 본다. 기본 골격
을 바꾸기가 어려운 이론과 달리, 정책의 경우에는
기존의 체계에 얽매일 필요가 없다. 따라서 새로운
아이디어가 정책에 활용될 수 있는 길은 언제나 넓게
열려 있는 셈이다. 행태경제학은 참신한 아이디어의
보고다.

1
마음의 결을
이용해야 한다

행태경제학이 밝혀 낸 바에 따르면, 우리 인간의 마음에는 일종의 결 같은 것이 있다. 앞에서 본 휴먼들의 여러 가지 독특한 성향 혹은 행동은 마음의 결이라고 볼 수 있다. 예를 들어 닻내림효과, 부존효과, 틀짜기효과, 심적회계는 물론, 현상유지편향이나 기정편향 같은 것들이 모두 마음의 결에 해당하는 것이다. 이런 결을 잘 활용하면 정책의 효과가 크게 높아질 수 있다.

생선 몸통을 비늘의 결에 맞춰 머리에서 꼬리 쪽으로 문지르면 부드럽게 손이 나아간다. 반대로 꼬리에서 머리 쪽으로 문지르면 비늘의 결과 어긋나서 손이 잘 나아가지 않는다. 이처럼 어떤 정책이 우리 마음의 결과 같은 방향으로 작용할 경우에 그 효과가 더 커질 수 있다. 반면에 마음의 결을 거스르는 정책은 아무리 잘 짜여 있다 해도 기대한 효과를 거두기 어렵다. 그러므로 행태경제학이 밝혀낸 마음의 결을 활용하면 정책의 효과가 크게 높아질 수 있는 것이다.

전통적 경제이론에 기초한 개입은 어떤 물질적 유인을 제공함으로써 사람들의 행동을 일정한 방향으로 유도하는 성격을 갖고 있다. 이에 비해 행태경제학자들이 선호하는 개입의 방식은 사람들이 가진 마음의 결을 이용해 어떤 방향으로 '슬쩍 미는nudge' 성격을 갖는다는 점에서 좋은 대조를 이룬다. 슬쩍 밀기만 해도 마음의 결을 따라 미끄러져 가기 때문에 정책의 효과가 커질 수 있다는 것이 행태경제학자들의 주장이다.

체티Raj Chetty는 행태경제학이 정책의 효과를 높이는 데 유용한 역할을 할 수 있는 이유를 다음과 같이 정리해 설명하고 있다.[58] 첫째로 행태경제학은 사람들의 행동에 영향을 줄 수 있는 새로운 정책수단을 제시해 준다고 말한다. 예를 들어 기정편향, 틀짜기효과 혹은 손실기피성향 같은 특성에 기초한 새로운 정책수단이 다양하게 개발될 수 있다는 것이다. 바로 앞에서 말한 '마음의 결'을 이용한 정책수단들이 새롭게 개발될 수 있다는 뜻이다.

둘째로 행태경제학은 기존 정책의 효과를 더 잘 예측하도록 해주는 수단으로 활용될 수 있다고 말한다. 전통적 경제이론은 인간에 대한 비현실적인 인식에서 출발하고 있기 때문에 사람들이 정책에 대해 어떤 반응을 보일지 예측하는 데 문제가 있을 수 있다. 이론이 아닌 휴먼이 보이는 반응은 전통적 경제이론에서의 예측과 크게 다를 수 있기 때문이다. 따라서 행태경제학의 도움을 받아 정책에 대한 사람들의 반응을 더욱 정확하게 예측할 수 있고, 이를 통해 정책의 효과를 높일 수 있다.

모든 인간이 호모 이코노미쿠스, 즉 이콘이라는 비현실적 가정에서 출발하고 있는 정책은 만족스러운 성과를 거두기 어렵다. '싫으면 말고 게임'의 실험을 통해 우리가 알게 된 진실은 사람들이 소소한 물질적 이득보다 공정성을 더 중요하게 생각한다는 것이다. 공정하지 못한 행동을 하는 상대방을 벌주기 위해 다소간의 이득을 서슴지 않고 포기하는 행동에서 그 진실이 생생하게 드러나고 있다.

한동안 신자유주의의 거센 바람이 전 세계를 휩쓸고 지나갔다. 일부 정치가와 경제학자들은 신자유주의적 정책을 통해 경제에 활력을 불어넣을 수 있다고 큰소리쳤지만, 그 실험은 대부분 실패로 돌아가고 말았다. 신자유주의 정책의 대명사라고 할 수 있는 레이거노믹스Reaganomics는 경제를 활성화시키지도 못한 채 엄청난 국가채무와 극심한 불평등이란 불행한 유산만을 남기고 역사의 장에서 쓸쓸히 퇴장하고 말았다.

신자유주의적 정책의 실패는 인간에 대한 잘못된 가정으로부터 출발한 데에서 그 본질적 이유를 찾을 수 있다. 합리적이고 이기적인 인간은 유인incentive에 민감하게 반응하기 때문에 당근과 채찍을 통해 일정한 방향으로 몰아갈 수 있다는 것이 신자유주의적 정책의 핵심 아이디어다. 세금을 깎아 주기만 하면 더 열심히 일하고 더 열심히 저축, 투자할 것이라는 단순한 기대가 그 좋은 예다. 그러나 레이거노믹스의 실험에서 분명히 드러났듯, 현실의 인간은 주어진 유인에 순진하게 반응하는 단순한 존재가 결코 아니다.

　정책의 문제를 행태경제학의 관점에서 접근할 필요가 있는 또 다른 이유는 현실의 인간, 즉 휴먼이 종종 의사결정 과정에서 실수를 저지른다는 데서 찾을 수 있다. 인간이 완벽하게 합리적이라면 자신이 무엇을 하고 있는지를 정확하게 이해하고 있을 뿐 아니라, 자신에게 손해가 될 일은 절대로 하지 않는다. 따라서 정부가 불필요하게 간섭하지 않고 모든 것을 개인의 자율에 내맡길 때 개인과 사회의 복지가 극대화될 수 있다. 그러나 현실의 인간은 그렇게 합리적이지 못해 종종 자신에게 손해가 되는 행동을 하기도 한다.

　예를 들어 합리적인 사람이라면 계약서에 아주 작은 글씨로 인쇄된 부분까지 꼼꼼히 읽고 이해한 다음 비로소 서명을 한다. 그러나 현실의 휴먼은 그렇게 하지 않고 건성으로 읽고서는 바로 서명을 해버리는 것이 보통이다. 이 사실을 아는 기업은 계약서를 만들 때 어떤 부분을 고의로 읽기 어렵게 만들거나 이해하기 힘든 문장으로 표현해 소비자를 기만하려 들기도 한다. 이런 가능성에 대해 소비자를 보호하려면 현실의 휴먼이 쉽게 읽고 이해할 수 있도록 단순명료하게 작성된 계약서를 사용하도록 만들어야 한다.

　현실의 경제는 휴먼들로 이루어져 있다. 모든 사람이 이콘이라는 가정하에서 도출된 이론으로 현실 경제를 제대로 설명하기 어려운 상황에 직면할 수 있다. 그리고 이 이론에 기초해 휴먼들을 원하는 방향으로 이끌어가는 것이 어려울 수도 있다. 이때 구원투수의 역할을 할 수 있는 것이 바로 행태경제학이다. 행태경제학은 휴먼들이 어떤 성향을 갖고 있으며 어떤 방식으로 행동하는지를 있는 그대로 밝혀낸다. 그럼으로써 이들을 어떻게 바람직한 방향으로 이끌어갈 수 있는지에 관한 유용한 정보를 제공해 준다. 행태경제학이 바람직한 정책을 만드는 데 크게 기여할 수 있다고 기대할 수 있는 이유가 바로 여기에 있다.

2
영국 정부의 실험
_Behavioral Insights Team

　2010년 영국 수상에 선출된 캐머런David Cameron은 행태경제학을 정책에 활용할 수 있는 방안을 찾기 위한 조직의 구성에 착수했다. 이 작업의 결과로 탄생된 조직이 바로 내각 산하의 기관으로 출범한 행동분석팀Behavioral Insights Team, BIT이다. BIT를 출범시키는 과정에서 행태경제학자 세일러Richard Thaler의 도움을 많이 받은 것으로 알려져 있다. 그가 쓴《똑똑한 사람들의 멍청한 선택Misbehaving》이란 책에는 이 조직에 대한 구상이 시작된 단계에서부터 그가 영국 정부와 긴밀하게 협조했다는 사실이 드러나 있다.

　영국 정부가 이 조직을 출범시키면서 내건 목표는 정책 효과의 제고와 예산의 절감이었다. 바로 앞에서 설명한 것처럼 행태경제학을 활용한 정책에는 '슬쩍 민다nudge'라는 표현이 트레이드마크처럼 뒤

따른다. 바로 이 이유 때문에 이 조직에는 넛지유닛Nudge Unit이라는 별명이 붙여졌다. 정부의 한 기관으로 출범한 이 조직은 2013년 4월 (부분적으로) 민영화되어 유한회사로 탈바꿈되었다.

이와 같은 민영화 조치는 영국 정부가 정책 결정에 관여하는 정부 조직을 민영화한 최초의 사례로 일컬어지고 있다. 정부 규모의 축소를 추구하는 집권 보수당의 철학이 반영된 조치라고 볼 수 있다. BIT가 정부 기관이었을 때에는 정부 부서가 이로부터 조언을 받을 때 아무런 비용을 지불하지 않아도 되었다. 그러나 민영화와 더불어 이제는 비용을 지불하고 조언을 얻는 체제로 바뀌게 되었다. 기본적으로는 공익에 봉사하는 조직이지만 이제는 수익성도 부분적으로 고려해야 하는 기업으로 탈바꿈한 것이다.

그동안 BIT는 여러 부문에서 정책의 효과를 높이기 위한 실험을 실시해 좋은 결과를 얻었다. 그중 대표적인 것 몇 개를 골라 소개하면 다음과 같다.[59]

(1) 사회적 규범을 활용한 세금 납부율 제고 방안

정부로서는 가능한 한 많은 납세자들이 정해진 기간 안에 세금을 성실하게 납부하도록 이끌 필요가 있다. 만약 납세자들이 끝까지 세금을 내지 않고 버티면 정부로서는 수금회사collection agency를 이용하든가 아니면 소송을 제기하는 방법을 쓸 수밖에 없다. 그런데 이런 방법은 비용이 많이 들 뿐 아니라 납세자의 반발을 살 수 있기 때문에 정부로서는 그리 좋은 대안이 아니다. 따라서 세금 납부를 독려하는 편지를 보내 자발적으로 세금을 내도록 유도하는 방법을 우선적으로 활용해야 한다.

그런데 문제는 어떻게 하면 납세자들을 효과적으로 설득할 수 있는 편지를 쓸 수 있느냐에 있다. 종래에는 세금 납부를 독려하는 편지가 거의 기계적으로 작성되었다. 건조한 문체로 납부기한을 넘긴 세금을 빨리 납부해 주면 고맙겠다는 말을 하는 정도의 편지였다. BIT는 이 편지의 내용을 조금만 바꿔도 체납된 세금을 자발적으로 납부하는 사람의 비율을 현저하게 높일 수 있다고 보았다.

어떤 사람을 사회적 규범이나 규칙에 따르도록 유도하는 효과적인 방법은 대부분의 사람들이 그렇게 한다는 사실을 상기시켜 주는 것이다. 예를 들어 "운전자의 90% 이상이 운전시 안전벨트를 착용하고 있습니다."라는 말을 들으면 즉각적으로 "나도 그래야 하겠구나."라는 생각을 하게 된다는 말이다. BIT는 예컨대 "대다수의 납세자들이 기한 안에 성실하게 세금을 납부하고 있습니다."라는 문구가 들어간 편지를 보내는 실험을 해보았다. 그 결과 체납자의 상당수가 자진해 세금을 납부하게 만드는 성과를 거두었다고 한다.

(2) 더 많은 기부금을 이끌어내는 방안

영국에는 하루분의 급여를 자선단체에 기부하는 제도가 있다. BIT는 어떻게 하면 더 많은 사람들로 하여금 이 제도에 참여하게 만들 수 있는지를 실험해 보았다. 우선 통제집단에게는 통상적인 이메일이나 전단지를 보내 참여를 권유했다. 그리고 실험집단에게는 더욱 많은 관심을 이끌어낼 수 있는 두 가지 방법을 시험해 보았다. 하나는 기부금 관련 메시지가 인쇄되어 있는 사탕을 제공하는 방법이고, 다른 하나는 각 개인에 맞춰 따로 작성된 이메일을 보내는 방법이다.

실험 결과를 보면 사람들의 관심을 이끌어내려는 특별한 노력이 좋은 성과를 거둔 것으로 나타났다. 통제집단에서는 이 제도에 참여하기로 결심한 사람의 비율이 5%에 불과한 데 비해, 사탕을 제공한 경우에 참여율이 11%로 올라갔고 맞춤 이메일을 보낸 경우에는 참여율이 12%로 한층 더 올라간 것을 볼 수 있었다. 두 방법을 함께 쓴 경우에는 참여율이 17%로 크게 높아졌다. 이와 같은 실험의 성공은 사람들의 관심을 이끌어내는 특별한 노력과 기부행위에 대한 작은 보답이 좋은 효과를 낸 것을 뜻한다.

BIT는 또 다른 방법으로 더 많은 기부금을 이끌어낼 수 있는지를 시험해 보았다. 영국 사람들은 전화를 통해 유언장을 작성하기도 하는데, 이때 유산 중 일부를 자선단체에 기부할 의향이 있는지를 물을 수 있다. 이와 같은 방식으로 유언장을 작성하는 사람을 대상으로 실험을 했는데, 우선 통제집단에게는 기부와 관련해 아무런 질문을 하지 않는다. 그리고 실험집단에게는 단순히 "유산의 일부를 자선단체에 기부할 의사가 있으십니까?"라고 묻기도 하고, "여기서 유언장을 작성한 분 중 많은 사람들이 기부 의사를 밝히셨습니다. 특별히 관심을 갖고 있는 어떤 특정한 사회활동이 있습니까?"라고 묻기도 한다.

이 실험의 주안점은 다른 많은 사람들이 기부 의사를 밝혔다는 사실에 주의를 환기시키는 것이 얼마만큼의 차이를 가져오는지를 밝혀내는 데 있었다. 단순히 기부 의사 여부를 물은 경우에는 10%의 사람들만 기부 의사가 있다고 응답했다. 이에 비해 다른 사람들의 선택을 언급한 두 번째 유형의 질문을 받은 사람들 중에서는 15%가 기부 의사가 있다는 답을 했다. 두 실험집단은 기부예정 금액에서도 상당한 차이를 보였다. 단순한 질문을 받은 사람들의 평균 금액이 3,110파운드였는데 비해, 두 번째 유형의 질문을 받은 사람들의 평균 금액은 6,661파운드로 두 배 이상의 차이를 보였다. 이 실험은 사회적 추세를 상기시켜 줌으로써 더 많은 기부금을 이끌어낼 수 있음을 보여주고 있다.

(3) 처방전 관련 실수를 줄이기 위한 방안

의사가 처방전을 작성할 때 실수를 하기도 하고, 약사가 이를 잘못 읽는 실수를 저지르기도 한다. 특히 전통적 방식대로 종이 위에 손으로 처방전을 적어넣은 경우에는 더욱 많은 실수가 일어날 수 있다. 예를 들어 서둘러 쓴 처방전에서 밀리그램milligram과 마이크로그램microgram 사이의 혼동이 일어나기 십상이다. 이 둘 사이의 차이는 무려 천 배에 달하기 때문에 자칫하면 원래 의사가 의도한 것에서 천 배나 강한 혹은 천 배나 약한 약이 환자에게 투여될 가능성이 있다.

이와 같은 실수는 처방전 서식을 단순하고 명료하게 만듦으로써 크게 줄일 수 있다는 것이 밝혀졌다. 예를 들어 밀리그램과 마이크로그램 사이의 혼동은 의사가 잘 알아보기 힘든 필체로 써놓았을 때 특히 자주 발생한다. 새로 작성된 처방전 서식에서는 약품의 단위를 미리 인쇄해 놓고 의사가 동그라미를 쳐서 밀리그램인지 아니면 마이크로그램인지를 밝히도록 만들었다. 아무리 알아보기 힘든 필적을 갖고 있는 의사라도 동그라미는 다른 사람들과 똑같이 친다는 사실을 활용하려는 의도에서였다.

실험 결과를 보면 이와 같은 단순하기 짝이 없는 변화가 처방전 관련 실수를 현저하게 줄인 것으로 나타난다. 만약 모든 의료기관에서 이와 같은 개선안을 받아들인다면 환자들에게 큰 혜택을 가져다 줄 것이 분명하다. 처방전 서식을 새로 인쇄하는 데 드는 비용이 지극히 사소할 것이고 보면 적은 비용의 투자로 엄청나게 좋은 성과를 거둘 수 있는 개선방안임에 의문의 여지가 없다.

영국 BIT의 활약에 감명을 받은 오바마Barack Obama 행정부는 미국도 이와 비슷한 프로그램을 도입할 움직임을 보였다. 우선 첫 단계로 2014년 백악관 내부에 백악관 사회ㆍ행태과학팀White House Social and Behavioral Sciences Team, SBST이라는 소규모의 연구팀이 구성되었다. 2015년 9월 오바마 대통령은 행정명령을 내려 사회ㆍ행태과학팀 Social and Behavioral Sciences Team, SBST이라는 공식기구를 창설하기에 이른다. 다른 나라들도 미국과 비슷하게 행태경제학의 통찰을 정책에 활용하려는 적극적 노력을 기울이고 있다. 2014년 현재 정책의 어떤 측면에서 행태경제학을 활용하고 있는 나라가 무려 136개국에 이른다는 사실이 보고된 바 있다.

3

기증 장기 부족의 문제를
쉽게 해결할 수 있다?

　한 통계에 따르면 장기 이식을 받아야 할 환자가 기증자를 기다리다 죽는 사례가 미국 안에서만 매년 2만 건 정도 발생한다고 한다. 이식기술의 급격한 발전에 따라 장기만 기증받을 수 있다면 충분히 목숨을 건질 수 있는 상황이 되었다. 그러나 기증된 장기가 부족하기 때문에 수많은 사람들이 때 이른 죽음을 맞는 안타까운 상황이 벌어지고 있다.

　이에 대해 경제학자 베커Gary Becker는 장기 거래를 합법화해 공급을 획기적으로 늘리는 조치를 취해야 한다고 주장했다. 그러나 여러 가지 사정으로 인해 장기거래의 합법화는 아직 실현되기 어려운 상황이다. 기증 장기 부족의 결정적 원인은 아직도 많은 뇌사자들의 가족이 장기 기증을 거부하고 있기 때문이다. 미국과 영국에서 장기 기증의 요청을 거부한 가족의 비율은 거의 50%에 이르는 수준인 것으로 알려져 있다.

한 가지 흥미로운 점은 장기 기증을 할 용의가 있다고 말하는 사람이 많지만 막상 기증을 하는 사람은 적다는 사실이다.[60] 한 여론조사 결과에 따르면 응답자의 83%가 장기 기증에 찬성한다고 말하는 한편 69%는 장기 기증의 의사가 있다는 대답을 했다고 한다. 그러나 실제로 운전면허증에 장기 기증을 허용한다고 기록한 사람이나 장기 기증 카드에 서명한 사람은 그보다 훨씬 더 작은 28%에 불과한 실정이다. 이렇게 장기를 기증할 의사가 있으면서도 막상 기증을 하지는 않는 사람이 많다는 것은 적절한 조치를 통해 기증을 유도할 수 있는 여지가 크다는 것을 뜻한다.

그동안 장기 기증율을 높이기 위한 여러 가지 방안이 제시된 바 있다. 기증자에게 물질적 유인을 주는 방법, 홍보 캠페인, 교환 프로그램, 기증 약속자에 대한 장기 우선 배정 등 여러 가지 방안이 제시되었던 것이다. 그러나 이들 중 뚜렷이 좋은 성과를 낸 방안은 아직 없었다. 여기서 유력한 대안으로 떠오른 것이 바로 장기 기증 절차에 적절한 손질을 가함으로써 기증자의 수고를 덜어 주는 방법이다. 수고스러움을 꺼리는 성향 때문에 장기를 기증할 의사가 있는데도 실제로는 기증하지 않는 사람이 많다는 데 착안한 조치다.

우리나라를 위시한 대부분의 나라에서는 분명한 의사를 표현하지 않는 한 기증의 의사가 없다고 보는 원칙을 채택하고 있다. 장기 기증의 명백한 의사 표시가 있어야만 적출이 가능하다는 뜻에서 명백

한 동의explicit consent원칙 혹은 옵트인opt-in원칙이라고 부른다. 원래
는 기증하지 않기로 되어 있지만 선택해서 기증하는 쪽으로 결정한
다는 뜻에서 옵트인이란 표현을 쓴 것이다.

그런데 스페인, 프랑스, 오스트리아, 스웨덴 등의 나라에서는 그 반
대로 특별히 의사를 표현하지 않는 한 기증할 의사가 있는 것으로 보
는 원칙이 채택되고 있다. 자신의 의사를 달리 표현하지 않는 한 기
증의 의사가 있다고 본다는 뜻에서 추정된 동의presumed consent원칙
혹은 옵트아웃opt-out원칙이라고 부른다. 옵트아웃이란 말은 원래 기
증하기로 되어 있는데 선택해서 기증하지 않는 쪽으로 결정한다는
뜻이다. 사소한 원칙의 차이 같지만 실제로는 어느 원칙이 채택되느
냐에 따라 장기 기증률이 매우 큰 폭으로 달라지는 것을 관찰할 수
있다.

한 연구 결과를 보면 옵트아웃원칙을 채택한 7개국의 장기 기증률
은 모두 85% 수준을 넘는 것으로 나타난다.[61] 연구 대상이 된 옵트인
원칙 채택 국가의 기증률은 잘해야 20% 내외임을 고려할 때 어떤 원
칙을 선택하느냐가 매우 중요한 일이라는 것을 알 수 있다.

흥미로운 점은 여러 가지 측면에서 아주 비슷한 두 나라가 단지 어
떤 원칙을 채택하고 있느냐에 따라 장기 기증률에서 매우 큰 차이를
보인다는 사실이다. 예를 들어 독일의 기증률은 12%에 불과한데, 똑
같은 언어를 쓸 정도로 비슷한 이웃의 오스트리아에서는 100%의 기
증률을 보이고 있다. 또한 똑같은 스캔디나비아 국가들인데 덴마크
의 기증률은 4%에 불과한 반면, 스웨덴의 기증률은 86%나 되는 것

을 볼 수 있다.

옵트아웃원칙이 정책이 그토록 놀라운 성과를 거둔 이유는 사람들의 기정편향을 적절하게 활용했기 때문이다. 이 원칙하에서 (정부에 의해) 이미 정해진 선택가능성은 뇌사의 단계에서 장기를 기증하는 것이다. 이를 바꾸려면 자신은 기증의 의사가 없다는 명백한 표현을 해야 한다. "나는 뇌사의 상태에 들어가도 장기를 기증하지 않겠다." 라고 분명히 말해야 하는데, 대부분의 사람들은 이를 귀찮게 여기기 때문에 그냥 놓아두고 만다. 사람들이 갖고 있는 귀차니즘을 적절하게 활용해 많은 사람들의 생명을 구할 수 있게 된 것이다.

이와 대조적으로 옵트인원칙하에서는 장기를 기증할 의사를 분명하게 밝히지 않는 한 그럴 의사가 없는 것으로 보게 된다. 이 경우에는 장기 기증의 의사가 있는데도 귀차니즘 때문에 아무런 조치도 취하지 않는 사람들이 많기 때문에 장기 기증률이 낮을 수밖에 없다. 사람들은 본질적으로 여러 가지 측면을 일일이 따져보고 의사 결정을 해야 하는 상황을 매우 불편하게 여긴다. 옵트인원칙이 채택되고 있는 상황에서 장기 기증의 의사를 명백하게 표현하는 일은 이런 불편함을 극복해야만 가능해진다.

사람들이 기정편향을 보이는 또 다른 이유로 이미 정해진 선택가능성이 일종의 정답 역할을 한다는 점을 들 수 있다. 장기를 기증해야 할지 말아야 할지의 문제로 고민하고 있는 사람에게 이미 정해진 선택가능성은 하나의 정답으로 비춰질 수 있다. 따라서 옵트인원칙이 채택되고 있는 상황에서는 기증을 하지 않는 것이, 그리고 옵트아웃원칙이 채택되고 있는 상황에서는 기증을 하는 것이 정답이라는 암시를 받게 되는 것이다.

지금까지 살펴본 장기 기증의 예에서 보는 것처럼, 정책의 기본 골격을 짤 때 어느 것을 미리 정해진 선택가능성으로 삼느냐가 매우 중요한 문제가 된다. 대부분의 사람들이 그쪽을 선택할 것이라는 점을 고려해 신중한 디자인이 필요하다. 아무리 의도가 좋은 정책이라 하더라도 이 디자인상의 문제를 안고 있다면 결코 좋은 성과를 거둘 수 없다. 반면에 옵트인원칙을 버리고 옵트아웃원칙을 채택하는 것 같은 작은 정책상의 변화가 놀라운 성과를 가져다 줄 수 있다. 기정편향이란 마음의 결을 이용해 별 힘을 들이지 않고 수많은 생명을 구할 수 있는 방법을 찾아낼 수 있는 것이다.

국가 차원에서 제공되는 국민연금제도나 기업 차원에서 제공되는 연금프로그램을 도입하는 경우에도 사람들의 기정편향을 활용할 수 있다. 국민연금제도나 기업연금프로그램의 혜택을 받는 사람의 숫자를 가능한 크게 만드는 것이 바람직하다면 별도의 의사 표시가 없는 한 자동 가입되는 방식으로 기본골격을 짜야 한다. 미국, 칠레, 멕시코, 덴마크, 스웨덴 등지에서 두 가지 방식의 성과를 비교한 바에 따르면, 자동 가입 방식을 채택할 때의 가입률이 현저하게 더 높았다고 한다. 근로자들 역시 이 방식을 훨씬 더 좋아하는 것으로 드러났다고 한다.

영국에서는 2012년 10월부터 기업들이 자동으로 가입되는 연금프로그램을 시작했다고 한다. 초기단계에서는 고용인 수가 250명 이

상의 대기업으로부터 시작했으나 2018년에는 모든 기업이 이 프로그램을 도입할 예정이라고 한다. 자동 가입 프로그램이 도입되기 전에는 가입률이 61% 수준이었으나 도입 후에는 83%로 크게 높아졌으며 그 결과 40만 명 이상의 근로자들이 연금 혜택을 누릴 수 있게 되었다고 한다. 자동적으로 가입하게 만든 작은 변화가 이렇게 큰 차이를 만들어낸 것이다.

그러나 기존의 경제학 교과서 어디를 찾아보아도 이런 말을 하는 것을 볼 수 없다. 모든 사람이 호모 이코노미쿠스임을 가정한 전통적 경제이론에서는 기정편향 같은 독특한 행태의 특성을 생각하기조차 어렵다. 기정편향을 이용해 정책의 성과를 크게 만들 수 있다는 것은 행태경제학의 관점에서 볼 때에야 비로소 깨달을 수 있는 지혜다.

4
다른 정책에도 행태경제학을
응용할 수 있다

　교육 개혁의 측면에서도 행태경제학의 활용을 통해 좋은 성과를 거둘 수 있는 여지가 있다. 미국의 부시_{Geroge Bush} 행정부가 교육개혁을 위해 열정적으로 추진했던 '낙오학생방지법_{No Child Left Behind,} _{NCLB}'은 별 성과를 거두지 못한 채 흐지부지 되고 말았다. 이 정책은 학생들에게 특별한 시험을 치르게 하고 그 성적으로 학교와 교사의 성과를 평가한다는 기본구상에 기초해 있었다.

　단순한 평가에 그치는 것이 아니라 엄격한 당근과 채찍을 적용함으로써 학교와 교사가 더욱 열심히 노력하지 않으면 안 되는 분위기를 만들자는 데 이 정책의 목표가 있었다. 학생들의 성적이 나쁜 학교와 교사에게는 가혹한 처벌이 기다리고 있었다. 예를 들어 반복해서 F등급을 맞은 학교는 아예 문을 닫아야 하는 정도였다. 그러나 이 정책은 수많은 부작용만 낳았을 뿐 학력의 근본적 개선을 가져오지는 못했다. 당근과 채찍의 위협만으로 학교와 교사로부터 최선의 노력을 이끌어낼 수 있다는 순진한 발상은 정책의 실패로 이어지고 말았다.

행태경제학의 관점에서 보면 이 정책의 시행방식을 조금만 바꿨어도 훨씬 더 좋은 성과를 올릴 수 있었다. 프라이어 등Roland Fryer, Jr. et al.은 성과가 좋은 교사에게 보통의 방식으로 금전적 유인을 제공하는 것은 별 효과를 내지 못한다고 지적했다.[62] 그들은 금전적 유인을 제공하는 방식이 달라짐에 따라 정책의 효과가 달라질 수 있다는 점에 주목했다. 다시 말해 금전적 유인을 제공하는 방식을 바꾸는 단순한 변화만으로도 정책의 효과를 크게 높일 수 있다는 뜻이다.

그들은 실험 대상이 된 교사들을 두 개의 집단으로 나눠 각기 다른 금전적 유인의 제공방식이 어떤 차이를 가져오는지 관찰했다. 한 집단에게는 보통의 방식, 즉 학생의 성적에 따라 연말에 보너스의 형식으로 금전적 유인을 제공했다. 그리고 다른 집단에게는 연초에 일정 금액의 보너스를 미리 지급하고 연말에 가서 학생들의 성과에 따라 정산을 하는 방식으로 금전적 유인을 제공했다. 즉 학생들의 성적이 기대한 수준 이하로 판명되면 미리 지급한 보너스의 일부 혹은 전부를 반납하도록 만든 것이었다.

학생들의 성적이 똑같은 경우 두 집단의 교사는 똑같은 금액의 보너스를 받게 된다. 그러나 한 집단은 보너스로 받은 돈을 '이득gain'으로 인식하는 반면, 다른 집단은 반납해야 하는 돈을 '손실loss'로 인식하도록 틀짜기를 한 차이가 있다. 실험 결과를 보면 이와 같은 틀짜기상의 차이는 두 집단의 성과에 큰 영향을 미친 것으로 드러났다. 즉 손실이라는 틀짜기의 적용대상이 된 교사의 학생들이 상대적으로 더 좋은 성적을 냈음이 밝혀진 것이다.

손실이라는 틀짜기가 교사들의 성과 향상에 효과를 발휘한 이유는 손실기피성향loss aversion 때문인 것으로 해석된다. 앞에서 설명한 것처럼 사람들은 똑같은 금액의 이득보다 손실에 훨씬 더 민감한 반응을 보이는 손실기피성향을 갖고 있다. 미리 받은 보너스 중 일부 혹은 전부를 반납하는 것을 손실로 인식하는 교사는 이 손실을 회피하기 위해 상대적으로 더 많은 노력을 기울이게 된다. 이와 같은 보너스 지급방식의 변화는 틀짜기효과와 손실기피성향을 통해 교사들의 성과를 향상시키는 결과를 가져올 수 있는 것이다.

자동차 구매와 관련된 사람들의 의사결정 과정에 행태경제학의 통찰을 활용해 볼 수도 있다. 사람들은 자동차를 살 때 연비를 매우 중요하게 생각한다. 연비가 좋을수록 그만큼 자동차 운영비용을 절약할 수 있기 때문이다. 또한 정부의 입장에서 볼 때도 사람들이 좋은 연비의 자동차를 많이 구매하면 그만큼 에너지가 절약될 수 있어 반가운 일이다. 소비자의 선택을 돕기 위해 각 나라 정부는 자동차 제조업자로 하여금 자동차의 연비에 관한 정보를 명백하게 밝히도록 규제를 실시하고 있다.

그런데 우리나라와 미국에서는 자동차의 연비가 1갤런 혹은 1리터로 얼마만큼을 갈 수 있는지의 방식으로 표현되고 있다. 연비라는 말의 영어 표현이 MPG인데, 이것은 'miles per gallon'의 약자다. 즉 미국에서는 1갤런의 연료로 몇 마일을 갈 수 있느냐로 연비를 표현하고 있는 것이다. 우리 모두가 잘 알고 있듯, 미터법을 쓰고 있는 우리나라에서는 1리터로 몇 킬로미터를 갈 수 있는지의 방식으로 약간 달리 표현하지만 본질에서는 아무 차이가 없다.

카너먼은 이와 같은 연비 표현방식이 소비자를 잘못된 방향으로 이끌 가능성이 있다고 지적한다.[63] 그는 다음과 같은 두 가지 예에서 어느 쪽이 더 많은 에너지를 절약할 수 있는 선택인지 생각해 보자고 제안한다.

선택 1 김씨는 연비가 1리터당 12킬로미터인 대형차를 갖고 있었다. 좀 더 좋은 연비의 자동차로 바꾸기 위해 이를 팔고 1리터당 14킬로미터인 중형차를 샀다.

선택 2 연비가 좋은 차를 선호하는 이씨는 연비가 1리터당 30킬로미터인 소형차를 갖고 있었다. 이보다 더 좋은 1리터당 40킬로미터의 경차가 나오자 바로 이것으로 바꿨다.

김씨와 이씨가 모두 1년에 평균 1만 킬로미터를 운행한다고 할 때, 이 두 사람 중 어느 쪽이 자동차를 바꿔서 더 큰 폭의 연료 절감 효과를 얻었을까? 대부분의 사람들은 이 질문에 대해 서슴없이 이씨 쪽이라고 대답할 가능성이 크다는 것이 카너먼의 지적이다. 김씨는 연비를 고작 2킬로미터 더 크게 만들었을 뿐이다. 반면에 이씨는 원래 연비의 거의 3분의 1에 해당하는 10킬로미터나 더 크게 만들었다. 대부분의 사람들이 이런 방식으로 생각해 이씨 쪽이라는 대답을 할 것으로 짐작할 수 있다.

그런데 각 자동차를 통해 사용한 연료를 계산해 보면 이와 반대의 답이 나온다. 김씨는 1년에 833리터의 연료를 사용했는데 좀 더 연비가 좋은 자동차로 바꿈에 따라 연료 사용량이 714리터로 줄었다. 따라서 김씨가 자동차를 바꿔 절약할 수 있는 연료의 양은 119리터가 된다. 반면에 이씨는 333리터의 연료를 사용하다가 자동차를 바꿔 250리터로 줄일 수 있었다. 따라서 이씨가 자동차를 바꿈으로써 절약할 수 있는 연료의 양은 고작 83리터에 불과하다는 계산이 나온다.

현행의 연비 표시 방식하에서 이렇게 연료 소비량을 계산해 답을 찾아내는 사람은 지극히 드물 것이 분명하다. 휴리스틱에 주로 의존하는 휴먼으로서는 불가능한 일이기 때문이다. 시스템 2가 작동되어야 비로소 그런 계산이 가능해지는데, 게으른 시스템 2는 여간해서 나서려고 하지 않는다. 그렇기 때문에 시스템 1이 제시한 직관적인 답, 즉 이씨 쪽이 더 큰 폭의 연료 절감효과를 얻었다는 답을 그대로 받아들여 오판에 이르는 것이다.

소비자의 올바른 선택을 이끌어내기 위해서는 연비 표시 방식이 달라져야 한다는 것이 카너먼의 주장이다. 100킬로미터를 가기 위해 몇 갤런 혹은 몇 리터의 연료가 필요한지의 방식으로 연비를 표시하면 사람들은 복잡한 계산과정을 거치지 않고서도 얼마만큼의 연료 절감효과를 얻을 수 있는지 바로 알아낼 수 있다. 그는 미국을 제외한 많은 나라들이 이런 방식으로 연비를 표시하도록 만들고 있음을 지적한다. 이렇게 연비 표시 방식을 바꾸는 것 같은 간단한 조치 하나만으로도 상당한 정도의 에너지 절약 효과를 거둘 수 있다.[64]

행태경제학의 간략한 실험

　내가 담당했던 2009년도 1학기 미시경제이론 수강생 169명을 대상으로 행태경제학의 간략한 실험을 해보았다. 학생들로부터 솔직한 응답을 받아 내기 위해 일부러 학기 초를 선택해 이 설문조사를 실시했다. 행태경제학이 무엇인지 알고 있을 뿐 아니라 이 설문조사가 그 이론과 관련을 갖고 있다는 사실을 인지하고 있으면 솔직한 응답이 나오기 어렵기 때문이다. 따라서 설문조사가 실시된 시점에서 수강생들은 행태경제학이라는 것이 무엇인지 전혀 모르고 있는 상황이었다.*

---

*　그러나 미시경제이론 수강생 중 일부가 예전에 다른 시간에서 이와 비슷한 실험에 참여한 경험이 있음을 나중에 알게 되었다.

설문지에서 볼 수 있듯, 나는 이 설문조사의 목적이 단지 미시경제이론의 수업을 좀 더 재미있게 만들려는 데 있다고 말했다. 그리고 설문지를 나눠 주면서 아무 부담감 없이 생각나는 대로 응답하면 된다는 점을 거듭 강조했다. 우리 학생들은 평소부터 시험 치는 데 워낙 익숙해져 있는 터라 마치 시험을 치는 자세로 설문조사에 응할 가능성이 크다. 그렇게 되면 행태경제학을 실험해 보려는 취지를 제대로 살릴 수 없게 된다.

설문조사 결과를 정리해 보면, 행태경제학이 말하는 인간 행태의 특성이 거의 그대로 들어맞는 것을 알 수 있다. 각 질문 별로 어떤 응답이 나왔는지 하나씩 살펴보기로 하자.

질문 미시경제이론 시간에 우연히 어떤 낯선 학생과 나란히 앉게 되었습니다. 교수가 당신에게 다가와 옆자리에 앉은 사람과 나눠 가지라고 말하면서 10만원을 주었습니다. 그리고 다음과 같은 절차에 따라 얼마씩 나누어 가질지를 결정하라고 말했습니다. 당신은 이 10만원 중 자신이 얼마를 갖고 옆 학생에게 얼마를 주겠다고 제의합니다. 옆 자리의 학생이 그 제의를 받아들이면 10만원은 바로 그렇게 나누어지게 됩니다. 그러나 거부할 경우 당신은 그 10만원을 전부 가질 수 있습니다. 이 상황에서 당신은 옆 학생에게 얼마를 준다고 제의하시겠습니까?

답 나는 그 학생에게 (   )원을 준다고 제의한다.

이 질문은 사람들이 현실에서 얼마나 이기적으로 행동하는지 알아보려는 의도에서 만들어졌다. 여기에 묘사되어 있는 몫 나누기 게임에서는 원하기만 하면 자신이 그 10만원을 독차지할 수 있게끔 되어있다. 즉 상대방의 눈치를 전혀 볼 필요 없이 10만원을 독차지할 수있다는 데 이 게임의 특징이 있다. 이와 같이 이기적으로 행동해도되는 상황을 만들어 놓고, 실제로 사람들이 얼마나 이기적으로 행동하는지 알아보려는 데 이 질문의 목적이 있다.

겉으로는 여기서 묘사된 몫 나누기 게임이 제5장에서 본 최후통첩게임과 비슷하게 보일 수 있다. 그러나 엄밀하게 말하면 오히려 독재자게임에 더 가까운 성격을 갖고 있다. 본인이 제의한 것을 상대방이거부하면 자신이 10만원을 모두 가질 수 있다. 그렇기 때문에 상대방의 보복을 전혀 두려워할 필요가 없는 상황이고, 바로 이 점에서독재자게임과 아주 닮아 있는 것이다. 따라서 이기적으로 행동하는사람이라면 상대방에게 아주 적은 금액을 제시해 거부하도록 유도하는 전략적 행동을 할 가능성이 크다.

이 질문에는 6명이 아무 답변도 제시하지 않아 163명만을 분석 대상으로 삼았다. 상대방에게 단 한 푼도 주지 않고 자신이 전부 차지하겠다고 응답한 사람은 전체 응답자의 30%, 즉 49명이었다. 상대방에게 얼마간 주겠다고 했지만 1만원 이하의 적은 금액을 적어 넣은사람은 실질적으로 독차지 하겠다는 의사를 표현한 것으로 보아야한다. 상대방이 그 제의를 거부할 것을 알고 그렇게 적은 금액을 적어 넣었을 것이 분명하기 때문이다. 이와 같은 전략적 행동을 취한 사람은 40명(25%)인 것으로 나타났다. 따라서 전체 응답자의 55%에 해당하는 사람이 10만원을 독차지하려는 의사를 표명한 셈이다.

나머지 45%의 사람들은 상대방에게 1만원 이상의 금액을 나눠 주겠다고 대답했다. 상대방에게 5만원을 줌으로써 똑같이 나눠 갖겠다고 대답한 사람도 17%나 되었다. 비록 4%에 불과하지만 그 이상의 금액을 상대방에게 나눠주겠다고 대답한 사람까지 있었다. 이와 같은 설문조사 결과는 이기적으로 행동해도 되는 상황에서 모든 사람들이 이기적으로 행동하지는 않는다는 것을 보여주고 있다. 비록 절반 수준에는 약간 못 미치지만 그래도 상당히 많은 수의 사람들이 상대방과 나눠 갖겠다는 의사를 표시했다는 데 주목할 필요가 있다.

나는 설문조사 끝 부분에서 경제학부 학생인지의 여부를 물었는데, 이것은 또 하나의 실험을 해보기 위해서다. 경제학에 대한 사람들의 시선이 곱지 않은 것은 누구나 잘 아는 사실이다. 경제학에 대한 비판 중 흥미로운 것 하나는 그것을 공부하면 사람들이 더욱 이기적으로 된다는 지적이다. 심지어 경제학자도 이 점에 대해 그렇지 않다고 자신 있게 부정하지 못하는 실정이다. 과연 이 지적이 타당한지의 여부를 가리기 위해 그 동안 여러 가지 실험을 해보았으나 아직 뚜렷한 결론은 얻지 못했다. 나도 이 설문조사를 통해 그 점에 대해 알아보려는 의도에서 응답자의 전공을 물어보았다.

응답 결과를 보면 경제학 교육이 사람을 더욱 이기적으로 만들 것이라는 추측은 근거가 없는 것으로 드러났다. 상대방에게 단 한 푼도 주지 않겠다고 대답한 사람의 비율은 경제학 전공 29% 대 비경제학 전공 30%로 거의 차이가 없는 것으로 나타났다. 상대방에게 1만원 이하의 적은 돈을 제시하는 전략적 행동을 한 사람의 비율도 경제학 전공 20% 대 비경제학 전공 18%로 큰 차이가 없었다. 결론적으로 말해 경제학 교육과 이기적 태도 사이에는 별 관련이 없다는 뜻이다.

> **질문** 어느 가전제품회사의 사은대축제에 1등으로 뽑혀 다음과 같은 상을 받게 되었습니다. 당신이 가장 좋아하는 사람(같은 학교에 다니는 이성 학우일 수도 있고, 탤런트일 수도 있고, 슈퍼모델일 수도 있음)을 지정하면 그(혹은 그녀)와 함께 하루 데이트를 즐길 기회를 준다는 것이 그 상의 내용입니다. 고급 레스토랑에서의 저녁식사는 물론 록카페 비용도 모두 주최 측에서 부담할 뿐 아니라 헤어질 때는 그 사람의 서명이 든 사진까지 준다고 합니다. 그런데 당신은 이 데이트 날짜를 언제로 잡으시겠습니까?
>
> **답** 오늘 당장 그 데이트를 하시겠습니까? (　　　)
> 만약 당신의 답이 '아니요'라면 얼마 후로 할 것입니까? (　　　후)

이 질문은 앞서 본 바 있는 할인율의 수수께끼와 관련을 갖고 있다. 응답자들이 보인 태도는 행태경제학이 말하고 있는 바와 거의 똑같은 것으로 드러났다. 전통적 경제이론에 따르면 대부분의 사람들이 오늘 당장 그 데이트를 하겠느냐는 물음에 "예"라고 대답할 테지만, 그렇게 대답한 사람은 전체 응답자의 21%인 35명에 지나지 않았다. 거의 대부분의 응답자가 상당한 시간이 흐른 후 데이트를 하겠다고 대답한 것을 볼 수 있다.

가장 많은 사람들이 선택한 것은 1주일 후였는데, 전체 응답자의 31%에 해당하는 52명이 그런 대답을 했다. 심지어 몇 년 후라고 대답한 사람도 있었는데, 그 중에는 10년 후라고 대답한 사람까지 있었다. 그 이유는 자신이 충분히 멋있게 된 후 만나고 싶기 때문이라고 한다. 결론적으로 말해 좋은 일이라고 해서 당장 그것이 실현되기를 원하는 사람은 지극히 적은 것으로 드러났다.

> **질문** 당신은 제비뽑기에서 재수 없이 걸려 다음과 같은 벌을 받아야 합니다. 당신은 어느 날 병원으로 끌려가 몸을 결박당하고 전기 자극을 받게 됩니다. 전압의 강도가 죽지는 않을 정도지만 고통은 무척 극심하다고 합니다. 그런데 이 일을 언제 당할지는 당신이 선택할 수 있습니다. 언제로 그 날짜를 잡으시겠습니까?
>
> **답** 오늘 당장 전기 자극을 받으시겠습니까? (　　　)
> 만약 당신의 답이 '아니요'라면 얼마 후로 날을 잡으시겠습니까?
> (　　　후)

이 질문 역시 할인율의 수수께끼와 관련을 갖고 있는데, 앞서와 반대로 싫어하는 일에 대해서는 어떤 태도를 취하는지 알아내기 위한 목적을 갖고 있다. 전통적 경제이론은 이 경우 사람들이 당장 그 전기 자극을 받으려 하지 않고 가능한 한 뒤로 미룰 것이라고 예측한다. 말하자면 죽기 직전까지 미루려는 사람이 거의 대부분일 것이라는 뜻이다. 그러나 오늘 당장 전기 자극을 받을지 여부를 묻는 질문에 118명, 즉 전체 응답자의 70%에 이르는 사람들이 "예"라고 대답한 것으로 나타났다. 바로 앞에서 말한 예측과 전혀 다른 결과를 관찰할 수 있는 것이다.

전기 자극을 받는 시기를 죽기 직전까지 늦추겠다고 대답한 사람은 겨우 일곱 명밖에 없어 4%에 불과한 것을 볼 수 있다. 100년이나 200년처럼 거의 비슷한 의미의 대답을 한 사람까지 합쳐도 그 수는 18명에 지나지 않는다. 사실 이런 대답은 죽고 나서 그 전기 자극을 받겠다는 것을 뜻해 질문한 의도와 부합되지 않는 성격을 갖고 있다. 어찌 되었든 그 시기를 최대한 늦추겠다고 대답한 사람은 전체 응답자의 10% 내외밖에 되지 않는다.

질문 김진석 씨는 경제학을 전공한 35세의 직장인으로서 사회문제에 날카로운 문제의식을 갖고 있습니다. 그는 요즈음 환경문제의 심각성을 깨닫고 환경을 보호하자는 취지로 결성된 시민의 모임에 자주 참여하고 있습니다. 그에 대한 다음과 같은 두 가지 묘사 중 어떤 것이 현실과 부합될 가능성이 더 큰지 골라 보시기 바랍니다.
A: 김진석 씨는 은행원이다.
B: 김진석 씨는 은행원이면서 은행 내부의 민주화운동에 참여하고 있다.

답 A, B 중 (   ) 쪽이 현실과 부합될 가능성이 더 크다.

이 질문은 사람들이 실제로 대표성 휴리스틱을 사용해 판단하고 있는지의 여부를 알아보기 위한 것이다. 통계의 기본법칙에 따르면, 현실과 부합될 가능성이 더 큰 쪽은 당연히 A다. 그러나 행태경제학자들은 상당히 많은 사람들 이 대표성 휴리스틱을 사용한 탓에 B쪽을 선택하는 오판을 저지른다고 말한다. 사실 A쪽이 현실과 부합될 가능성이 더 크다는 것은 아주 기초적인 통계법칙에 속한다. 행태경제학자들이 지적하고 있는 것은 대부분의 사람들이 이 기초적인 통계법칙조차 제대로 이해하지 못한다는 점이다.

　그런데 미시경제이론 수강생들은 통계의 법칙을 상당히 잘 이해하고 있는 것으로 드러났다. 행태경제학자들의 말과 달리, A쪽이 현실과 부합될 가능성이 더 크다고 대답한 사람이 전체 응답자의 62%에 해당하는 105명이나 되는 것을 볼 수 있다. 정답을 맞힌다는 생각을 버리고 생각나는 대로 대답하라고 부탁했지만, 서울대학교 학생들에게는 이런 부탁이 잘 먹혀들어가지 않는 것 같은 느낌이다. 어릴 때부터 정답 맞추는 데 익숙해 온 터라, 이런 질문에까지 시험 치르는 듯한 태도로 대답할 가능성이 크다.

　이런 집단에서 36%나 되는 사람들이 통계법칙에 어긋나는 오답을 선택했다는 점이 오히려 신선한 충격일 수 있다. 행태경제학자들의 실험에서 나타난 비율보다는 훨씬 더 낮지만, 대표성 휴리스틱을 사용해 판단하는 사람이 적지 않다는 결론을 내리는 데는 별 문제가 없으리라고 생각한다.

질문 매우 큰 종이가 한 장 있습니다. 이 종이를 반으로 접고, 그것을
또 반으로 접습니다.

이렇게 반으로 접는 것을 100번 반복한 후 그 종이의 두께를 재
면 얼마나 될까요?

답 대략 (　　) 정도가 될 것이다.

이 질문은 사람들의 합리성이 갖는 한계를 검증해 보려고 하는 의
도에서 던져 보았다. 제1장에서 본 것처럼, 이렇게 100번을 접은 종
이의 두께는 그야말로 천문학적인 수치가 된다. 거기에서는 50번을
접는다고 한 데 비해 여기에서는 100번이나 접기 때문에 상상할 수
도 없이 큰 수치가 나오게 된다. 그러나 대뜸 떠오르는 생각으로 대
답할 때 그 정도로 두껍게 될 것이라고 짐작하는 사람은 무척 드물
것이라는 예상에서 던진 질문이다. 설문조사의 결과, 예상한 대로 많
은 사람들이 실제보다 엄청나게 과소평가한 값을 답으로 제시하는
것을 볼 수 있다.

에베레스트 산의 높이라고 대답한 사람도 있고, 스케일 크게 지구
에서 달까지의 거리라고 대답한 사람도 있었다. 그러나 대부분의 사
람들이 몇 미터 정도의 작은 수치를 제시하고 있었다. 한 가지 흥미
로운 사실은 이 질문에 대해서도 정답을 찾으려고 노력한 사람이 생
각 밖으로 많았다는 점이다. 즉 전체 응답자의 31%에 해당하는
52명의 학생이 문제의 정답, 즉 (2^{100} × 종이의 두께)라는 답을 제시
하고 있는 것을 볼 수 있다.

나는 이 질문의 의도가 정답을 얻는 데 있지 않다는 점을 여러 번 강조했다. 그런데도 학생들은 정답을 제시하지 않으면 안 될 것 같은 강박관념에서 그와 같은 답을 제시했을 것이라고 짐작한다. 아니면 학기 초라 나에 대해 잘 모르는 상황이기 때문에 내 말을 곧이곧대로 믿을 수 없었기 때문에 그랬을지도 모른다. 만약 다른 집단에게 이와 똑같은 질문을 했다면 정답을 제시한 사람의 비율은 과연 얼마나 될까? 내 미시경제이론 수강생들처럼 높은 비율을 보이는 집단은 별로 없을 것이라고 생각한다. 그러나 아주 작은 수치를 제시한 사람이 절반을 넘는다는 점에서 보면 다른 행태경제학의 실험 결과와 크게 다르지 않다.

참고문헌

1 R. Thaler and C. Sunstein, *Nudge: Improving Decisions about Health, Wealth, and Happiness*, New Haven: Yale University Press, 2008. p.6.

2 R. Thaler, *Misbehaving: The Making of Behavioral Economics*, New York: Norton, 2015, p. 26.

3 A. Tversky와 D. Kahneman이 독자적으로 연구를 수행한 경우도 간혹 있지만, 대부분의 연구가 공동작업의 형태로 이루어졌다. 따라서 이 두 사람을 한데 묶어 논의하는 것이 자연스러운 일이라고 생각한다.

4 N. Ashraf et al., "Adam Smith, Behavioral Economist," *Journal of Economic Perspectives*, 2005, pp. 131-145.

5 D. Kahneman, *Thinking, Fast and Slow*, New York: Farrar, Straus and Giroux, 2011, pp. 20-24, 44-45, 89-91.

6 A. Tversky and D. Kahneman, "Judgment under Uncertainty: Heuristics and Biases," *Science*, 1974, pp. 1124-1131.

7 A. Tversky and D. Kahneman, "Extensional versus Intuitive Reasoning: The Conjunction Fallacy in Probability Judgment," *Psychological Review*, 1984, pp. 293-315.

8 A. Tversky and D. Kahneman, "Judgment under Uncertainty: Heuristics and Biases," *Science*, 1974, pp. 1124-1131.

9 D. Kahneman, *Thinking, Fast and Slow*, New York: Farrar, Straus and Giroux, 2011, p. 138.

10 R. Todd and G. Miller, "From Pride and Prejudice to Persuasion: Satisficing in Mate Search," in G. Gigerenzer et al. eds., *Simple Heuristics That Make Us Smart*. Oxford: Oxford University Press, 1999.

11 B. Borges et al., "Can Ignorance Beat the Stock Market?" in G. Gigerenzer et al. eds., *Simple Heuristics That Make Us Smart*. Oxford : Oxford University Press,

1999.

12 A. Tversky and D. Kahneman, "Judgment under Uncertainty: Heuristics and Biases," *Science*, 1974, pp. 1124-1131.

13 D. Ariely *et al.*, "Coherent Arbitrariness: Stable Demand Curves Without Stable Preferences," *Quarterly Journal of Economics*, 2003, pp. 73-105.

14 D. Kahneman, *Thinking, Fast and Slow*, New York: Farrar, Straus and Giroux, 2011, p. 125.

15 B. Wansink *et al.*, "An Anchoring and Adjustment Model of Purchase Quantity Decisions," *Journal of Marketing Research*, 1998, pp. 71-81.

16 위와 같음

17 D. Kahneman, *Thinking, Fast and Slow*, New York: Farrar, Straus and Giroux, 2011, pp. 299-305.

18 D. Kahneman *et al.*, "Experimental Tests of the Endowment Effect and the Coase Theorem," *Journal of Political Economy*, 1990, pp. 1325-1348.

19 D. Kahneman, *Thinking, Fast and Slow*, New York: Farrar, Straus and Giroux, 2011, pp. 363.

20 A. Tversky and D. Kahneman, "The Framing Decisions and the Psychology of Choice," *Science*, 1981, pp.453-458.

21 D. Kahneman, *Thinking, Fast and Slow*, New York: Farrar, Straus and Giroux, 2011, pp. 364-365.

22 R. Thaler, "Toward a Positive Theory of Consumer Choice," *Journal of Economic Behavior and Organization*, 1980, pp. 39-60.

23 S. D. Vigna and U. Malmendier, "Paying Not to Go to the Gym," *American Economic Review*, 2006, pp.694-719.

24 R. Thaler, *Misbehaving: The Making of Behavioral Economics*, New York: Norton, 2015, pp.68-69.

25 R. Thaler, "Toward a Positive Theory of Consumer Choice," *Journal of Economic Behavior and Organization*, 1980, pp.39-60.

26 R. Thaler, *Misbehaving: The Making of Behavioral Economics*, New York: Norton, 2015, pp.60-61.

27 C. Lord *et al.*, "Biased Assimilation and Attitude Polarization: The Effects of Prior

Theories on Subsequently Considered Evidence," *Journal of Personality and Social Psychology*, 1979, pp.2098-2109

28 D. Kahneman, *Thinking, Fast and Slow*, New York: Farrar, Straus and Giroux, 2011, pp. 103, 139, 169.

29 D. Kahneman, *Thinking, Fast and Slow*, New York: Farrar, Straus and Giroux, 2011, pp. 175-179.

30 D. Kahneman, *Thinking, Fast and Slow*, New York: Farrar, Straus and Giroux, 2011, pp. 202-204.

31 D. Kahneman, *Thinking, Fast and Slow*, New York: Farrar, Straus and Giroux, 2011, pp. 209-211, 224-225.

32 D. Kahneman, *Thinking, Fast and Slow*, New York: Farrar, Straus and Giroux, 2011, pp. 322-323.

33 O. Svenson,"Are We All Less Risky and More Skillful than Our Fellow Drivers?" *Acta Psychologica*, 1981, pp.143-148.

34 C. Preston and S. Harris, "Psychology of Drivers in Traffic Accidents," *Journal of Applied Psychology*, 1965, pp.284-288.

35 J. Kruger and D. Dunning, "Unskilled and Unaware of It: How Difficulties in Recognizing One's Own Incompetence Lead to Inflated Self-Assessments," *Journal of Personality and Social Psychology* 1999, pp. 1121-1134.

36 자신의 능력을 66% 수준으로 평가한다는 것은 100명의 집단에서 34등을 차지할 정도의 능력을 갖는다고 평가했음을 뜻한다.

37 L. Larwood and W. Whittaker, "Managerial Myopia: Self-Serving Biases in Organizational Planning," *Journal of Applied Psychology*, 1977, pp. 194-198.

38 C. Camerer, *Behavioral Game Theory*, Princeton, Princeton University Press: 2003, pp.43-59.

39 A. Roth, *et al.* " Bargaining and Market Behavior in Jerusalem, Ljubljana, Pittsburgh and Tokyo: An Experimental Study," *American Economic Review*, 1991, 81, pp.1068-1095.

40 J. Heinrich, "Does Culture Matter in Economic Behavior? Ultimate Game Bargaining among the Machiguenga of the Peruvian Amazon," *American Economic Review*, 2000, 90, pp.973-979.

41 R. Thaler, *Misbehaving: The Making of Behavioral Economics*, New York: Norton, 2015, pp.127-132.

42 D. Kahneman *et al.*, "Fairness as a Constraint on Profit Seeking: Entitlement in the Market," *American Economic Review*, 1986, 76, pp.728-741.

43 R. Thaler, *Misbehaving: The Making of Behavioral Economics*, New York: Norton, 2015, pp.131-132.

44 위와 같음.

45 R. Trudel and J. Cotte, "Does it Pay to Be Good?", *MIT Sloan Management Review*, 2009, 50, pp.61-68.

46 R. Thaler, "Some Empirical Evidence on Dynamic Inconsistency," *Economic Letters*, 1981, pp. 201-207.

47 R. Frank and R. Hutchens, "Wages, Seniority, and the Demand for Rising Consumption Profiles," in C. Camerer *et al* eds., *Advances in Behavioral Economics*, Princeton: Princeton University Press, 2004.

48 G. Lowenstein and N. Sicherman, "Do Workers Prefer Increasing Wage Profiles?", *Journal of Labor Economics*, 1991, pp.67-84.

49 R. Thaler, *Misbehaving: The Making of Behavioral Economics*, New York: Norton, 2015, pp.

50 N. de Bondt, and R. Thaler, "Does the Stock Market Overreact?" *Journal of Finance*, 1985, 40, pp.793-808.

52 N. Jegadeesh and S. Titman, "Returns to Buying Winners and Selling Losers: Implications for Stock Returns," *Journal of Finance*, 1993, 48, pp.65-91. 그리고 J. Griffin, *et al.*, "Momentum Investing and Business Cycle Risk: Evidence from Pole to Pole," *Journal of Finance*, 2003, 58, pp.2515-2547.

53 N. Barberis *et al.*, "A Model of Investor Sentiment," *Journal of Financial Economics*, 1998, 49, pp.307-345.

54 R. Mehra and E. Prescott, "Equity Premium Puzzle," *Journal of Monetary Economics,* 1985, 15, pp.145-161.

55 H. Shefrin and M. Statman, "The Disposition to Sell Winners Too Early and Ride Losers Too Long," *Journal of Finance*, 1985, 40, pp.777-790.

56 T. Odean, "Are Investors Reluctant to Realize Their Losses?" *Journal of Finance*,

1998, 53, pp.1775-1798.

57 T. Odean, "Do Investors Trade Too Much?", *American Economic Review*, 1999, 89, pp.1279-1298.

58 R. Chetty, "Behavioral Economics and Public Policy: A Pragmatic Perspective," *American Economic Review* 2015, pp. 1-33.

59 The Behavioral Insights Team 보고서

60 A. Abadie and S. Gay, "The Impact of Presumed Consent Legislation on Cadaveric Organ Donation: A Cross-Country Study," *Journal of Health Economics* 2006, pp. 599-620.

61 E. Johnson and D. Goldstein, "Do Defaults Save Lives?" *Science* 2003, pp.1338-1339.

62 R. Fryer, Jr. *et al.*, "Enhancing the Efficacy of Teacher Incentives through Loss Aversion: A Field Experiment," 2012, mimeo.

63 D. Kahneman, *Thinking, Fast and Slow*, New York: Farrar, Straus and Giroux, 2011, pp. 372-373.

64 D. Kahneman의 말에 따르면, 미국도 최근 연비를 두 가지 방식 모두로 표시하는 것으로 제도를 바꿨다고 한다. 우리나라만 행태경제학의 통찰이 아직도 정책에 제대로 반영되지 못하고 있는 셈이다.

서울대 이준구 교수의

인간의 경제학

1판 1쇄 발행 2009년 9월 7일
1판 10쇄 발행 2015년 12월 22일
2판 1쇄 발행 2017년 2월 28일
2판 6쇄 발행 2023년 10월 4일

지은이 이준구

발행인 양원석
편집장 김건희
영업마케팅 조아라 이지원
펴낸 곳 ㈜알에이치코리아
주소 서울시 금천구 가산디지털2로 53, 20층 (가산동, 한라시그마밸리)
편집문의 02-6443-8902   **도서문의** 02-6443-8800
홈페이지 http://rhk.co.kr
등록 2004년 1월 15일 제2-3726호

ⓒ 2017 by 이준구
Printed in Seoul, Korea

ISBN 978-89-255-6122-6 (03320)